第2版

大学

（春秋）曾参◎著

东篱子◎解译

全鉴

中国纺织出版社

内 容 提 要

《大学》文辞简约，内涵深刻，影响深远。两千多年来无数仁人志士由此登堂入室以窥儒家之学。《大学》详细地归纳了先秦儒家的伦理、道德和思想，系统地讲述了儒家安身立命的原则和方法，对现代人做人、做事、立业等均有深刻的启迪意义。本书以《大学》中的至理名言为导言，从处世经验和人生励志的角度出发，阐发蕴藏其中的智慧，并以历史中的经典案例加以印证，帮助读者深刻理解《大学》这一传世经典中所包含的智慧。

图书在版编目（CIP）数据

大学全鉴 ／（春秋）曾参著；东篱子解译 . —2 版 . —北京：中国纺织出版社，2014.1（2023.3 重印）

ISBN 978 – 7 – 5180 – 0150 – 7

Ⅰ. ①大… Ⅱ. ①曾…②东… Ⅲ. ①儒家②《大学》—译文 Ⅳ. B222.15

中国版本图书馆 CIP 数据核字（2013）第 267503 号

策划编辑：关　礼　　责任编辑：周爱霞　　责任印制：储志伟

中国纺织出版社出版发行

地址：北京朝阳区百子湾东里 A407 号楼　邮政编码：100124

邮购电话：010—87155894　传真：010—87155801

http://www.c-textilep.com

E-mail：faxing@ c-textilep.com

北京华联印刷有限公司印刷　各地新华书店经销

2012 年 5 月第 1 版　2014 年 1 月第 2 版

2023 年 3 月第 17 次印刷

开本：710×1000　1/16　印张：20

字数：274 千字　定价：38.00 元

上下五千年悠久而漫长的历史，积淀了中华民族独具魅力且博大精深的文化。中华文化不仅是中华民族智慧的凝结，更是我们道德规范、价值取向、行为准则的集中再现。可以说，中华民族之所以是中华民族，主要原因之一就是因为有着异于其它民族的传统文化。

在当今社会，崇尚国学，学习国学是提高个人道德水准和建构正确价值观念的重要途径。近年来，国学热正在我们身边悄然兴起，令人欣慰。

《大学》为"四书"之一。"大学"一词的意思，与现代意义上的"大学"不同。在古代它是相对于"小学"而言的。所谓"小学"，就是一门研究字义、音韵、训诂的学科，是做学问的基础。而"大学"是讲治国安邦的"大学问"，也可以说是"大人之学"。

起初，《大学》的影响并不像今天这么大，它原本只是《礼记》中的一篇而已。《礼记》自从问世以来，在儒家的经典中一直都占有重要的地位。它是战国至秦汉年间儒家学者解释说明经书《仪礼》的文章选集，是一部儒家思想的资料汇编。

《大学》由孔子的弟子曾参所作，宋朝的朱熹把《大学》的原文进行了重新编排，分为"经"和"传"。"经"是曾子记录的孔子的原话，

"传"是曾子的学生记录下来的曾子对"经"的理解和阐述。开篇提出了明明德、亲民、止于至善"三纲目",然后从格物、致知、诚意、正心、修身、齐家、治国、平天下八个方面阐述了实现"三纲目"的途径。通篇文辞简约,内涵深刻,影响深远。它详细地归纳了先秦儒家的道德理论思想,系统地讲述了儒家安身立命的原则和方法,从实用主义角度来讲,对现代人做人、做事、立业等均有深刻的启迪意义。

总的来说,《大学》对一个人的影响是由内而外的。对内,可以提高个人的道德修养,成就高尚的人格。再进一步,可以洗涤心灵,净化灵魂,从而让人更好地感受生命之美。

本书以《大学》中的至理名言为导言,从处世经验和人生励志的角度出发,阐发蕴藏其中的智慧,并以历史中的经典案例加以印证,帮助读者深刻理解《大学》这一传世经典中所包含的智慧。

解译者

2013 年 11 月

目录

一、大学经论章：初学入德之门

《大学》全文分经、传两部分。经，原本只是《礼记》中的一篇，宋代大儒程颢认为是"孔子遗书，初学入德之门"，通俗地讲，就是一个人初入社会立身处世的必修入门课。其中，三纲目"明明德、亲民、止于至善"阐明了大学思想的根本所在；而八条目"格物、致知、诚意、正心、修身、齐家、治国、平天下"，则是三纲目的具体体现，同时也包含了儒家学派的方法论，极具实用价值。

二、康诰盘铭、邦畿章:将美好的品德发扬光大

康诰盘铭、邦畿章是《大学》之"传"的开篇两章,主要就"经"中的三纲目"明明德、亲民、止于至善",从"德"的角度做了进一步阐述。不管历史如何演变,不管社会背景如何变迁,有一些东西是永远不会变的,就如道德的标杆一样,历久弥新。"德"是立世的根本,守住自己道德的底线,"止于至善",可以说是每一个人不容推卸的责任和义务。

三、听讼、格物致知章：凡事要从根本上解决问题

在听讼、格物致知章中，《大学》从审理诉讼说起，把"格物致知"的重要性阐述得淋漓尽致。要解决问题，首先要知道问题出在哪里，知道导致问题的根源，然后"对症下药"，这样才能彻底地把问题解决。而要做到这些，就一定要把握事物的本质，对事物的存在和发展过程有一个彻底的认识。这就是"格物致知"。

四、诚意章：君子当"慎其独"而"不自欺"

"诚"，自古以来就是做人的至高境界。宋朝大儒朱熹针对这一章的内容，说诚意是"自修之首""进德之基"。《大学》认为，诚意做人的关键是"慎独""不自欺"。"慎独"是儒家学说中一个很重要的概念：一个人在独处时最容易对自己放松戒备，从而把最真实的本性表现出来，如果在这时仍然能够做到像往常一样严格要求自己，表里如一，就算真正达到"诚意"的境界了。

五、正心章:修身以保持内心的中正为要

正心章,在原作中,朱熹称为"传之七章,释正心修身"。正心与修身之间有着密不可分、千丝万缕的关系。心不正,则修身就无从谈起。因此修身的关键问题就在于如何才能保持内心的中正。关于这一问题,正心章从五个方面给出了指导答案,并且每一条都能切中要害,一语中的。

六、齐家章:完善自我,才有整个家庭的和睦

家,是社会的基本单位,没有一家之和睦,就没有一国之安宁,齐家,任重而道远。俗话说:家家有本难念的经,这不是危言耸听、夸大其词,事实确实如此,家,并不好治理。《大学》说"齐家必先修身",所以,齐家之前,首先要做到自我完善,不断提升自己。只有自己的修养和道德情操达到一定水平了,才可肩负起一家之重担,才能使整个家庭走向和睦幸福。

七、治国章：家事，国事，事事相通

《大学》认为，一个人只有先把自己的家治好，才有资格和能力去治理国家。很多治家的理念，比如：孝敬父母、尊老爱幼、兄弟和睦、邻里融洽等，同样适用于治国。家事、国事，可以说事事相通。只要把这些理念灵活地运用到实践当中，那么治大国完全可以"若烹小鲜"。

八、平天下章:以人为本,仁德厚民

《大学》说:"国治而后天下平。"也就是说,天下太平是以治理好国家为基础的。在这一章中,为了达到"平天下"的目的,《大学》把治国之道进一步具体化了。其治国平天下的理念,一言以蔽之,八个字:以人为本,仁德厚民。平天下,说难也难,说不难也不难,只要当事者时时把"人"和"德"这两样放在心里,对自己严格要求,并且懂得运用合适、有效的方法就可以了。

一

大学经论章：初学入德之门

《大学》全文分经、传两部分。经，原本只是《礼记》中的一篇，宋代大儒程颢认为是"孔子遗书，初学入德之门"，通俗地讲，就是一个人初入社会立身处世的必修入门课。其中，三纲领"明明德、亲民、止于至善"阐明了大学思想的根本所在；而八条目"格物、致知、诚意、正心、修身、齐家、治国、平天下"，则是三纲领的具体体现，同时也包含了儒家学派的方法论，极具实用价值。

1

大学核心之道——明德、亲民、至善

【原典】

大学之道①，在明明德②，在亲民③，在止于至善④。

【注释】

①道：指道理、原理、原则、纲领，含有人生观、世界观、政治主张和思想体现。

②明明德：前一个"明"为动词，意为：使……显明。后一个"明"为形容词，为清明的、光明的之意。

③亲民：亲，应当作"新"，为动词，意为：使……自新。

④至善：最好的思想境界，善的最高的地步。

【译文】

大学之道的核心理念，在于使人们美好的品德得以显明，在于使天下的人革旧更新，在于使人们达到一个最好、最理想的境界。

（1）彰显内心的光辉品德

"大学之道"第一条纲领是"在明明德"。"在明明德"的意思就是要弄明白、弄清楚并且彰显内心原有的光辉品德。儒家强调"人之初，性本善"，说明人的本性原来就像赤子之心一样，生下来都不是恶的，之所以长大了以后，有的变成了很好的青年，而有的却变成了罪犯、恶人，呈现如此之大的差异，就在于自己没有把握好一个正确的方向，忘了做人的根本所在，以至于走入了歧路，这个根本就是"德"。"德"对一个人一生的影响是相当大的。

公元前257年，秦兵围攻赵国的邯郸城。魏王暗暗派辛垣衍潜入邯郸，想通过平原君劝赵王尊崇秦昭王称帝，并说这样秦国就会退兵。平原君心中很犹豫，这时，鲁仲连游历到赵国，听说了这件事，就去见平原君，要求见辛垣衍。

鲁仲连见到辛垣衍，辛垣衍已知鲁仲连的来意，就主动以话语攻击鲁仲连，问鲁仲连这样的高义之士到赵国有什么可求。鲁仲连反击说："像周朝隐士鲍焦那样抱木死去，并不是为了自己，而是为了抗议当时的社会。如果秦王称帝，暴虐地统治天下，那么我也会像鲍焦那样赴东海死去。我来这里的目的不是有所求，而是要帮助赵国，我将让燕国和梁国来帮助赵国。"辛垣衍认为让燕国帮助赵国倒有可能，但让梁国帮助赵国就不可能了，自己是梁国人，对这一点是有数的。鲁仲连说："假使梁国看到秦王称帝的害处，就必定帮助赵国了。"接着鲁仲连又说齐威王侍奉周王是很真诚的，周室贫困弱小，诸侯没有谁去朝拜，而齐国却偏偏去朝拜。但周烈王死了，各国诸侯都去吊丧，齐国使臣最后才到，周显王就要斩了齐国使臣。鲁仲连举这个例子是说，梁国现在为秦国效力，如果秦王真的称了帝，说不准哪一天也会翻脸的。辛垣衍这时又说，魏国不过是秦国的奴仆，尊崇秦国称帝也是没法的。鲁仲连说："既然这样，那么我将要让梁王看到秦王把梁王以烹醢的刑法。"辛垣衍听了很不高兴，嫌鲁仲连说得太过分了。鲁仲连说："等我慢慢地对您说，从前鬼侯、鄂侯、文王是纣王的三个诸侯。鬼侯有个女儿长得很美，进献给纣王。纣王却认为她太丑，因此把鬼侯剁成了肉酱。鄂侯极力去说情，又被纣王晒成了肉干。文王听说后，只是喟然长叹一声，因此纣王又把他拘禁一百天，想要把他杀死。为什么和人家同称帝王却落到肉干、肉酱的地步呢?"鲁仲连的意思是说，讨好有野心的帝王是不会有好下场的。如果魏王一味讨好秦王，必然是鬼侯和鄂侯的下场。接着鲁仲连又说，齐闵王想称帝的时候，他到鲁国，要鲁国以天子的礼节接待他。鲁国却关死大门，不让他进来。他到邹国想去吊唁刚死去的邹国国君，声称要以天子的身份出现，邹国的群臣都不同意，说如果那样他们将伏剑自杀。说到此处，鲁仲连正色说道："邹、鲁两国的大臣，在君王活着的时候，没能力更好地供养侍奉，在君王死后也没有预备在君王嘴里含饭、含玉的能力，然而齐闵王还想在邹、鲁的大臣面前实行天子之礼，因此不被两国接待。如今秦国是一万辆兵车的大国，梁国也是有一万辆兵车的大国，都是万乘之国，相互间都有称王的名分。如果只看到一次战争秦国取得了胜利，就想从此尊秦为帝，这是使三晋的大臣连邹、鲁的奴隶都不如。再说，秦王的野心无止境地膨胀，直到做成皇帝，他们将变换各诸侯的大臣，并且夺去他们听说的无才者的位置，而安排他们所谓贤良的人；夺去他们所憎恨的人的位置，而在那些位置上安排他们所喜爱的人。他们又将要让自己的子女和善说坏话的小妾成为诸侯的妃姬，居住在梁王宫中，梁王怎么能平安地生活呢？而将军您又靠什么保住原来的尊贵地位呢？"鲁仲连句句击中辛垣衍的要害。辛垣衍再也坐不住了，站立起来，再三拜谢说："原先我认为先生是平常的人，到今天才知道先生是以天下为己任的有识之士。请允许我离去，我不敢再谈尊秦为帝的事了。"秦军将领听说了这个消息，为此退兵五十里。

鲁仲连一番宏论说服了辛垣衍，阻止了秦王称帝的阴谋，此时，魏公子无忌夺取晋鄙的军权来救赵国，秦将只好率兵回国。赵国的围困解除，平原君想封赏鲁仲连，鲁仲连坚辞不受，又赠送给鲁仲连千金，鲁仲连说："对于天下人来说，最可贵的品质是为人排忧释难、解纷却不索取什么。如果有所取，这是商人的勾当。仲连我不愿干这等事。"于是辞别平原君而去，一生再没来见平原君。

鲁仲连是稷下学宫百家争鸣环境下的旷世奇才。在他的身上，有纵横家的影子，但他的爱国主义立场，毫不利己专门利人的作风与苏秦、张仪的背信弃义、贪图富贵迥然不同；他受名家辩士辩术的熏染，而又能跳出"为辩而辩"的泥沼，有自己的立场和处世态度，理论联系实际，身体力行；他有儒家的仁政、民本思想，但他的"不在其位，亦谋其政"的平民参政意识和彻底摒弃富贵金钱的高尚作风又与孔孟的观点截然相反；他受墨家影响，有很明显的"兼爱""非攻"行为，但行动又远比墨家大气、积极；他隐居海上，有道家遁世之风，但又不完全同于道家的消极思想，常常在危急关头挺身而出，积极行动。在人品方面，鲁仲连的爱国爱民、排患解难、淡泊名利的精神，令人敬佩、折服；在辩术方面，鲁仲连善用譬喻，善于举例，善于分析形势和谈话人的心理，语言环环相扣，逻辑缜密，给我们留下了很宝贵的语言财富。可以这样说，深邃的思想、高尚的人格、超人的智慧成就了旷世奇才鲁仲连。

道德至上的人会长长久久、千秋万代地活在人们的心中。"江山代有才人出，一代新人换旧人"，随着历史前进的车轮，后来的人们推崇鲁仲连的道德情操，学习模仿鲁仲连的作风，继承发扬鲁仲连的浩然正气。晋代的左思曾以"功成耻受赏，高节卓不群"的诗句来赞美鲁仲连；唐代的李白在《古风十九首之十》中极力推崇鲁仲连"却秦振英声"的壮举。在后来人敬佩的情感中，一代一代的向往者成长起来，承袭"鲁仲连"的精神，把我们这个勤劳勇敢、崇德向善的民族不断地推向繁荣富强，不断地推向幸福和光明。

（2）一身正气，书写"亲民"华章

大学之道的第二纲领——亲民。所谓"亲民"，也就是新民，使人弃旧图新、去恶从善。

儒家思想的奠基者——孔子就是这样一个人。其言"修己以安百姓"，"修己"便是"明明德"，"安百姓"便是"亲民"。

孔子年轻的时候曾做过管理仓库的"委吏"和管理牧场牲畜的"乘田"，都是很卑贱的小吏，但是他做得很有成绩，受到鲁国权臣季氏的赏识，因此升入大夫阶层。

当时，周天子地位衰微，诸侯专事征伐，天下礼崩乐坏。孔子立志改变这个世道，建设一个天下一统、充满仁爱，用礼法维持的有秩序的社会。他在50岁的时候，做了鲁国的中都宰，这使他有机会实施自己的救世主张。孔子任职才一年，就把中都治理得非常出色，四方的官吏都去向他学习。后来，他升做大司寇，并代行国相，参与治理国政。仅三个月，鲁国就发生了很大变化，商人不再哄抬物价，男女百姓各守礼法，社会秩序安定。这期间他还为鲁国做成两件大事：一件是他在齐、鲁两国君主会盟时，使强大的齐国归还了侵占鲁国的领土；另一件是拆毁了鲁国三个权臣中的季氏和叔孙氏的城池，使鲁君的地位得到强化。孔子参与国政的时间虽然很短，但是他能以"救世""亲民"为己任，很多事都做得很见成效，影响也很大。

偏偏就在这时，齐国耍起了阴谋诡计，他们怕鲁国强盛起来对自己不利，就向鲁君送"女乐"，使鲁君沉溺于女色而无心治国。孔子见自己的理想在鲁国已经无法实现，就决心带领学生到其他国家，宣传自己的救世主张，谋求得到诸侯的任用。

当时，各诸侯国几乎都是由权臣或大氏族执政，他们怕诸侯任用孔子，抢了自己的官，都极力排斥他，有的人又怕别国任用孔子，对自己国家不利，还加害于孔子。孔子到卫国后，有人带着手持兵器的吏卒来威胁恐吓；孔子到宋国讲道习礼，司马桓魋派人害他；楚昭王打算任用孔子，给他封地七田里，却遭到令尹（即国相）子西竭力反对。

孔子还几次受到围攻，差点儿送了性命。他在各国之间奔波，席不暇暖，历尽艰辛，但是始终执著地坚持理想，即使身处绝境，也从不气馁，绝不屈服。有一次，孔子在陈国、蔡国之间遭到两国大夫的围攻，已经几天没有吃的，他的学生连饿带病，都倒下了，孔子却依然弹瑟吟唱，没有一点沮丧泄气的样子。学生们看到孔子身处逆境，却依然坚定乐观，都非常敬佩。颜渊说："我们老师的理想高尚远大，不为世人所理解，但是老师却仍然竭尽全力地推行，这才是真正的君子啊。"

有一些逃避乱世隐居的人，自以为是看透世事的"达人"，讥笑孔子的热心救世，说他是在做根本做不成的事，所以到处碰壁，像一条丧家之犬。还劝说孔子的学生不要继续追随老师，而应像他们一样，也去归隐山林，等待清平盛世的到来。孔子教育学生说："我们是不能去与山林中的鸟兽共处为伍的，如果天下太平了，我就不会同你们一起去改变这个世道了。"

孔子在各国奔波，常常寄人篱下，连个落脚的地方都没有，处境非常困难。他到齐国以后，齐景公打算赐给他廪丘作为食邑，他却坚决推辞没有接受。他对学生说："我劝景公听从我的主张，可是他还没有听从，却要赏赐给我廪丘，他太不了解我了。"孔子把救世为民视为最高的理想追求，不为荣华富贵所动摇，离开齐国到其他国家去了。

孔子周游列国14年以后，看见自己的主张不能为诸侯所用，就回到鲁国，开始专门从事教育。他打破以前只有贵族子弟才能读书的传统，在平民中招收学生，培养了很多有才学、有品德的学生，其中的一些人被诸侯所任用，这些学生继承老师之志，为挽救衰世而不停地奋斗。

孔子为救世奋斗一生，他虽然没有实现自己的志向，但是他忧国忧民，为理想执著奋斗，威武不能屈、富贵不能淫的崇高精神为后人树立了光辉的榜样。

做人可以平凡，但绝对不可以平庸。既然来到了这个世界上，就要对得起堂堂"七尺"之身。坚守一种精神，做出一种榜样，用一身浩然正气彰显自我、改变世界。能做到这一点，就离《大学》所言的"亲民"境界不远了。

（3）"至善"是最永恒的人性光辉

做人要达到一个最好的境界，就要"止于至善"。《大学》所言的"至善"，其中也有"至真至纯的善良"之意。作为"德"的重要组成部分，善良是人性光辉中最美丽、最温暖的一缕。没有善良、没有一个人给予另一个人的真正发自肺腑的温暖与关爱，就不可能有精神上的富有，个人的修养也就无从谈起。我们居住的星球犹如一条漂泊于惊涛骇浪中的航船，团结对于全人类的生存是至关重要的，为了人类未来的航船不至于在惊涛骇浪中颠覆，使我们成为"地球之舟"合格的船员，就应该培养自己成为勇敢、坚定的人，更要有一颗善良的心。

关于人的善良，佛经中论述得最多，我们可以参照着加深理解。如《梵网经》中就强调："而菩萨见一切贫穷人来乞者，随其所需，一切给予。而若以恶心、嗔心，乃至不施一钱、一针、一草。有求法者，不为说一句、一偈、一微尘法，而反更骂辱者，是重罪。"

还有一则《长者与蝎子》的故事，相信你看完后一定会有所感动。

一位长者看见一只即将被淹死的蝎子，当他用手去救蝎子的时候，蝎子却狠狠地蜇了长者一下。他疼痛难忍，不得不收回被蜇的手。看着还在水里挣扎的蝎子，他再次伸手相救，却又一次被蜇。有人对他说："您太固执了，难道您不知道每次去救它都会被蜇吗？"长者回答说："蜇人是蝎子的天性，但这改变不了我乐于助人的本性呀。"最后，长者找到一片叶子将蝎子从水中捞了上来，救了蝎子一命。

我们先不说蝎子的命是否重要，但长者"乐于助人的人之本性"却值得我们好好地深思反省！在追求经济利益高于一切的今天，人们的一切活动无不与利益牵扯在一起。大至国与国之间的外交，小到身边的人际交往，许多不该发生的悲剧日复一日地重演。国际上，国与国之间的战争，种族的屠杀、恐怖活动等，让无辜的人们在炮火中血肉横飞，许多人在痛苦中过早地凋谢了生命之花……在我们的身边，许多丑恶的违反人性的事件也层出不穷：面对即将淹死的人，几百人围观却无人出手相救；生活还算富裕的子女拒绝赡养年迈的父母，最后亲情反目，乃至法庭相见……善良在这里遭到践踏，看到或听到这些人之间的丑恶和悲剧，确实让人愤怒、沮丧和无奈。

但我们也应该看到人性善良的一面，许多善良的人们，为了世界和平、公民的平等，不断地努力争取；在国内的贫困地区，有些老师为了适龄儿童不再失学，用他们微弱的身躯、微薄的收入，支撑着一个村乃至几个村的教育；为了拯救病中的生命，许多不相识的人们捐献爱心等。这一切无不体现着人们的善良，人类的前景也因人们的善良充满着希望。

我们常常听到有人抱怨自己的朋友，如今发了财，做了大事，原来是我怎样怎样帮助的，到现在却忘恩负义。可以说，一个人假若没有善良，他的聪明、勇敢、坚强、无所畏惧等品质越是卓越，将来对社会构成的危险就越可怕。没有良心的朋友，到头来不会有好的结果。社会上有一些人，能坚持自己善良的心，到处播撒善良的种子，但却不能被社会上的一些人所理解，甚至被他们误认为是傻瓜。其实这种心存善良的人才是真正拥有大智慧的人，他们的财富是无法用金钱来衡量、替代的。

2

"知止"才能有所得

【原典】

知止①而后有定，定而后能静，静而后能安，安而后能虑，虑而后能得②。

【注释】

①知止：能够知道所当止的地步。

②得：获得（想要的结果）。《孟子·告子上》："心之官则思，思则得之，不思则不得也。"

【译文】

能够知道此生所当止的地步，就会有明确的志向，而后才能内心宁静，内心宁静才能泰然安稳，泰然安稳才能行事思虑周详，行事思虑周详才能达到最好的人生境界。

（1）适可而止，知止而后有定

"知止而后有定，定而后能静"，《大学》的这几句话让人很容易想起一个词：适可而止。在合适的时间，合适的地点，停住脚步，这样才能对眼前的形势和以后要走的路，有一个清醒的认识。

安身立命就应该讲究恰当的分寸，过犹不及，凡事要适可而止，留有余地，避免走向极端，特别是在权衡得失进退的时候，务必注意这一点，不能心浮气躁，一条道走到黑。

正如《菜根谭》里所说"花看半开，酒饮微醺"，这是一种境界，古诗也有云"美酒饮教微醉后，好花看到半开时"。酒饮微醺正得其醺醺然然的快感，若是狂饮烂醉超过了微醺的度，那接下来不仅感受不到酒的好处，反而会头痛、呕吐，在生理上遭受痛苦。还有的人喝醉了之后会做出一些平日清醒时绝对不会做的事、如说错话，这就不仅仅是个人生理上的痛苦了，还会给其他人带来麻烦。

而花看半开也是如此，花未开时领略不到它的美，而花若全开也就离凋谢之期将近，最美便是半开时，就像是妙龄少女尚未褪孩童稚气，又未曾沾染成人的风尘，正是半开之花最美之时。

做人要有一种自惕惕人的心情，得意时莫忘回头，着手处当留余地。宋朝李若拙因仕海沉浮，作《五知先生传》：安身立命当知时、知难、知命、知退、知足，时人以为智见。反其道而行，结果必适得其反。

但是君子好名，小人好利，人们往往为各色欲望所驱使，身不由己，只知进不知退，得意处张扬跋扈，全然不会未雨绸缪。

长孙无忌是唐太宗李世民的宠臣，他早年追随秦王李世民打仗，多有战功，屡有升迁。而且他的妹妹是李世民的结发妻子，贤良淑德，世人敬仰。有这两层关系在，李世民对长孙无忌是非常信任和重用的。

在李世民登基后，长孙无忌受封齐国公，但他从不倚仗自己的身份而骄横行事，每言大事必反复思量，然后方徐徐陈进。有人说他太过谨慎，长孙无忌就说："身为重臣，当自知厉害，慎对宠恩。我若倚仗皇上垂爱，不知检点，乱进谏言，一来对皇上不敬，二来也会由此失去皇上的信任。怎敢大意呢？"

有一次，在朝会上商议讨伐突厥的事，有人借突厥发生内乱之机，主张发兵讨伐，以成大功。长孙无忌听后却久久不发一言，唐太宗就问他的意见："你足智多谋，相信此事自有明断。你不做声，可是另有打算吗？"长孙无忌见皇上相询，这才上前应对说："此事臣以为不可征伐。"唐太宗很奇怪，说："你从前一向主战，今何致此呢？"长孙无忌说："动止之间，全在变化，焉能不变呢？从前突厥与我为敌，不伐不行。如今突厥刚与我结盟，伐之失信，毁我天威。再说夷狄今已内乱，无力再侵我朝，这正是我朝求之不得的好事，何必多此一举呢？如果一兴刀兵，徒增烦恼不说，恐怕祸患将生，与我大唐有弊无利，故不应出兵。"唐太宗接受了他的谏言，说道："动止之祸，你已言透了。朕若贪恋全功，只怕终有抱憾。"唐朝不攻突厥，突厥感恩戴德，最后归顺了唐朝。

这里长孙无忌说明了两个道理，一个是事情是不断发展变化的，对同一件事情的处理方式要根据它的变化而有所不同，要因地因时制宜；另一个就是要适可而止，表面上看来唐朝占了有利时机，可是如果因此而冒进讨伐突厥，后果却是自损大唐的威名，让其他附属国家认为唐朝不重结盟的诚信，也就会失去归顺的想法，从这一点来看大唐的损失要比得到的更多。

后来长孙无忌的权力过大，以至于许多人都不断上书攻击他。唐太宗没有猜忌他，却把这些表文直接拿给他看。长孙无忌背生冷汗，坚持辞官，还泣泪说："陛下信任于臣，可是臣也不该让陛下为难。臣为国做事，本不在意身任何职，倘若为了那些身外之物而令天下猜忌，却非臣之所愿了。"唐太宗一口回绝。长孙无忌忧心更甚，对自己的家人说："我虽然表面上受到尊崇，可实际上已经处在风浪中了。这个时候，若不知退让，只

唐太宗李世民像

是倚仗皇上撑腰，只怕他日有悔。"他的家人反对说："皇上不准你辞官，别人又能把你怎么样呢？他们嫉恨你，难道就让他们得逞吗？你也太软弱了。"——这就是世俗的看法，不明白物壮是不合于道的。

长孙无忌说："只进不止，只能授人以柄，时间一长，皇上也会疑心。何况既是皇上厚爱于我，我又何必为了那些虚名而自树强敌，招惹祸端呢？"在他坚持辞官的请求下，唐太宗只好解除了他的尚书右仆射之职，但仍让他主持门下省的事务。长孙无忌还是推让，唐太宗下诏说："黄帝因为得到了力牧，才能成为五帝中第一个帝。夏禹因为得到咎繇，才能成为三皇中第一个皇。齐桓公因为得到了管仲，才成为五霸中第一个霸主。我得到了你，才平定了天下，你不要再推让了。"

唐太宗还亲自作了一篇《威风赋》赐给他，以表彰他的功绩。长孙无忌深感其诚，这才勉强留在朝中。此事传出，人们对他的攻击也就戛然而止了。

事物是在不断转变的，今天的繁盛可能就是明天的衰败，谁也不能保证自己永远在一个永胜不败的境地里。所以说，在身处繁盛时期尤其要懂得"知止"，这样才能更准确地看清形势，做出更为正确的决策。这就是"知止而后有定，定而后能静"。

（2）"静"也是一种力量

"静而后能安，安而后能虑，虑而后能得"，《大学》的意思很明显，只有让心静下来，才能思虑周详，思虑周详就能让事情有个更好的结果。可见，静也是一种力量，在有些情况下，甚至可以达到无人能敌的境界。

《庄子·达生》中有这样一个故事：

西周时，有一个叫做纪消子的养鸡专业户。这个人可不同于一般的养鸡专业户，他养的鸡是专用来斗的。这斗鸡只要是他所养，定能打遍天下无敌手。久而久之，他的名声就传到了周宣王的耳朵里。于是，周宣王就重金礼聘他出任王室的斗鸡培训基地负责人，专门为王室培养斗鸡。有了这样的好处所，纪消子自然是全心全意地为周宣王培训斗鸡。

转眼，这纪消子上任已十天。朝堂无事，周宣王便来到王室斗鸡培训基地视察工作："纪先生，这鸡可已驯养妥当？"纪消子老实回答说："还没有。这些鸡虚浮骄矜、自恃意气，现在还不能用。"周宣王只好失望而归。

又过了十天，周宣王心里痒痒的想斗鸡，于是又问纪消子："先生，现在鸡可驯养妥当？"纪消子的回答还是老样子："不行，这些鸡一听到响声就叫，一看见影子就跳。"周宣王只得作罢。

又过十天，周宣王心想这次斗鸡应该驯好了吧，于是再次询问斗鸡培训项目的进展情况。谁知，纪消子的回答还是不能让周宣王满意："不行，这些鸡还是那么顾看、迅疾，意气强盛。"周宣王只得怏怏而离去。

又一个十天过去了，周宣王虽然对纪消子已经不抱任何希望了，但他还是心存侥幸地问纪消子说："先生，斗鸡可以用了吗？"都说不抱希望的时候反而会有所收获，果然如此。这次，纪消子的回答是："差不多了。别的鸡即使打鸣，它已不会有什么变化，静静地立在那里看上去像木鸡一样，它的德行真可说是完备了，别的鸡没有敢于应战的，看到它掉头就逃跑了。"

后来，周宣王用此鸡大胜斗鸡场。这也就是"呆若木鸡"一词的由来。当然，现在这个词表达的意思早已与本义大相径庭了，现在这个词表示的是十分愚笨，也形容因为害怕或惊奇而发呆的样子。

从纪消子养鸡的故事，我们可以得到非常丰富的启示："静"也可以做到无人可敌。下棋亦是如此，下棋早已成为许多人茶余饭后乐此不疲的一项业余爱好。既要对弈，就必有胜负。而赢棋的奥妙就是一个定力的问题。

如果两人轮流在国际象棋棋盘的空格内放入"相"棋，一方为黑棋，一方为白棋。当任何一方放"相"棋时，要保证不被对方已放入的"相"吃掉，谁先无法放棋子谁为输者（国际象棋棋盘为 8×8 格的方形棋盘，"相"的走法为斜飞，格数不限）。要问谁为输者，答案往往是先走棋者输。具体策略是：后走者以棋盘的一条竖直平分线为对称轴，将"相"放在对方棋子的对称位置。这种策略对后走棋者来说是必胜策略。因为先走者走棋后，按策略，后走者总可以走棋，而且因为"相"的斜飞规则，后走者的棋不可能吃先走者的棋，同时也不可能被先走者的棋吃掉。这样按策略走下去，先走者必输无疑。

先下手未必能强，一静反而可以制百动。武士比武，高手过招，要以静制动；两军对峙，不明军情时，一动不如一静。所谓"宁静致远""静极思动"，冷静地综观全局才不至于妄动招祸。韩国高手李昌镐有句名言："棋局如人生，下棋时，布局越华丽，就越容易遭到对手的攻击，生活中，少犯错误的人，要比华而不实的人更容易成功。"说的也就是这个道理。

所以，斗鸡时一动不如一静；做事情时，更需明白一动不如一静之理。以不变应万变，才是最高明之道。《菜根谭》也说："淡泊之士，必为浓艳者所疑；检饬之人，多为放肆者所忌。君子处此固不可少变其操履，亦不可太露其锋芒。"它的意思是志向淡泊的人，必定会受到那些热衷于名利的人的怀疑；生活俭朴谨慎的人，大多会被行为放荡的人所妒忌。一个坚守正道的君子，固然不应该因此而稍稍改变自己的节操，但是也不能够过于锋芒毕露。

高明的人做事都懂得淡泊宁静，不事张扬，适当地保持沉默，于沉默处蓄养扭转乾坤的能量。

沉默最有说服力，沉默最引人注目，沉默之人如太阳般热烈。

《尚书》上讲殷高宗谅阴（谅阴就是服丧），三载不言。最后梦见一个圣人，终于开口，让大家四处寻访，终于得到了贤相伊尹，振兴了殷室。

沉默之后，往往会有奇迹发生。

《庄子》中讲了一个《接舆点拨肩吾》的故事：

肩吾拜见接舆。接舆说："过去你的老师对你说了些什么？"肩吾说："他告诉我，做国君的一定要凭借自己的意志制定法度，人民谁敢不听从？"接舆说："那是骗人的做法。圣人治理天下，不用法度。圣人先正自己而后感化他人，任人各尽所能就是了。"

接舆就是大名鼎鼎的楚狂人，曾经狂歌于孔子之前。接舆讲治天下要"正己"，这不是一般的端正自己就可以了，而是有多个复杂的"技术层面"，有"心斋"，有"坐忘"，当然也有"尸居"与"渊默"。特别是要沉默，才能正己。

庄子讲了一个《道人大战巫师》的故事：

郑国有个巫师名叫季咸，他的占卜十分灵验，能占生死祸福，准确如神。

壶子说："我最高的道理还未传授给你，你请那巫师来看看我的相。"

第二天，列子邀请季咸来看壶子的相。看完了相，季咸出了门对列子说："你先生神色如灰烬，形象怪异，不能活了。"列了进屋大哭一番。壶子说："我给他显现的是寂然不动的心境，他只能看到我闭塞的生机，再请他来看看。"

第三天，列子又邀季咸看壶子。季咸看后对列子说："你先生幸亏遇上了我，有救了，闭塞的生机开始活动了。"列子进屋把话告诉壶子。壶子说："刚才我给他看的是天地间的生气，一线生机从脚后跟升起，他只能看到我的一线生机，再请他来看看。"

第四天，列子再邀请季咸。看后季咸对列子说："你先生神态恍惚，无法看相，待心神安宁时再看吧。"列子把话转述与壶子。壶子说："我给他显示的是没有征兆的太虚境界，你再请他看看。"

第五天，列子又邀请季咸看壶子，季咸还未站定便逃跑了。壶子叫列子去追，列子没追上。壶子对列子说："刚才我给他显示的是万象皆空的大道，跟他随意应付，他弄不明我的究竟，像草遇到风就散乱了，所以他逃跑了。"

列子这才知道自己什么也没学到，回到家里三年不出门，为妻子做饭，喂猪就像伺候人一样，对任何事物没有偏私，抛弃了浮华而恢复了真朴。

壶子战胜季咸，最重要的一招就是沉默。沉默高深莫测，可以一举击溃对手。

有的人一天到晚叫嚣，其实是"满壶全不响，半壶响叮当"。季咸是个大巫师，好装神弄鬼，好预测，但他这一套在像壶子这样的得道高人面前全然无用。壶子一言不发就战胜了季咸，他的沉默已全然展示了他了得的本领。

列子因此受益匪浅，回家也沉默三年，做饭做出了味道，喂猪喂出了意思，在家务事中修炼，如此也最终得道，成为继老庄后的第三位著名的道家宗师。

有个日本武士道高手来到少林寺，想要挑战空言大师。空言大师说"好"，就让弟子把日本武士带进来。日本武士见面就抽刀，空言大师却让他喝茶。日本武士相信这老和尚不会害他，就坐下来边打量边喝茶。

空言大师倒茶滴水不漏，坐下时衣带无声。日本武士的全身杀气被无形中消减，心想即使不动手，也要与这老僧论学。于是日本武士大谈日本武士道如何厉害，空言大师只管听，不发一言。

最后日本武士话说完了，茶也喝完了，只好又口干舌燥地离去，回到日本后连杀数人。

同门问这名日本武士在空言大师面前为何不动手？武士说："这老和尚太沉默了，当时气氛压抑如山，我稍有举动，就会遭巨石压顶。"

这个日本武士未入武学中至高无上的"沉默"境界，当然会大败而归。可见，空言大师的沉默，会让日本武士有如此震撼之感，此非虚也。

所谓"静而后能虑，虑而后能得"，"静"的力量如此让人不可思议，怪不得庄子笔下的那只"呆呆"的斗鸡能够所向披靡了。

3

懂得"本末""终始""先后"
是学习大学之道的关键

【原典】

物有本末①，事有终始，知所先后②，则近道矣。

【注释】

①本末：指树的根本与树梢。

②知所先后：意指能够知道和把握道德修养的先后次序。

【译文】

世上万物都有根基和末梢，天下万事都有结局和发端，能够明白它们的先后次序，那么，就能够接近这《大学》之道的核心所在了。

（1）以德为市，还是以才为市

做人或者用人，是以德为本还是以才为本？在历史的争论中，这两种声音此起彼伏，没有止歇。

那么按照古人的标准，什么是德？什么是才？

我国古老的典籍《尚书·商书》中曾记载伊尹的一段话："任官惟贤才，左右惟其人。臣为上为德，为下为民。其难其慎，惟和惟一。"意思是说，人君选人任官，只能是贤而有德的，才而有能的。至于辅佐在君主左右的大臣，又必须在贤才之中择其优者。贤臣听察，以便使君臣相济，始终如一。

周初，姜尚提出选拔人才必须符合"六守标准"，即"一曰仁，二曰义，三曰忠，四曰信，五曰勇，六曰谋"。挑选将才，姜尚又提出"五才"标准，所谓五才，即"勇、智、仁、信、忠"。

德的内涵是十分丰富的，但无专门的系统的论述，如将古人的各种说法分类归纳，大体有以下几方面。

第一，忠君爱国。这是中国封建社会最高的德的标准。如孙武在《孙子·计篇》中提出的"五事"之首的"道"，实际就是德。其内容为"道者，令民与上同意。古可与之死，可与之生而不畏危也"。意思是要让民众与君主的意愿一致，可以让他们为君主而死，为君主而生，而不存二心。他在《孙子·地形篇》中还提到"进不求名，退不避罪，唯民是保，而利合于主，国之宝也"。其意是进不居功图名，退不推诿责任，只知道维护人民的利益和忠于国君，这样的将帅，才是国家宝贵的财富。《吴子》兵法中也要求将帅"师出之日，有死之荣，无生之辱"，即为了国家的利益，义无反顾，宁光荣地死，不苟辱地生。

孔子曾赞扬郑国子产，说他有君子的四种道德，"其行己也恭，其事上也敬，其养民也惠，其使民也义"。在孔子看来，子产所具有的四种道德正是"举直"的标准。这种正直的人，行为庄重、侍奉君主恭敬、给百姓恩惠、役使百姓合乎义理，所以最善于处理上下关系，既是君主的忠臣，又能够笼络百姓。选拔这样的人参与国政，从事管理，就能够维护国家的根本利益。

第二，一心一意为民众谋福利，不谋私利，具有自我牺牲的精神。如孟子所说的"乐以天下，忧以天下"。范仲淹的名言"先天下之忧而忧，后天下之乐而乐"更加充分地表达了这种见解。顾炎武在《日知录》中也提出，领导人物应当如舜、禹这些古圣王那样"能事人"，"其心不敢失于一物之细"，即对人民关心入微；要能"饭糗茹草""手足胼胝"地为人民艰苦操劳。

第三，忠于职守，公而忘私。春秋时，鲁国敬姜夫人曾用前代诸侯、卿大夫们每天辛勤从政的业绩来教育儿子应该如何对待自己的工作，当好大夫："诸侯朝修天子之业命，昼考其国职，夕省其典刑，夜儆百工，使无淫，而后即安。卿大夫朝考其职，昼讲其庶政，夕序其业，夜庀其家事，而后即安。士朝受业，昼而讲贯，夕而习复，夜而计过，无憾，而后即安。"以后韩愈在《争臣论》中曾用禹、孔子、墨子公而忘私的事迹来说明忠于职守是从事工作的必备德行。他说："禹过家门不入，孔席不暇暖，而墨突不得黔。"这是因为"君子居其位，则思死其官"。

公而忘私、忠于职守中最难以做到的是敢于为国家的利益、为民众的利益向最高领导者直言进谏。这是贤才应有的品质。荀子在区分国贼和社稷之臣时，提出了这一标准。荀子说："故谏、争、辅、拂之人，社稷之臣也，国君之宝也，明君之所尊厚也，而暗主惑君以为己贼也。"能够规谏、争谏、辅佐、矫正的人，是社稷之臣，是国君之宝。

以上三方面，可说是"德"的最基本的内容。如果没有这些素质，很难称为有德之士。此外，还有不少个人修身、养性、礼仪、操守方面的内容，也属于德的范畴。

才的内容十分丰富。其中，古人特别强调"智"，并赋予"智"以丰富的内涵。《孙子》一书多次论述到"智"，把"智"作为将帅的首条要求，"将者，智、信、仁、勇、严也"，还提出"智者之虑，必杂于利害。杂于利，而务可信也；杂于害，而患可解也"，"将通于变九之利者，知用兵矣"。《吴子》认为，将是"总文武者"，即能文能武，文武双全。《孙膑兵法·八阵》要求将帅"上知天之道，下知地之理"。

《三国演义》更对为将者的本领和才能做了浓墨重彩的描绘。诸葛亮在出祁山劫寨破魏都督曹真后，给曹真的信中讲："窃谓人为将者，能去能就，能柔能刚；能进能退，能弱能强。不动如山岳，难测如阴阳；无穷如天地，充实如太仓；浩渺如四海，眩曜如三光。预知天文之旱涝，先识地理之平康；察阵势之期会，揣敌人之短长。"诸葛亮草船借箭后对鲁肃讲："为将而不通天文，不识地利，不知奇门，不晓阴阳，不看阵图，不明兵势，是庸才也。"

对高层决策领导者的才，则有更进一步的要求。如在诸葛亮眼里，将才、帅才的能力，主要不是表现在军事知识和经验上，而是"揽英雄之心，严赏罚之科，总文武之道，操刚柔之术，说礼乐而敦诗书，先仁义而后智勇"。他对大将的要求是"见贤若不及，从谏如顺流，宽而能刚，勇而多计"，对高级谋士的要求是"词若悬流，奇谋不测，博闻广见，多艺多才"。从这些标准可以看出，诸葛亮认为决策层领导应该是全才：能统筹全局，运筹帷幄；有广博的知识和宽阔胸怀；尊重人才，从谏如流；善于分析判断，决策果断。

选用人才到底应以德为重还是以才为重呢？

主要的观点是德才兼备，以德为帅。北宋一位著名学者认为，德和才比，德应占第一位。他说："才乎才，有德以为功，无德以为乱。"他还说："无德而才，犹资盗以兵。"司马光曾发表过值得深思的见解，他说："聪察强毅之谓才，正直中和之谓德。才者，德之资也；德者，才之帅也……是故，才德全尽谓之'圣人'，才德兼亡谓之'愚人'，德胜才谓之'君子'，才胜德谓之'小人'。"他还说："夫德者人之所严，而才者人之所爱；爱者易亲，严者易疏。是以察者多蔽于才而遗于德。自古昔以来，国之乱臣，家之败子，才有余而德不足，以至于颠覆者多矣。"司马光的这段话明确提出了德才兼备又应以德为帅的思想。

康熙虽然不拘一格遴选人才，但对于人才的标准却要求得非常严格。他用人始终一贯的标准是："国家用人，当以德器为本，才艺为末""才德兼优为佳"。"才德兼优"的标准在实践中很不容易做到。在康熙看来，"从来才德难以兼全"，只能"以立品为主，学问次之"，甚至还说："论才则必以德为本，故德胜才谓之君子，才胜德谓之小人。"对于那种只能作无实之文、说现成话的庸史，康熙最看不起。

以德为本是帝王用人智慧的集中体现。因为帝王的用人标准不仅仅在于为某一个重要职位选用一个合适的人，更在于引导人才的道德走向，进而引导社会风气。不了解这一点，就无法准确理解帝王用人的深意。

（2）以民为本，先民而后身

世间总有一些事、一些人令我们感动，让我们叹服。比如那些爱民如子的清官，比如那些舍生取义的忠臣，正是他们身上以民为本的浩然正气，我们的历史才有了这样浓厚的人文情怀，而这正是儒家所推崇的"先民而后身"的精神所在。

晏婴是我国历史上杰出的政治家，同时也是备受后人推崇的清官。晏婴清明的主要表现之一，就是在相齐期间做出了许多恤民厚民的政治决策，而从这些决策出炉、实施的过程中，我们也可以清晰地看出作为一个清官政治决策的为难之处。

许多史料都详细记载着晏婴"以民为本"的思想。他多次强调"以民为本""先民而后身"。鉴于此，他数十年如一日，一直以恤贫厚民、敢谏尽职而名显诸侯。

晏婴相齐之初，当年齐桓公称霸的业绩早成历史，整个国势相当衰弱，北部的燕国，西部的晋国和南面的楚国，都经常犯其边境。在国内，官家垄断着大部分山林、土地、渔盐，贵族们"宫室日更，淫乐不违"，并"肆夺于市"，人民生活在水深火热之中。在此情况下，晏婴充分利用自己特殊的身份地位，机智地抓住每一个可能的机会，尽最大努力去为民请愿。

有一次，乐不思政的景公问晏婴，自己能否像齐桓公那样称霸诸侯，晏婴脱口而出："桓公之时，特别注重选贤任能，以鲍叔、管仲为左膀右臂。可您呢，不但左倡右优，而且前面有进谗言的，后面有拍马屁的，这哪能成呢！"真可谓"一石激起千层浪"，这些话在景公内心深处引起了强烈震动。

景公为兴建亭台而役使大批民工，虽值秋收季节也不让这些民工回去。民工们心急如焚，但都敢怒不敢言，只能暗暗叫苦。晏婴对此曾专门进谏，无奈景公执迷不悟，仍然一意孤行。接着，还为了亭台的开工而举办了一个大型饮宴，并令晏婴陪侍。晏婴待酒过三巡，忧心更甚，遂即席起舞，同时唱道：

岁已暮矣，而禾不获，忽忽矣若之何？

岁已寒矣，而役不罢，惵惵矣如之何？

唱着唱着，禁不住泪流满面，一些忠臣义士也一个个随之掉下了热泪。酒酣耳热的齐景公见此情景，才震惊、醒悟，下令停止了亭台工程。

又有一次，齐景公病了，他以为这是上天对他的惩罚，要大臣大举祈祷。晏婴又引经据典，劝他将祈祷上苍改为实行德政，薄敛减赋。也巧，景公恩准了他的奏请不久，大病竟然奇迹般地好了。从此，他对晏婴更加信任，而晏婴对他的劝谏，也更多、更及时、更直率。

有一年，阴雨连绵，齐国都城附近百姓的房子倒塌了许多，无数人无家可归，缺吃少穿，眼巴巴期待着朝廷救济，而齐景公却对此视而不见，听而不闻，依旧饮酒作乐，甚至派人到处去找能歌善舞的人陪酒助兴。晏婴得知后，先将自己家中的器具、粮食分给灾民，然后去见齐景公，说："现在雨水成灾，百姓饥寒交迫，而您却日夜享乐不去救灾。您的马吃着国家粮仓里的粮食，您的狗吃着一般人家经年舍不得吃的肉，您的宫女们天天都在大吃大喝，而您的百姓却在啼饥号寒。如此下去，百姓们就不愿意再拥戴您这样的国君了！"齐景公一听，连忙派人去了解灾情，发放救济物品。

此后不久，晏婴陪伴齐景公外出，见齐景公对田野路边一具具冻饿而死的尸体表现出漠不关心的样子，又说："当年，桓公看见饥饿的人便给粮食，看见有病的人便给钱看病，而您却对百姓冻饿而死不痛惜。如此下去，百姓就会离心离德，去拥戴别人做齐国的君主了！"齐景公这才连连认错，并下令掩埋死尸，发放粮食，减免赋税徭役。

在官场上，为官以清，时时处处要和不正之风斗争，但要创造清正廉明的政治环境，做到理直气壮制止歪风邪气，揭露他人的越轨行为，首先自己得树立一个良好的形象，晏婴在这方面做得非常到位。晏婴知道，创建清正廉明的政治环境，不是说说就可以，也不是制度建立和颁布了就万事大吉，决策者的以身作则起着十分关键的作用。晏婴一系列拒赏守贫的决策表面看来似乎有些不近人情，实际上其深意在于在全国的官吏和百姓面前做出一种姿态：官，就是要这么当。所以，晏婴清廉俭约从我做起的办法，既是保持操守的个人决策，更是关系到国家大政方针和政治风气的重大政治决策。

晏婴的做法对于一个身居高位的政治家来说是很难做到的，而无疑也是一个优秀的政治家在治理国家上最不可或缺的。

包括《史记》在内的众多史书中，多处提及晏婴"食不足""食肉不足""衣食弊薄""乘弊车驽马""布衣栈车而朝"。还说他每日的正餐，吃的是糙米饭，只有一荤一素两个菜。一天，齐景公的使者到他家正赶上他要吃饭，就把饭分了一份给使者吃，结果两个人都没吃饱。他穿的是粗布衣，即使祭祀祖先也不过将衣服和帽子洗干净穿上而已；一件狐皮大衣，也只是在出使他国或参加盛典时穿，并且一直穿了三十多年。平时上朝，总是乘坐一辆劣马拉的破旧车子，有时甚至走着去。至于住的，照景公的话说，是"宅近市，湫隘嚣尘，不可以居"。

齐景公见晏婴如此清苦，便派人送给他许多钱财，前两次都被他全部退还，第三次他收了下来，将它们转赠给了贫穷的亲友和灾民。之后，他生怕景公再次恩赐，便如实向景公说明了情况，还说："作为一个大臣，将国君的恩赐用于百姓身上，是以臣代君治理百姓，忠臣是不应该干的；不用在百姓身上而收藏起来，那臣下就变成了一个装东西的箱子，仁者是不会干的；上对不起国君，下对不起百姓，只干守财奴的事，聪明的官吏是不会干的。所以，请您千万不要再赏赐臣下了。"景公不解，问："想当年，管仲不也接受了桓公封赏的五百个村庄吗？"晏婴便说出了"圣人千虑，必有一失；愚人千虑，必有一得"的话，并"再拜而不敢受命"。

然而，景公总觉得晏婴乘坐的车子与其身份太不相称，所以仍坚持送他一辆由几匹良马驾的好车。晏婴再三谢绝，并坦诚地表示："您让我管理全国的官吏，我深感责任重大，平时，我怕他们奢侈浪费和行为不轨，一直要求他们节衣缩食，以减轻百姓负担，我若乘坐好车，百官们便会上行下效，奢侈之风就会弥漫四方，假如真的到了那个时候，恐怕就无法禁止了。"

接着，齐景公又利用晏婴出使他国之际，"毁其邻以益其宅"，为他新建了一处相国府，但晏婴回京之后，马上从相府搬回了原来低矮狭小的住处，同时将相国府加以改造，分配给了原来住在那儿的人。

后来，景公还决定将富庶的平阳（今山东平阳东北）和棠邑（今山东聊城北）赏赐给晏婴。晏婴表示感激却不肯接受。他说："以往，由于您热衷修建亭台楼阁，致使百姓筋疲力尽；由于您迷恋声色犬马，致使百姓贫困不堪；由于您动不动就对邻国兴兵打仗，致使百姓性命难保。直到现在，百姓们仍在怨恨朝廷和官府。因此，我不敢接受您的赏赐。"景公默默点头，但又问："难道您就不想富贵吗？"晏婴答道："我以为，当臣下的首先要为君主，然后再为自己；先为国，再为家。至于富贵，人人所盼，我怎能例外呢！"景公说："那么，我应赏赐您什么呢？"晏婴随即表示："如果您能下令减免渔盐商人的税收，对农民实行'十一税'，再减轻各类刑罚，这将是我想得到的最大赏赐，我也将永远感激不尽！"景公十分高兴，当即答应了他的全部要求。

晏婴到了晚年，不仅不再接受任何新的赏赐，还向齐景公提出将原来赐给他的封地退回去。景公认为在齐国历史上从未有臣老辞邑的先例，坚决不同意。但二人推来让去，最终还是晏婴说服了景公，将封地全部退还，自己仅留下了一辆劣马驾着的破车。

晏婴临终之前，还谆谆告诫家人：丧事要从俭，绝不许厚葬。

正是基于"以民为本"的做人理念，从而使晏婴在多年之后仍然受到世人的敬仰。

(3) 善始善终必有所成

所谓"事有终始"，《大学》在这里要告诉我们的是所有的事情都有开头和结尾，善始善终是做人做事的一个最基本的要求。路漫漫，困难重重，若想能得到日后的成功喜悦，我们首先就要拥有一种善始善终的坚持。

伟大历史学家司马迁从青年时代就立志写一部纪传体的通史，为了写好这部通史，他游历名山大川，寻访先人踪迹，搜集民土风情、历史传说，做了大量的资料采集。然而因为"李陵事件"，司马迁遭受了人生奇耻大辱——被施以宫刑。面对这奇耻大辱，他曾想到了死，然而当他想到要写的史书还没有完成时，他毅然忍受生活的折磨，忍辱负重地继续进行未完的事业。正是由于文史公（司马迁）的忍辱负重、善始善终的毅力所至，我们后人才有幸得以一睹"无韵之离骚"这一千古绝唱。

能够做到善始善终的人是可敬的，只能善始不能善终的人是可悲的。

众所周知，程咬金家住山东历城斑鸠镇。年轻时，他身长力大，性情莽撞，经常闯祸，动辄与人厮打，当地人个个怕他，都称他"程老虎"。后因寻衅打死了一个捕快，铸成大罪，缓决在狱。三年后逢隋炀帝大赦天下，得以出狱。但家贫如洗，生活无着，被尤俊达收留合伙打劫。尤俊达送给他一把64斤重的宣花斧，还教他斧法，但程咬金总是记不住，学了后面忘了前面。最后，他总共就学会了三招。因程咬金身强体壮，勇猛过人，有了这把神斧如虎添翼。

不过，程咬金如果遇上了能躲过他前三斧的人就得赶快逃命，不然很可能就要吃亏了。

程咬金像

有一次，秦王李世民杀了窦建德后，窦建德手下的元帅刘黑达兴兵犯关，要给窦建德报仇。他聘请了四位王子共破唐兵，其中三王手下的将帅武艺平平，屡败于唐兵。但南阳王朱登却谋略过人，武艺超群，唐兵很难制服他。一天，朱登到关下挑战，程咬金也不知朱登底细，自告奋勇去迎敌。两人互报姓名后，程咬金嚷道："呀！你朱登乃是野种，不要走，看爷爷的斧吧！"说罢，他当头就是一斧劈下，朱登把枪一架；程咬金又一斧砍来，朱登大叫一声："呵呀，好一员勇将！"话未了，程咬金猛地又是一斧，把朱登劈得汗流浃背，朱登见程咬金如此厉害，心中发慌，正待要逃。程咬金又一斧，朱登发现第四斧没有力量，第五斧、第六斧更是无力。朱登大笑道："原来是个虎头蛇尾的丑鬼！"朱登挺枪来战，那程咬金便只有招架之功而无还手之力了。朱登趁势拦开程咬金劈来的斧头，扯出鞭来，打中了程咬金右臂，程咬金大叫一声"哎哟，小杂种，打得你爷老子好厉害"，便狼狈地逃进了关，惹得众人大笑。

程咬金不能善始善终，只学会了三招斧头功。在这次战役中正是由于这个缘故，若不是他跑得快，小命就交待了。

明人杨梦衮曾说："作之不止，可以胜天。止之不作，犹如画地。"这句话是什么意思呢？其实就是告诉世人坚持下去的道理：世上的事只要不断努力去做，就能战胜一切，取得成功。但如果停下来不做，那就会和画饼充饥一样，永远达不到目的。

这是个浅显简单的道理，在实际生活中，我们却常常忘了它，因而总会有"为山九仞，功亏一篑"的遗憾。很多时候成功就距我们一步之遥，我们却在最后的关头放弃了努力，让胜利轻易地擦肩而过！

要想成功，就要"作之不止"，绝不能半途而废。当然，方法、计划可以调整，但绝不要让放弃的念头占据了上风。

越是在困难的时候越要"持之以恒地做下去"，努力给事情一个完美的结局。有时，在顺境时，在目标未完全达到时，也要"持之以恒地做下去"，不要因小小的成功就停步不前。

那些成功人士大多数都有一个共同的特点：坚韧执著、意志刚强、不达目标誓不罢休。而那些今天想干这个，明天又想干那个、东一榔头、西一棒槌、三天打鱼、两天晒网，小事不想干、大事干不了，或遇到一点儿挫折就退缩徘徊，缺乏坚强意志和忍耐力者，无法做到善始善终，这就决定了他们最后只能一事无成。

最后，关于这一话题，我们要告诉你的是：做人做事都应当努力追求最后的完美结局，这是成功者的要求，也是成功者的想法。

如果你能这样想并这样去做，那么无论你做什么，都会做得很好并且不会自满，因为很少有东西是完美的，即使是最好的产品都有缺陷。然而，在现实中就是因为设立了这样一个完美的目标，才可以提升你对品质的意识，使自己做事变得非常认真，最后，事情就会在你手中变得更加完美。

只要你追求完美，就可以保证你善始善终，不被半途而废所害。而世界上为人类创立新理想、新标准，扛着进步的大旗为人类创造幸福的人，大多数就是具有这样追求完美素质的人。这些人能力出类拔萃，对于寻常、细微的每件事都能认真思考，不肯安于"还可以"或"差不多"，必求其尽善尽美，必求人格上的圆满。

4

明德天下，先治其国

【原典】

古之欲明明德于天下者，先治其国。

【译文】

古时候，想要使美德显明于天下的人，先要治理好他的国家。

"光武中兴" 明德天下

刘秀是中国历史上一个难得的好皇帝，一方面因为在立国之初即以"怀柔施德之政"治天下；另一方面还因他当了皇帝之后仍像以前一样重视知识，"尊贤下士"，并且对曾经随他打天下的功臣予以厚待。

公元41年，刘秀做皇帝的第十七年，他衣锦还乡，大摆酒宴，款待父老。酒酣之际，刘秀的婶娘乘兴而起，说："文叔小时候老实得很，柔弱温顺，连交际都不会，没想到今天做了皇帝。"刘秀听了，鼓掌放声大笑："我治理天下，还是用柔道呢！"引得大家欢腾起来，齐声高呼"万岁！"所谓"柔道"，即怀柔施德之政，这是光武革除新莽弊政、中兴汉室的大政。

早在称帝前，刘秀听从了主簿冯异的意见，查问民情，平反冤狱，释放囚犯，废除王莽时代苛刻的法令，恢复了西汉的官名、制度，深受河北一带人民的欢迎。接着，刘秀少年时代的朋友邓禹从洛阳徒步赶到邺城（今河南安阳北）来投奔他。当日刘秀同邓禹谈论到深夜。最后，邓禹建言："依禹之见，明公一向有盛德大功，为天下所叹服。当今之计，不如延揽英雄，务悦民心，立高祖大业，救万民生命。以明公的才德，反掌之间，天下可定。"刘秀把邓禹的意见定为中兴大计，坚定不移，予以实施。在削平群雄统一天下的过程中，他用的仍然是"柔道"。冯异率兵去攻占长安，刘秀亲自送到黄河边，赐他一辆车马，一把宝剑，嘱咐他："长安一带老百姓受王莽、更始、赤眉的兵灾，穷困到了极点。将军此去不一定要掠地夺城，重要的是除暴安良，安定人心。你要记住争取民心最重要。"

在进行征伐、削平割据势力的战争同时，刘秀采取了一系列缓和阶级矛盾、巩固统治的政治经济措施。

首先，刘秀注意加强皇权，削弱相权，使专制主义的中央集权完备起来。刘秀加强皇权的方法是仍设三公（司徒、司空、太尉）任宰相，但加重尚书职权，扩大尚书机构。在朝中设尚书六人，分掌全国政事。尚书尽管官位低微，但"天下枢要，在于尚书"，职权极为重大。实际上逐步变成了皇帝发号施令的执行机构。然后他把西汉时职权极大的三公，改为只是给那些有资望的功臣享受的名义上的尊荣，造成东汉政府"虽置三公，事归台阁"的局面。这种尚书台制在东汉前期起到了加强皇权、削弱相权的作用。

在加强皇权的同时还必须集中军权，把地方权力集中在皇帝身上，这样才能把专制主义的中央集权完备起来。罢除郡国都尉是刘秀集中军权的一个措施。西汉初设南北二军，郡太守和郡都尉每年秋季检阅一次。刘秀建立政权后，下令罢除内地的郡都尉，其职务由郡太守兼任。其后，又下令地方军队解甲归田，需要时再行招募，并由中央统一指挥。这样，就减少了地方官吏控制军队的机会，突出了中央军队的地位，皇帝可一手操纵全国军事力量的调拨、调配。

对地方政权，刘秀采取将地方政权机构改为三级制的措施。秦和西汉时的政权机构是郡、县二级，西汉武帝时的十三州刺史属临时派遣，由丞相掌握，皇帝总揽。刘秀立国后，把刺史固定为州的一级长官，使地方政权形成州、郡、县三级制。刺史直接奏事皇帝，不再通过宰相。这样，地方权力可集于皇帝一身。建武六年（公元30年）6月，刘秀提出："朝廷设立官吏原是为了人民。可如今县官和属吏多得无事可做。"于是一下子并掉了10个郡、四百多个县，削减了许多的官吏。这不仅节省了政府开支，而且提高了工作效率。

刘秀在确定政权制度的同时，努力扩大统治基础，实行封功臣、广泛吸收豪强地主参加政权的政策。刘秀在建立政权的第二年，封功臣为列侯，赐给食邑，最多的达四个县。对此，大博士丁恭曾劝阻刘秀，恐分封过大会影响"强干弱枝"的古制。刘秀却不以为然，认为"古之亡国，皆以无道，未尝闻功臣地多而灭亡者"。当公元37年全国平定后，刘秀大肆封功臣授爵位，共

刘秀像

封功臣365人，外戚45人。这些原本是豪强地主的功臣们，经过分封发展了政治经济势力，成为刘秀统治集团的中坚力量。

公元35年，刘秀采纳他人建议，采取两种办法选用官吏：察举制或任子制、征辟制。"征"是皇帝下诏书特别征召"名流"做官，"辟"是公卿大臣及郡守自行启用有才德之人做属员。实行这种制度使东汉政府吸收了一些有才能的人，扩大了东汉政权的统治基础。

奴婢问题是西汉末年的一个严重社会问题。农民起义沉重打击了地主豪强占有奴婢制，使许多奴婢得到解放。刘秀顺应农民起义中许多奴婢已获解放的形势，提出"天地之性人为贵"，先后六次下令释放奴婢，三次下令禁止虐待奴婢。刘秀释放和禁止虐待奴婢的政策，在一定程度上解放了劳动生产力，对封建统治的赋税收入有一定好处。

国家的稳定、富强还有赖于发展生产、减轻赋税、兴修水利、与民休

息。刘秀曾说过："朕治天下，亦欲以柔道行之。"刘秀自天下平定后，偃武修文不轻易兴兵，而是给百姓创造安定的环境，发展生产，休养生息。公元30年，刘秀宣布废除什一税制，恢复三十税一制。减轻赋税提高了劳动者的生产积极性。刘秀还大力提倡兴修水利，减轻和恢复战争对农业生产造成的破坏。为了解决土地兼并问题，刘秀默许农民在起义中获得的部分土地。同时，为了解决国家与豪族之间地租分配及限制兼并土地，刘秀于公元39年颁布"度田令"，命令各州郡检查垦田亩数与户口、年龄实数。失败后，刘秀便改用移民屯垦的办法来缓和土地问题上的矛盾。建武二十一年（公元45年），他在边郡"建立三营，屯田殖谷，弛刑谪徒以充实之"。

刘秀重视节俭，特别反对厚葬的陈规陋习，并且专门为这件事发布诏书说："人们都把厚葬当作美德，薄葬视为穷酸。富人的随葬品过于奢侈，穷人为了厚葬用尽了钱财，礼义不能禁止。在丧乱之世，厚葬者往往被人挖掘，人们这才明白它的坏处。现在布告天下，使所有的忠臣、孝子、慈兄、悌弟都懂得薄葬送终的道理，不要再做那样的蠢事。"更难能可贵的是，刘秀还反对吹捧，不准史官把所谓祥瑞和自己的功德写进史书。

刘秀本人不仅学问高而且"尊贤下士"。他把尊贤看做国家治乱盛衰的大事。他对不仕王莽新政的学士名人更是悉力召见。凡应征召见的，刘秀均亲躬下问，量才授职。凡不愿为官的，刘秀也不强求，以礼相待，虚心咨询。刘秀视建太学重于修饰宫室，又大力提倡经学。史称他"爱好经术，未及下车，而先访儒雅"。正是由于刘秀尊贤重学，因而儒生学士包括不仕王莽新政的独行逸士也都愿为东汉服务了。刘秀还崇尚名节，允许知识分子结恩义、讲气节、交相引、兴清议。如此提倡的结果使东汉一代忠贞之气蔚然成风。

凡此种种使刘秀统治时期国家政治清明，任贤使能，外戚、功臣自觉回避政治。如把365个功臣封列侯的方法，让功臣们既不干预朝政，保持荣耀，又防止功高擅权。大功臣邓禹虽为云台二十八将之首，亦急流勇退。他在战争平息后，就食邑不问政事，潜读佛书。外戚阴兴坚决辞去被封列侯，认为"外戚家若不识谦退，富贵有极，人当知足"。东汉当时政治稳定，社会秩序安定，人民安居乐业。经过十几年的努力生产，东汉初经济有了很大的发展，人口及垦田数逐年增加，税收也随着增加。国家从战乱萧条逐渐恢复元气，进而繁荣兴盛。由于有刘秀的十多年和平治国的基础，东汉前期的七八十年中，生产发展，人口增加，垦田数和高税者也随之增加。公元57年，全国人口仅2100万，到公元105年，全国已达到5300万余人。垦田数到东汉和帝时达到7.3亿亩。手工业和商业也得到很大的发展。刘秀经过几十年的努力，把分裂割据的国家恢复了统一，并使国家从战乱萧条逐渐走向繁荣兴盛。史学家把刘秀统治的这段时期称为"光武中兴"。

东汉政权是在豪强地主的支持下建立起来的。刘秀手下的"云台二十八将"绝大部分是豪强地主出身。刘秀对豪强地主的势力采取妥协和保护的方针，使豪强地主得以兼并大量土地财产，控制农民，但这激化了地主阶级和农民的矛盾。刘秀奉行柔道治国，采取一些积极的统治政策，促进了经济的发展，换来东汉的中兴局面。以德政来协调统治是他政治上维护豪强地主利益的一个补救，也是迫不得已而为之。度田令的失败是他政治上最大的遗憾，更是大封功臣消极作用的集中表现。作为太学生的刘秀偃武修文、礼贤重学、广揽人才最终实现了中兴汉室。

5

欲治国，先齐家

【原典】

欲治其国者，先齐其家①。

【注释】

①先齐其家：齐，有治理之意。家，指家族。意为使家族齐心协力、和睦平安。

【译文】

要想治理好自己的国家（治国）的人，一定要先治理好自己的家族。

家和则万事可兴

中国有句俗话：家和万事兴。只有家庭和睦、"后院"安宁，才有可能专心做别的事，才有可能成就一番伟业。但话又说回来，家家都有一本难念的经，齐家并不容易，这是《大学》留给后人的一道家庭作业题。

隋朝时，有个叫牛弘的人，学识很渊博，他的弟弟牛弼却时常酗酒闹事。一次牛弼喝了酒，酒后将给牛弘驾车的牛射死了。

牛弘外出回家后，他的妻子向他诉说道："叔叔喝醉了酒耍酒疯，将牛射死了。"牛弘听了，什么也没问，只是说将牛肉做成肉脯算了。他妻子做完肉脯之后又提杀牛一事，牛弘却说："剩下的做汤。"过一会儿他妻子又唠叨杀牛的事。这时牛弘才说道："我已经知道了。"一点没有生气的样子，脸色像平时一样温和，甚至连头也没抬，继续看他的书。

妻子见丈夫这样大度，感到很惭愧，从此以后再也不提杀牛的事了。因此，牛家上下一团和气，再也听不到闲言碎语，牛弼也因此收敛了许多。

宽宏大量不仅能使家庭和睦，还能使许多看似严重至极的事轻易化解。

家庭和睦首先必须是夫妻和睦，因为夫妻关系是各种家庭关系的主体，又是家庭的支柱。从历史上看，夫妻和睦不仅能使家庭稳定，而且能激发夫妻的创造力，甚至还能由此创立一番大业。

南宋女词人李清照，别号易安居士。其父是当时著名学者李格非，其母王氏也非常有才情，所以李清照自幼便受到良好的教育。她的词作感情真挚，语言雅隽，善于使用白描手法，为文俏奇，情调低回缠绵，有许多传世之作。

李清照是公元1102年同赵明诚结婚的。赵明诚发现自己的妻子是个见识不凡、精通诗书、才气过人的女子，李清照也了解到赵明诚对官势利禄十分淡漠，醉心于历代文化、古迹的研究，特别长于金石碑帖。共同的爱好和清高的志趣大大加深了他们之间的感情，使他们成为一对致力于金石书画收集整理的神仙眷侣。

这对夫妇的生活很拮据。为了得到文物书籍，他们常常把钱花光了就典当自己的衣服，务必把所发现的文字、文物买回家中。他们废寝忘食，相对而坐，把买来的东西反复欣赏、琢磨。后来，赵明诚当了知府，家境稍稍好转起来，但收购文物是耗资无边的事，因而，他们的生活依然贫困、清苦。有一天，他们夫妇俩在街上遇到一幅南唐画家徐熙的《牡丹图》在出售，卖主要价很高。他们历来对徐熙的作品爱不释手，便将画取到家中，再筹措现款。但是，他们绞尽脑汁也没法凑到足够的钱。那幅《牡丹图》在家里放了两天，只好怅然归还了卖主。

李清照像

共同的爱好使李清照夫妇生活和谐，充满高尚的情趣。李清照博闻强记，能够面对千万卷图书，回答出某人某事在某书、某卷甚至某页上。赵明诚常常故意考她，以茶为赌，谁胜谁先喝一杯茶，丈夫总是输给她。正因为对事业的倾心热爱和夫妇之间的密切合作，他们"虽处忧患困穷，而志不屈"。这样，精心收藏、考证，日积月累，夫妇拥有了大批金石珍品和几万卷图书。及至后来，他们已有书十五车，藏书占了十几个房间。

赵明诚专心于金石，在诗词方面李清照则高出一筹。夫妇之间互相敬重，很有情趣。相传赵明诚起初想同妻子比一下文才高低。李清照写给赵明诚一首咏菊花的词《醉花阴》。赵明诚埋头三天不出门，写了50首《醉花阴》，和李清照写的放到一起，让精通诗词的内行人、好朋友赵德夫欣赏、品评。赵德夫反复对比，认为李清照写的那首最好，并指出妙在哪里。正是由于赵明诚的支持、敬重与协助，李清照才能够在诗词方面发挥自己的才能，写下了大量婉约、缠绵、新颖的词，成为中国文学史上首屈一指的女词人。

可见，家庭的和睦确实是个人事业的基础，如若后院不得安宁，时不时地"起火"，那所谓的"事业有成"就只能是个不可能实现的梦想。天天惦记着"灭火"了，哪还有时间和精力做事？所以说，无论做什么事，请记住"必先齐家"。

6

欲齐家，先修身

【原典】

欲齐其家者，先修其身①。

【注释】

①修其身：指提高自身各方面的修养。

【译文】

要想治理好自己的家族的人，一定要先努力提高自身的修养。

（1）道德修养高于一切

无论是齐家抑或成事，古人凡有所作为的人都非常重视道德修养。

《诫子书》是诸葛亮为告诫儿子成为有高风亮节、真才实学、对社会有贡献的人而写的一篇短文。文中将德育和智育看成相互联系的统一体，提出不修养品德就没有远大的志向；没有远大的志向就不能勤奋治学；不勤奋学习就没有出色的才干。反之，追求安乐，涣散意志，随着年华的流逝，无用世的才能，终成穷酸，悔恨也来不及了。

"夫君子之行，静以修身，俭以养德，非澹泊无以明志，非宁静无以致远。夫学须静也，才须学也，非学无以广才，非志无以成学。淫慢则不能励精，险躁则不能治性。年与时驰，意与日去，遂成枯落，非守穷庐，将复何及！"

《颜氏家训》中则特别提到作者自己在成长过程中运用内省加强道德修养：我们颜氏的家风家教一向整肃严谨。从前我在童年时便受到了熏陶和教诲。常常跟随两个哥哥，早晚前往父母住处问寒问暖，行步端正，言语稳重，神色安详，毕恭毕敬，宛如朝见威严的君王。父母则以善言相劝，询问我的喜好和志向，并及时指出我的短处，表扬我的长处，态度恳切感人。不幸我刚到九岁，父母便双双亡故，从此家道中落，亲属离散，一个大家庭顿时变得冷冷清清。仁慈的兄长培养我长大成人，备尝艰辛。但他们对我仁爱有余，威严不足，因此对我的教育不够严格。尽管我曾经阅读了《礼经》和《春秋》三传，也稍稍喜欢写点文章，但因为深受周围世俗之人的熏染，所以常常随心所欲，言语不知深浅，对仪态容貌也不注意修饰。到了十八九岁才稍稍知道对自己加以约束和磨炼，但习惯成自然，因此也就难以一下子完全改掉。直到二十岁以后大的过失才少犯了。因为我的内心常常和口头相斗，习性常常和情感相争，夜晚回想白天，发现早晨说错了话，今日反思以前，后悔咋日做错了事，常常自己可怜自己从小失去教诲，以至到了这种地步。追忆自己往日的所作所为，令人痛心疾首，难以忘怀，并非像读古书中的教训那样过目即忘。

一个人的名声和自身实际的关系，犹如物体和影子一样，如果德才兼备，那么他的名声一定非常好。现在有些人不知道加强修养，却企求在社会上有一个好名声，这就像自己身材不佳，却希望看到自己美丽的身影一样。高明的人

从根本上忘记了对名声的追求，中等的人希望通过立身行世求得好名声，最差一等的人则去窃取别人的名声。无意追求名声的人，其言行通常合乎道德的规范，而对名声不感兴趣；立志追求名声的人，注重自身修养，谨慎行事，而且总是担心不够荣耀显赫，对名声自然不会轻易谦让；窃取名声的人，外表假装厚道，内里奸诈，而且时时都想沽名钓誉，其名声自然不是以正当手段得来的。

（2）读书是最好的进业修身之道

中国传统文化对于读书历来极为重视，认为修身、齐家、治国、平天下都离不开读书，不读书的人往往愚笨、贱鄙。在《颜氏家训》中对于如何读书有集中的论述：

自古以来，圣明的帝王尚且需要勤奋学习，更何况凡夫俗子呢？这种事例在经书史籍中俯拾即是，我也没有必要一一重复。姑且列举近代的一些主要事例，以开导你们。凡是士大夫的子弟，从几岁以上没有不接受教育的，读书多的学习《礼记》和《春秋》三传，少的也读过《诗经》和《论语》。等到成人结婚时，身体的发育已近形成，此时的智力开发更需要加倍地教育诱导。有志向的人能自我刻苦磨炼，终生研读经书，功成名就。没有操行和志向的人便从此自甘堕落，成为一个普通人。人生在世，应当有自己的专门职业：农民关心耕种收获，商人注意金玉布帛，工匠致力于器物的精巧，艺人专注于技艺的提高，武将惯于弯弓骑马，文人喜欢讲习经书。当今士大夫中，多数人耻于种田经商，也瞧不起工匠和艺人，而让他们拉弓射箭力不能穿透铠甲，提笔写字仅能写出自己的姓名，终日满足于酒足饭饱，浑浑噩噩，日复一日，年复一年。有的人因祖先余荫获得一官半职，便心满意足，完全忘记了修身学习之事。等到发生了吉凶大事，需要权衡得失，便糊里糊涂，如坠云雾之中。在饮宴集会场合，别人谈古论今，吟诗唱和，他自己却口塞无语，只能默然低头，这都是疏懒和消沉的结果啊。有识之士看到这种情况，也为他感到羞惭，恨不得代替他钻入地下。这些人为什么甘于懒惰几年却使自己终生蒙受羞辱呢？

当初梁朝鼎盛时期，贵族官宦子弟，大多不学无术。以至于当时流行这样一句话："上车不落则著作，体中何如则秘书。"这些人身着暖和的衣服，胡须刮得干干净净，涂脂抹粉，乘着长檐车，脚蹬高齿屐，坐着方格绮罗坐褥，斜倚着丝线织成的靠枕，身边摆放着各种玩赏器物，从容地进进出出，远远望去，宛若神仙下凡。科举考试，他们雇人代答；出席三公九卿的宴会，又请人作诗。此时的神态风度俨然豪爽之士。但侯景之乱以后，朝廷改变了制度，选拔官员，不再像从前那样任人唯亲；当政掌权的官员中，也见不到过去的党徒了。再看那些贵族子弟，自身没有才学，对社会也就毫无用处。虽身披粗衣，但并不怀玉，失去了高贵的地位，露出了本来的面目，茫然如枯木，不知所从，又如浅水将尽，干涸见底，辗转于战乱之间，倒毙于沟壑之中。此时此刻简直像奴才一般。而那些有一技之长的人，则能随遇而安。自侯景之乱以来，被俘虏的人随处可见。那些出身低下的人只要知道读读《论语》《孝经》，此时便能为人之师；而那些出身高贵的人不懂得书牍、奏记之事，仍然免不了要去耕田养马。如此看来，怎么能不自我勤勉呢？如果能常常饱读百卷诗书，就永远不会受人奴役。

掌握《六经》的要旨，遍涉百家之书，即使不能增加自己的德行，促进风俗的好转，也算是有一技在身，能够赖以为生。父母兄弟不能够终生依赖，国家和故乡也不能保证永远不离开，一旦流离失所，便无人依靠，只能自己照顾自己了。俗话说："积财千万，不如有一小技在身。"在各种技艺中容易学习并能使人高贵的，就算是读书了。世人中不管是聪明的人还是愚笨的人，只知道广交朋友，多见世面，却不肯读书，这就好比想吃饱肚子却懒得去做饭，想穿着暖和却不想去做衣。读书人能从书中知晓自伏羲、神农以来天地宇宙间出现的人和事，领略人们成败好恶的道理，这种本领天地无法隐藏，鬼神也难以掩盖。

徐媛的《训子书》，也是劝勉儿子立志奋发向上，潜心读书，孜孜不倦，只要不自甘落伍，就会成为有益于社会的有用之才。并教诲儿子读书和做事，既要凝神静思，专心致志，又要境界高，心胸广，尽心勇为，不患不能成功。

至于《颜氏家训》则更是把学问之事作为整个家训的重心，文中认为：读书求学本来为的是启迪心志，开阔视野，从而有利于自己的行动。读书求学，对不侍奉养父母的人，就是让他们知道古人如何顺从父母，对父母和颜悦色，当父母有了过失时也心平气和地规劝，并且不怕辛苦再三进谏，从而使他们心服口服；对以往的不孝行为感到惭愧，并亲自去做；对不知侍奉君王的人，就是让他们知道古人如何恪尽职守，不僭越、不犯上，危难之时挺身受命，不忘忠心进谏以有利于国家，并由此激发他的忠君报国之心，使其效仿古人；对一向骄奢淫逸的人，就是让他们知道古人如何恭敬、勤俭、节约，从而使其自食其力，并以礼为做人的根本，以敬为立身的基础，悔过自新，有所收敛；对一向贪婪吝啬的人，就是让他们知道古人如何重义轻财，清心寡欲，救济穷苦之人，施舍钱财；对一向强暴蛮横的人，就是让他们知道古人如何谨慎克制，宁柔勿刚，忍辱含羞，容纳贤人，从而使其对自己的行为万分沮丧，然后变得温顺起来；对一向胆小怯懦的人，就是让他们知道古人如何看透人生、知晓天命，并且为人刚毅正直，言而有信，通过正当途径祈求福祉，从而使其自强奋发，无所畏惧。以此类推，任何事情都是如此。即使不能完全做到古人那样，也起码不会像以前那样过分了吧。通过学习所掌握的知识，落实到行动上，没有不成功的。

7

欲修身，先正心

【原典】

欲修其身者，先正其心。

【译文】

想要提高自身品德修养的人，必须先端正自己的内心。

修身正心流芳百世

一屋不扫不足以扫天下，不修自身不足以治国家，这些都是显而易见的道理，然而能做到的却不多，能做到这一点的人，必定能成为历史的宠儿。《大学》告诉我们，修身之道在于正心。而所谓正心关键还在于一个"正"字，无论做人做事都要如此。通过大汉王朝开国名相萧何一生的经历，或许我们可以对此有一个更深刻的认识。

萧何出生于今江苏沛县，在青壮年时代，即以精通文墨、为人宽厚而闻名遐迩。当他担任秦沛令"主吏橡"时就曾多次周济尚未发迹的刘邦。刘邦在反秦风暴中逐渐崭露头角后，萧何更是给了他莫大帮助。

当项羽率师北上，击破秦师主力章邯军数十万人于巨鹿战场、威震诸侯之时，刘邦则日夜兼程，挥师西进，乘虚攻入了秦都咸阳。萧何这时担任沛公（刘邦）主丞，在军中日夜操劳，督办众事。刘邦的义军一入咸阳，诸将纷纷涌向秦之府库，争抢金银财帛，连刘邦也被胜利冲昏了头脑，一头扎进秦宫，贪恋着金玉、狗马、美女而舍不得离开。这时，唯独萧何对金银财帛毫不动心，却急如星火地赶往秦丞相御史府，收取律令、图书、文献档案，细心地保藏起来。作为一位主丞，在反秦大业取得胜利很可以借机攫取财物以饱私囊之际，萧何竟表现得如此廉洁。这在庸俗之辈看来自然不可理解，而要视其为"该捞不捞"的"傻瓜"了。而对像萧何这样有远见的政治家来说，所考虑的则要深远多了。萧何亲自经历过秦末的苛政，对于秦王朝覆灭的历史教训，他是深深记取的。他知道饱受暴政和战争苦难的人民所希望的只能是义军清正廉洁的治理秩序，绝不是贪婪的盘剥和聚敛！

刘邦被封为汉王以后拜萧何为丞相，从此率师进入汉中，开始经营巴蜀以图发展事业。萧何为刘邦确立了养民、致贤的方略。他深知国之兴亡在于用人，而作为丞相的第一要务正在于为国进贤。他在总理百政、事务繁忙之中总不忘访察、引荐天下的贤人。

历史上传为美谈的"萧何月下追韩信"的故事，就发生在他担任丞相之后不久，他不避嫌疑，力荐韩信，充分表现了一位国相急公后己、为官廉正、见贤

萧何像

若渴、不计私利的度量和见识。韩信拜将以后，果然不负萧何所望，在楚汉相争中屡建功勋，并最终决定了项羽垓下之败的命运。

萧何治家也素以节俭闻名，平时置田宅只挑些穷僻之处，从不占民良田。就是盖房，也不修高大的墙屋。他常对家人说，我的后人倘若贤仁就让他们效法我的节俭吧；倘若不贤，豪门势家也不会看上这穷田陋房以施欺夺。

一位勤于民事、关心民生疾苦、秉性廉正的国相，在生性多疑的国君身边，有时不得不冒着风险为民请命。那是在刘邦当了皇帝以后，萧何看到长安一带耕地狭小，百姓缺衣少食，而天子的上林苑中却弃置了大片空地供养禽兽，便劝谏刘邦说，皇上让老百姓到上林苑中垦种吧，不要再征收禾蒿充当兽食了。刘邦一听勃然大怒道："你自己多受贾人财物，却为百姓算计我的上林苑！"当即下令给萧何戴上了刑具，交付廷尉关押起来。

几天之后，刘邦手下有位王卫尉，听说萧何被关押便面见刘邦责问道："萧相国究竟犯了什么大罪，皇上竟这样粗暴地关押他？"刘邦很不高兴地答道："我听说当年李斯作秦始皇丞相，凡人善行都归功皇上；有恶行就自己承担。而今萧相国自己接受商贾小人的财物却为百姓请命，想用我的上林苑收买人心，所以把他关押起来！"王卫尉说："办事忠于职守，只要对百姓有利就舍身为之请命，这正是宰相该做的事啊！陛下怎么能疑心相国收受贾人的财物呢？您也不想想，当初您与项王相争数年，后来陈郗、黥布谋反，陛下亲自上前方征讨，当时萧相国镇守关中，关中稍有变故，这函谷关以西就不是您的天下了。萧相国这样的大利，尚且不图，难道还会贪图贾人的小利？"刘邦听了，虽然不是滋味，可心想王卫尉的话毕竟有道理，于是当天就把萧何放了。

汉惠帝二年（公元前 193 年），年迈的相国萧何由于长期为国操劳，终于卧病不起。病危之际还荐贤自代，推举与自己闹过别扭的曹参为相。曹参为相后，举事无所变更，一遵萧何约束，使汉初百姓仍得休养生息。三年后，曹参病逝，老百姓作歌称道：

萧何为法，觏若画一；

曹参代之，守而勿失。

载其清净，民以宁一！

老百姓颂扬曹参之功，还不忘追怀萧何的恩德，这正是表达了人们对萧何这位汉初名相长久敬仰的怀念之情！

一个人的伟大绝非偶然，这与他的秉性和价值观有着直接的关系。我们也可以这样理解，你能成为一个什么样的人，取决于你想成为一个什么样的人。"齐家治国平天下"可不是儿戏，唯有正心诚意方可流芳千古。所以说，若要做一个伟大的人，首先要做的就是"正心"——摆正自己的位置，平添自己的正气。

8

欲正心，先诚意

【原典】

欲正其心者，先诚其意。

【译文】

想要端正自己的内心，必先使自己的意念诚实、守诺如金。

（1）诚实守信遵守诺言

人们常说大丈夫一言既出，驷马难追，这通常用来表明绝不食言的决心。无论是做人还是做事，信用具有无上的价值，是人的道德品质的一个重要方面。言必行，行必果。这是几千年前人们教育后代要守信的格言。纵观古今，晋文公"退避三舍"可谓守信佳话，而周幽王烽火戏诸侯则让人不齿！最终葬送了自己的王朝。诺言是一种义气，更是一种节气，一个人若想活出自我，那守信必不可少。守诺是金。

季布曾投靠项羽，项羽派他领兵作战，曾屡次使汉王刘邦陷入窘境。等到项羽灭亡以后，汉高祖刘邦出千金悬赏捉拿季布，并下令有胆敢窝藏季布的要灭三族。季布躲藏在濮阳一个姓周的人家。周家人怕遭杀身之祸，后将季布转于贵人朱家。朱公知道季布是条好汉，便让汝阴侯滕公在刘邦面前为季布说情。恰巧在这个时候，许多有名望的人物都称赞季布能变刚强为柔顺，朱家也因此在当时出了名。后来季布被皇上召见，表示服罪，皇上任命他做了郎中。

为什么有名望的人都晓得季布呢，原来是曹丘曾到处宣扬季布"千金一诺"的优点，使季布享有盛名。楚人有句谚语说："得到黄金百斤，比不上得到你季布的一句诺言。"季布的名声之所以远近闻名，这都是曹丘替他宣扬的结果，而这结果也是由他的付出换来的。

季布一向说话算数，信誉非常高，许多人都同他建立了深厚的友情，他的声誉也是众望所归。当他得罪了汉高祖刘邦，被悬赏捉拿，他旧日的朋友不仅不被重金所惑，反而冒着灭九族的危险来保护他，到处宣扬他的名声，使他名震四方，只要他说的话，众人都会信以为真。刘邦见季布如此有声望才重用他，终于使他免遭祸殃。

一个人诚实守信，自然会有许多人真心相待，所谓得道多助，失道寡助。诚信的人定能获得大家的尊重和友谊。反过来，如果贪图一时的安逸或小便宜而失信于朋友，表面上是得到了"实惠"，但为了这点实惠而毁了自己的声誉，这声誉相比于物质重要得多。所以，失信于朋友，无异于拿自己的生命来换取今天的享乐，一个明天没有生命的人今天能快乐吗？即使能快乐，那人生又仅是为享乐而来的吗？真正的成功和人生你能体验吗？

遵守诺言是一项重要的感情储蓄，违背诺言是一项重大的亏损性支取。因此，要力求非常谨慎小心地许诺，尽量考虑到各种可变因素和偶发条件，以防突然发生某些情况，妨碍诺言的履行。

尽管做出各种努力，有时意外还是会出现，造成不可能遵守某一诺言的情况，但是如果你重视这个承诺，就应该想方设法予以遵守，或者请求对方谅解及至真心补偿。如果你养成了一诺千金的习惯，别人会因为你的成熟守信和富于预见性而倾听你的意见和劝告。

总而言之，一诺千金，诚信的为人处世原则会为你铺就健康成功的人生路。

（2）伪诈不可长

《大学》所言之"诚其意"，还有一层意思，那就是"伪诈不可长"。

《韩诗外传·卷四三十一章》上说"伪诈不可长，空虚不可守，朽木不可雕，情亡不可久。《诗》曰：'鼓钟于宫，声闻于外。'"是说伪诈不能长久，好像空虚不能存，腐烂的木块不能雕刻，没有感情就不能久处。《诗经》说宫里撞钟，声传宫外，因为伪的终究是伪的，伪的不能是真的，作伪者终有一天会自我暴露的。

齐威王即位之初，不理政务，委给左右侍臣，国家不治，官吏或贪污腐化，或饮食终日无所事事，因而政治腐败，贪污成风。威王左右的侍臣，得到贿赂，坏的被说成好的，恶的被说成善的；如不向他们行贿，好的被说成坏的，善的被说成恶的。于是好官被诬陷，坏官得好誉。阿大夫就是因贿赂威王左右侍臣而得到赞誉的，虽然阿大夫存在严重问题，但因其报假材料，齐威王信其左右侍臣之言而被蒙蔽了。

由于政治腐败，国力日弱，常受邻国侵略，丧师割地，齐威王开始有所感觉，加上淳于髡巧妙地进谏，齐威王很快便觉悟振作起来。于是他亲理政事、整顿吏治、深入调查，好的表扬，坏的惩治以至杀头。这样，阿大夫再也不能作伪了，他的真面目终于暴露出来。于是被召进京师，齐威王宣布其罪状："自子之守阿，誉言日闻，然使使视阿，田野不辟，民贫苦，昔日赵攻甄，子弗能救。卫取薛陵，子弗知。是子以币厚吾左右以求誉也。"是日，当即杀了阿大夫，并将在自己身边经常受贿且曾经为阿大夫赞誉的左右侍臣也杀了（《史记·田敬仲完世家》）。

由于齐威王扬善惩恶，官吏不敢作伪，老实工作，因而后来齐国大治，国力加强，各诸侯国也不敢来侵略齐国了。

不作伪，不欺诈，不仅是治国之道，更是安身立命之道。伪诈是不可长久的，唯有以诚意之心待人处事，方可在这世上赢得一寸立足之地。

9

欲诚意，先致知

【原典】

欲诚其意者，先致其知①。

【注释】

①先致其知：致，至。知，认识。

【译文】

想要使自己的意念诚实，必先让自己有足够的修养、知识。

对修养知识的追求永不知足

《大学》为什么要把"意念诚实"和"修养知识"这两样看似不相干的事物挂起钩来？这是有道理的。所谓"知书达理"，读书学习不仅能获得知识，更能学得做人的大学问。所以修养知识是基础，没有这个基础，人的所行所想基本上就处于一种混乱、无知、野蛮的状态，意念诚实自然就无从谈起了。从这一点出发，对于现代人来讲，要想修养自身，学习就是头等大事。

对待学习，要想学有所成，首先要抱有一种不知足的心态。

晋平公在七十岁那年还想学点东西，可是他又怕太晚了，于是他对大臣师旷说："我想请教先生该怎么做。"师旷反问道："你为什么不点一支蜡烛来照明呢？"晋平公不解地埋怨师旷道："我在跟你讲正经事儿，而你怎么跟我开玩笑呢？"师旷赶忙回答道："臣怎么敢戏耍君王您呢？臣只听说过：少年时好学，好比早晨的太阳；壮年时好学，好比中午的太阳；而老年人好学，好比在晚上点起蜡烛照出的光明。用蜡烛照出的光明，尽管

范围很小，可是它总比在黑暗中行走好得多吧！"晋平公听了以后恍然大悟地说："一点也不错！"

活到老学到老，每个人若要跟上时代的脚步，就必须不停地学习。因为在现代社会中，知识的更新速度越来越快，不努力学习，就会被淘汰。因此，即使是百岁老叟，只要付出就会有收获，即使比不上别人，但跟自己比未尝不是一种超越。只要行动起来，就比原地踏步要强得多。

人们常说的"百尺竿头，更进一步"，也是比喻在取得很高的成就后争取更高的成就。倘若取得成就之后自高自大，那是不会再有更深造诣的。

世界上还有一些人之所以不能"更上一层楼"，不是因为他们过于自高自大，而是因为信心不足。他们总是以时间、年龄、精力等一系列的借口将自己束缚在一个不能继续学习、提高的位置上，从他们的心里就认为自己不能学习了，他们才学习不到任何东西。

对别的事情我们应该多一些知足常乐的心态，然而对于学习，我们最好永远都不知足，因为知识是无穷尽的，学习也是无止境的。

人生在世不能自我陶醉，要经常地、客观地与别人做一下比较，找出不足，继而才能有针对性地加以克服。而不应该讳疾忌医，这点我们就应该多向西汉的郑庄多学习学习了。

西汉景帝在位时，郑庄还年轻，官也小，只做到了"太子舍人"的官职。

在当时来说，郑庄的才学并不高，但是他却喜欢卖弄，他常对别人夸口说："现在是太平盛世，我的才学没有用处。如果不是生不逢时，那么我的职位是绝不会这样低的。"

郑庄只叹怀才不遇，便不再精研学问，人们在背后都讥笑他。一次，郑庄的朋友带他参加一个宴会，座上都是高才大儒。郑庄在旁听他们谈论学问，很多都是他闻所未闻的，他一下惊呆了。

郑庄越听越惊，他向朋友说："这些人其貌不扬，想不到有如此才能，他们都是高官吗？"朋友神秘道："他们是朝中大儒，平日难得一见，我们只管多听多看好了。"

郑庄参加完宴会，神情一下严峻起来，他对朋友说："想起我从前自夸己能，真是太无知了。和那些人相比，我不过是个孩童罢了。"朋友安慰他说："那些人不是一般人能比的，你不必自卑了。你我都还年轻，以后未必不及他们。"郑庄认真道："同样为人，我不能和他们差距太大，我要努力的地方太多了。"郑庄从此发奋苦学，一有时间他便拜访名儒，虚心地请教学问。他常常通宵达旦地接待有才能的人。

一次，郑庄招待宾客，宾客夸他年纪轻轻便学问了得，郑庄苦笑说："在下从前不知天高地厚，以至耽误修习，虚度不少时光，今日想来犹有愧疚，先生就不要夸我了。"宾客感叹道："山外有山人外有人，你不要自责太过，有些事还需自我安慰才是。"

郑庄送走宾客，自语道："明知自己不足，就该迎头赶上，否则就是终生遗憾了。"

郑庄如此求进，学问和声望都日渐提高。汉武帝即位后，有人便推荐他，说："郑庄求学不止，从没有满足的时候，他这样的人是不可久居下位的，否则便埋没了人才，对国家也是损失。"

汉武帝曾当面考问郑庄的学问，郑庄一一作答，没有一点错处。汉武帝夸赞他，郑庄急忙道："臣的学问浅陋，不值得陛下夸奖，陛下所问恰是臣所知道的，臣能回答无误不过是侥幸而已。"

汉武帝欢喜道："你能如此谦虚，足见你还有更大的上升空间，朕对你十分期待。"

郑庄先后担任了鲁国中尉、济南太守、江都相，直至升任了九卿之一的右内史。

郑庄位居显官，也是谦恭如常，他对家人告诫说："有些人一旦有了权势便要飞扬跋扈，结果招来大祸，这是因为他们太自满了，看不到自己的不足啊。我虽为高官，但比我强的人还有很多，我们不可高傲示人，更不可做出违法的事来。"

郑庄从不直呼小吏之名，和下属谈话，他也用词谨慎，害怕伤了人家的自尊心。他赞誉士人和属下官吏时总是说："我不如他们，也许我命好的缘故，才有今日的高位。"人们一致称赞郑庄，把他视为自己学习的典范。

俗话说"金无足赤，人无完人"，有缺点并不可怕，也不丢人，关键是要清醒地认识到自己的不足，多多学习，尽可能多地获取知识，只要做到"先致其知"，就能克服自身不足、迎头赶上。

10
认识明确以后才有自己的真知灼见

【原典】

致知在格物①。

【注释】

①格物：推究事物的本质原理。据朱熹解释："言欲致吾之知，在即物而穷其理也。"（《四书注集》）

【译文】

达到认识明确的方法就在于推究事物的本质原理。

有才智、见识才可有真知灼见

周围的事物不会时刻因你而变，人的命运往往决定于自身的才智、见识。因为有才智、见识的人才能看到事物的本质原理，继而也就有了深刻的见解，对外部环境时局的变化也有了明确的认识。只有这样才能担负大任，才能获得他人的青睐。

西汉文帝时，张释之的哥哥张仲十分富有，张仲对弟弟有求必应，在生活上十分关爱和照顾弟弟。

一天，张仲和张释之闲谈，张释之说："哥哥对我好，可是我整天无所事事，这样也不是长久之计。我想干点事业，以后就可以自立了。"张仲说："你吃穿不愁，安享富贵，这不是最好的事吗？别人羡慕你还来不及呢，你就不要多想了。"

张释之和哥哥说了他想当官的志向，张仲十分支持他，花钱为他在朝中谋得一个小官，张释之高兴万分地上任了。

张释之尽职尽责，可是十年过去他还是没有升迁。他感到对不起哥哥，他也觉得自己不是当官的材料，于是便决定辞官回家。

大臣袁盎学问高深，和张释之有一面之缘。他听说张释之准备辞职，急忙来看他。张释之对袁盎说："哥哥为我花费了很多钱财，都怪我不争气，到现在也没混出个人样，我还待在这里干什么呢？"

张释之虚心求他指教，袁盎说："事情不会改变，而人的见识却可以让它改变。老实说，你还要加强学习，只有知识丰富了，你才能提出不同于常人的真知灼见，这样才能让别人器重。你只知勤劳做事而不增加自己的学识才干，这是你不能升官的原因，你要设法弥补，时候还不算晚啊。"

张释之依照袁盎所说，从此加紧学习，凡事留心，多些思考，他的见识有了很大的提高。

一天，汉文帝来到上林苑的虎圈，开口便问各种禽兽的具体数目。负责管理上林苑的官员回答不出，而一个小吏却答得一点不差，于是汉文帝指责官员失职，夸奖小吏能干。

张释之当时正陪同文帝，他见群臣都附和文帝的说法，于是唱起了反调，他说："有些官员是功臣，但不善于言辞。秦时重用能说会道的人，可这些人只注重法规条令而不体察民情，结果导致国家衰亡。由此可见看人要看他的实际才能，而不能看他会不会夸夸其谈啊。"

汉文帝听了他的话，认为与众不同，实属高论，对他开始刮目相看。汉文帝一回到宫中就把他的官职连升数级，任命他做了宫中的总管。

俗话说"事在人为"，一个人如果不能很好地探究事物的本质原理，既无能又无识，那么他就不可能有什么真知灼见，好事也会让他办糟，更谈不上力挽狂澜了。这样的人不要抱怨世事难为而应从自己身上查找不足。这也是一种为人处世的态度，有了这种态度，就能做到加强修养，在学识和对事物的认识上高过常人，才能做出常人做不到的事。

11

探究事物原理就能认识明确

【原典】

物格而后知至。

【译文】

只有推究事物的原理，而后才能达到认识明确。

推究事物原理可避祸保身

物极必反，周而复始，世间万事万物莫不如此。比如很多人都在孜孜以求名利权势，很多人只看到了表面的风光，却看不到他们潜在的危险。于是，非要争得你死我活，到最后落得个凄凉的下场，甚至身家性命难保。其实只要能探究这些事情的原理，做到认识明确，就完全可以避免祸端发生。

春秋是个人才辈出的时代，可以称得上是军事家的人如过江之鲫。然而，兵家之所以称得上是先秦诸子百家中的一家，主要是由于有孙武其人。

孙武在历史上的主要事迹发生在吴国。按道理他应该留在自己的家乡齐国发展才是，可是具有隐士之风的他可能看不惯齐国内部的尔虞我诈、争名逐利的争斗，遂毅然离开了父母之邦。孙武到达吴国之时，吴国正值多事之秋。吴王阖闾是位胸有大志，意欲有所作为的君主。阖闾想使吴国崛起，首要的打击目标就是近邻、也是强邻——楚国。只有打击了楚国，吴国才有出头之日。就这样，阖闾的意图与受到楚平王迫害从而全家被杀的伍子胥不谋而合，遂决意对楚一战。面对强大的楚国，伍子胥也没有把握必胜，于是他找到了隐居于吴的孙武，认为有了孙武的帮助，灭楚报仇不成问题。

伍子胥先后七次向吴王阖闾推荐孙武，盛赞孙武之文韬武略，认为若不平楚便罢，若要兴师灭楚孙武首当其选。

就这样，孙武和伍子胥一道，主持吴国军事。吴王称霸心切，孙武一上任他就要兴兵伐楚。但是孙武认为，吴楚已经连年交战，士卒和百姓都很疲惫，需要休息，况且楚国尚十分强大，时机未成熟。同时，他和伍子胥还建议，把军队分成三支，每次派一支去袭扰楚国边境，采用打了就跑的战术，只要把楚军调动出来就行，达到疲敌、劳敌之目的。一支行动另外两支则在家休整。经过数年的休养生息，吴国日渐强大起来，军队

伍子胥像

被孙武训练得如铁军一般，能攻善守。而且孙武还扩充和完善了吴国水军，设有大翼（后勤船）、小翼（战舰）、突冒（冲撞敌船的突击艇）、楼船等各色水面战船，既可运兵又可水面作战。这就使吴军在水网纵横的江汉地区如虎添翼。

公元前506年，楚国派兵包围了蔡国都城上蔡，蔡国拼命抵抗，并联合唐国，向吴国求救。

面对求救的蔡、唐使臣，吴王阖闾请孙武和伍子胥裁夺。孙武说："楚国之所以难攻，恰是因为它的属国众多，现在一号召竟有十七国响应，内中不少是楚的属国，说明它已经众叛亲离了，这正是攻楚的时机。"而

伍子胥也同意孙武的说法，建议吴王出兵伐楚。

于是，这年冬天，吴王以孙武、伍子胥为将，其弟夫概为先锋，亲率大军进攻楚国。按照孙武早已筹划好的布置，大军6万乘船从水路直抵蔡都，楚将囊瓦见吴军势大，不敢迎敌，慌忙退守汉水之南岸，蔡围遂解。蔡、唐遂与吴军合兵一处，向楚国进发。

临行，孙武忽传令让军队舍舟登岸，将全部战舰尽留于淮水之曲。伍子胥不解，问其中缘故，孙武告诉他说："现在楚人已经知晓这次进军，若假以时日，从容布防，则楚不可袭破了。舟行逆水太迟，不若乘其以为我们必从水路而来，只盯着水路而我们却出其不意，从陆路直趋汉水。"

就这样，吴军迅速地通过大隧、直辕、冥阨这三个险要的关隘，如神兵从天而降，突然出现在汉水之北岸。楚军统帅囊瓦乱成一团，攻守不定。先听人献计分兵去烧吴师舟楫，主力坚守不出，而后又下令渡江决战。于是率三军渡过汉水，于大别山列阵以待吴军。孙武令夫概率先锋队勇士300余人，一概用坚木做成的大棒装备起来，一声令下，先锋队杀入楚阵挥棒乱打，这种非常规的战法一下子打得楚军措手不迭，阵式全乱，吴军大队掩杀过去，楚军大败。

初战得胜，众将皆来相贺。孙武却说："囊瓦乃斗屑小人，一向贪功侥幸，今日受小挫，可能会来劫营。"乃令吴军一部分埋伏于大别山楚军进军必经之路，又令伍子胥引兵5千，反劫囊瓦营寨，并令蔡、唐军队分两路接应。

再说囊瓦那边，果然派出精兵万人，从间道杀出大别山，来劫吴军大营。不用说，楚军此番劫营反遭了孙武的道，被杀得丢盔弃甲，三队人马损失了两队。好容易脱难逃回，营寨又让吴军劫了，只好引着败兵一路狂奔到柏举，方才松了一口气。这时楚王又派来援兵，可援兵将领与囊瓦不和，两个各怀二心，结果被吴军先锋夫概一阵冲杀，囊瓦军四散逃命，囊瓦本人也逃到郑国去了。

这时吴军已进逼楚都郢城。楚昭王倾都城之兵来战。两军最后决战，又被孙武设计用奇兵大败。吴军直捣郢都。郢都为楚国多年营建，城高沟深，易守难攻，又有纪南城和麦城为掎角之势，要想占领楚都夺取最后胜利，并不是一件容易的事。孙武也深知攻城之难，在他的兵法里将之归为下之下策，若搞不好，会旷日持久曝兵于坚城之下，纵使有天大的本领也难逃覆灭的下场。但是孙武毕竟是孙武，他艺高人胆大，居然把全军一分为三，一部引兵攻麦城，一部攻郢都，自领一军攻纪南。伍子胥不负众望，率先使计让吴军混在楚败军之中，混入麦城，打开城门，破了麦城。而孙武在攻城之前先看了看地形，见漳江水势颇大而纪南城地势较低，于是令军士开掘漳水，引漳水入赤湖，却又筑起长堤围住江水，使江水从赤湖直灌纪南城。水势浩大，直接郢都，纪南不攻自破，孙武率军乘筏直攻郢下，楚昭王领着妹妹连夜登舟弃城逃命去了。文武百官霎时如鸟兽散，连家眷都顾不得了。孙武伐楚至此大获全胜。

此次伐楚，虽然没能最终灭掉楚国，但强大的、一直令中原诸国寝食不安的楚国，这次居然让吴国攻破国都，这件事本身就够震惊天下的了。从此楚国长时间一蹶不振，难有作为，吴国则开始了它的霸主生涯。

破楚凯旋，论功当然孙武第一，但是孙武非但不愿受赏而且执意不肯再在吴国掌兵为将，下决心归隐山林。吴王心有不甘，再三挽留，孙武仍然执意要走。吴王乃派伍子胥去劝说，孙武见伍子胥来了，遂屏退左右，推心置腹地告诉伍子胥，说："你知道自然规律吗？夏天去了则冬天要来的，吴王从此会仗着吴国之强盛，四处攻伐，当然会战无不胜，不过从此骄奢淫逸之心也就冒出来了。要知道功成身不退将有后患无穷。现在我非但要自己隐退，而且还要劝你也一道归隐。"

可惜伍了胥并不以孙武之言为然。孙武见话不投机遂告退，从此，飘然隐去，不知所终。

后来，果如孙武所料，吴王阖闾与夫差两代，穷兵黩武，不恤国力，最后养虎遗患，栽在越王勾践手下，身死国灭。而不听孙武劝告的伍子胥却早在吴国灭亡之前就被吴王夫差摘下头颅，挂在了城门上。

该留的时候留，以图大业；该走的时候走，以避祸保身。这确实需要相当的远见卓识，以看透和把握事情的发展规律。看看韩信的例子，对此大家会更有体会。

楚汉相争中，刘邦最重要的谋士和文臣武将要数萧何、张良和韩信三人。前两人，在刘邦战胜项羽后，先后或金盆洗手、急流勇退，或处处小心谨慎才有个善终，唯有韩信仍然执迷不悟。

韩信指挥打仗确实棋高一着，刘邦拜他为大将也的确选对了人。但是，刘邦始终对他不太放心，这种心理归根结底是帝王为驾驭臣下不力而存在的担忧，总怕他恃功谋反。韩信呢？他的军事造诣的确高，但政治斗争方面水平却相对比较差。他始终对刘邦存有幻想，总以为他为刘邦立有特殊战功，刘邦不会对他下手。在刘邦面前说话，他毫无顾忌，也没有君臣分寸。一天，两人议论诸将优劣时，刘邦问："你看我能领多少兵马？"韩信脱口而出："陛下不过能领10万而已。"刘邦问："君能自领多少兵马？"韩信自信地说："多多益善。"刘邦一笑："君既多多益善，为何为我所控？"韩信老实回答："陛下不善统兵，善驭将。"你看，刘邦对韩信的猜忌之意，谁都能体会出来，而韩信自己却毫无觉察。

韩信的好友蒯通是个智慧过人的辩士，他早已觉察出刘邦对韩信的猜忌，曾经劝韩信趁早离开刘邦自立，否则后果不堪设想。韩信听了却无动于衷。

刘邦正式登基当皇帝后，韩信从以前虚封的齐王迁为淮阴侯，心中不快，因而不愿随刘邦出征讨伐谋反的陈豨。吕后借此机会，便向韩信下手。她以韩信手下的随从栾说举报韩信曾与陈豨通谋，让萧何去劝说韩信进宫。萧何来到韩信府中说："现在满朝文武都进宫祝贺主上伐陈豨告捷，你称病不去不太妥当吧。"韩信听了他的话，只得随他进宫。

谁知刚入宫门，早就设下的伏兵一跃而上，把韩信抓了起来。长乐宫内，吕后怒气冲冲地骂道："你为何与陈豨通谋？"韩信莫名其妙："此话从何讲起？"吕后不由分说立即宣布："现奉主上诏书，说陈豨谋反都由你所指使，你的随从也有揭发，你还有什么可说的？"不等韩信申辩，吕后

立即下令把他推出处死，当即执行。

当年，是萧何月下把韩信追回推荐为大将，如今，又是萧何把韩信引诱入宫遭杀害。成也萧何，败也萧何，这世道变得真快呀！刘邦回长安后，并未责备吕后擅自杀害功臣，可见刘邦至少对此是默许的。

如果韩信听了蒯通的话意识到潜伏的危险所在，及早离刘邦他去，大概不会受此祸害。如果韩信能明智一点，及早像张良、萧何那样急流勇退或谨慎处世，恐怕也不至于招致如此可悲的结局。

世界上的事物都有其存在和发展的规律，有高潮就有低谷，有兴盛就有衰败，权势、名利，抑或其他事情莫不如此。可是很多人总是会被繁华外表所迷惑而做出错误的决定，贪图一时之快以至于误入歧途，甚至连身家性命都难以保全。这更说明了探究事物原理的重要性，在做出决定之前，细细想想，把握好事情的下一步走向，对任何人都会大有益处。

12
忠实诚信源于对事物的认识

【原典】

知至而后意诚。

【译文】

只有对周遭的事物有一个明确的认识，而后才能忠实诚信。

忠诚不仅是一种品德，更是一种能力

做事先做人，一个人无论成就多大的事业，人品永远是第一位的，而人品的第一要素就是一个"诚"字。按照《大学》的意思，人之"诚"

也不是凭空而来的，而是对事物认知明确以后形成的。

当然，"诚"的内容是很丰富的，除了前文所述的"诚实守信""意念真诚"，还有"忠诚"的意思。在这一节，我们重点就这一问题做一个简单的阐述。

汉高祖刘邦的儿子赵王如意，到了赵国几个月，高祖就驾崩了。这时如意刚刚十二岁，国中政事都归赵相周昌办理。周昌因见赵王是高祖少子，平日最加宠爱，又特意托他保护，所以一心一意地保护赵王。偏值吕后遣人来召。周昌心想：吕后因废立之事与戚夫人母子成了冤家对头，如今戚夫人已被囚于永巷，吕后意犹未尽，更想谋害赵王，我如果坐视不管，岂非有负高祖委托？于是假说赵王有病，不能入京。后来使者三番五次来催。吕后见三次召他不来，又闻周昌许多言语，愈加愤怒。心想都是周昌从中作梗，我今先将周昌调开，看他更借何人作为护符。于是吕后先遣使者往召周昌，周昌虽知是吕后阴谋，但皇命不可违，只好先行至长安，再设法保护赵王如意。吕后把周昌召入长安后，马上再派人召回赵王，由于其他臣属不敢阻挡，只好将赵王送到京师。周昌已诉请刚当上皇帝的刘盈，要他出面保护如意。

刘盈虽仅十八岁，但他个性仁慈，有主见。他知道吕后有意杀害如意，就亲自到灞上迎接他，两人共同入宫，并且共同起居、饮食。因为刘盈贵为皇帝，又有周昌的保护，吕后一时也毫无办法。但吕后仍不死心，她派人严密监视刘盈和刘如意，以便找机会下杀手。

终于在一天早上刘盈外出打猎，如意由于年纪小，早上起不来，没有跟着去。利用这个时机，吕后立刻派人用毒汤毒死了如意。当刘盈回来的时候，如意已经死了，他痛哭流涕，但也没有办法追究责任。

周昌知道如意被害，自恨有负刘邦委托，郁郁寡欢，从此不再上朝，假称有病避居在家。吕后感于周昌曾为废立之事力争的恩情，也就不再追究了。

三年后，周昌病逝，赐谥悼侯，仍由其子继其爵禄。

忠诚作为一种能力是其他所有能力的核心，因为如果一个人缺乏忠诚，其他能力就失去了用武之地。没有任何一个集体愿意聘用一个缺乏忠诚的人。

现代社会的竞争压力加大，人们为了自身的利益可以说什么手段都能想得出，做得出。在利益面前，人们早已把忠诚忘到一边去了，有的甚至拿忠诚与利益对立起来。其实这是一种错误的观点，对一个集体忠诚与个人能够取得成就并不矛盾。只有每个人都忠于集体并发挥自己的潜能时，这个集体才是最强的，自己也是最强的个体。

可是今天，真正忠诚的人实在太少了，原因就在于，很多人没有对这一问题有个"明确的认知"。

现在人们讲双赢，这是最佳境界。对公司来说，个人的成就可以使公司利益最大化；对个人来说，公司可以满足其物质和精神上的需求，并乐于此。那爱自己公司的员工能不对公司忠诚吗？将身心彻底融入公司，尽职尽责，处处为公司着想，对投资人承担风险的勇气报以钦佩和敬意，理解管理者的压力并给予体谅。忠诚是一种品德，也是一种责任，是做人之根本。

忠诚并不是从一而终，也不是媚俗，而是一种职业的责任感，是承担某一责任或从事某一职业所表现出来的敬业精神。

有了忠诚的美德，总有一天，你会发现它会成为你巨大的财富。相反，如果你失去了忠诚，那你就失去了做人的原则，失去了成功的机会。

13

意念诚实才能心思端正

【原典】

意诚而后心正。

【译文】

只有意念诚实，而后才能心思端正。

贪图小便宜是愚蠢的表现

心思端正会让人意念诚实、真诚守信；反过来，意念诚实、真诚守信同样也可以让人的心思端正。这两种做人做事的修养可以说是相互依赖而并存的，缺一不可。

春秋时期，晋国的献公死后，晋国陷入一片混乱之中。逃到梁国的公子夷吾想争夺晋国的君位，为了得到秦国的帮助，夷吾对秦国许诺说："我若当上晋国君主，黄河以外的五座城池就献给秦国，作为谢礼。"秦穆公非常高兴，就派兵送夷吾回国，帮他当上了君主，夷吾成了晋惠公。

晋惠公上台之后，秦国派人向他索取城池，晋惠公却耍起了赖皮。晋国的一位大臣认为惠公违反诺言，他对晋惠公说："老百姓尚且讲究诚信，何况一国之君呢？主公既然有言在先，就该按约定办事。这样做，晋国虽然吃亏，但可以示信于人，从长远看，还是对晋国有利的，主公不能出尔反尔。"晋惠公不听劝告，坚决不给秦国城池，秦国愤恨不已。

几年之后，晋国遭受天灾，晋国派人到秦国求购粮食。秦国的大臣有的主张不卖给晋国粮食，说："晋国君主言而无信，可见他不是一个有道之主，这样的人我们绝不能再帮他了，应该趁机出兵讨伐他。"

大臣于桑却说："夷吾不守信用，看似小事，实际上他是在为自己埋下祸根，他不会有好下场的。如果我们现在再帮他一次，他还不报答，晋国百姓一定会看清他的面目，和他离心离德。到了那个时候，我们攻伐他，就一定能取得胜利。"秦穆公听取了于桑的建议，卖给了晋国大批粮食，晋国渡过了危机。

第二年，秦国发生灾荒，晋国却不答应秦国的购粮请求。晋国大夫庆郑劝晋惠公说："秦国对晋国有恩，这是百姓都知道的事，如果主公恩将仇报，百姓就会说主公不讲仁德了。卖粮事情虽小，却关系主公的名声和民心的归属，不可轻率啊！"晋惠公还是拒绝，他说："我不把粮食卖给敌国，有什么不对呢？秦国实在太傻，才会干下卖粮食给我的蠢事，我不是傻瓜，这样的事我是不会做的。"

秦军于是攻击晋国。晋国民心已失，士兵也无心应战，结果晋国大败，晋惠公也被生擒活捉了。

晋惠公失败的根源就在于他意念不诚，心思不正，贪图了一点小便宜，结果却失去了民心。他认为无关紧要的事，却捅了天大的娄子。而秦国对卖粮之事却是认真对待，极为重视，秦国的胜利正因为有了这些铺垫或者说是"修养"才取得的。

14

心思端正，而后才有身心的修养

【原典】

心正而后身修。

【译文】

只有心思端正，而后才能提高自身的品德修养。

在利益面前保持心思端正

在利益面前最能看出一个人的心思是否端正。不是自己的东西不要，不干不净的东西不贪，这样一种端正的心态，对于任何人来说都不失为一种无价之宝，都值得去珍惜、去坚守。能做到这一点，"修身"也就是一件水到渠成的事了。

乐喜，字子罕，春秋时宋国的贤臣。公元前556年，由于宋国左师向戍的调停，晋楚两大国议和，十四国在宋都召开了停战议和大会。会上，列国共奉晋楚两个"超级大国"作为盟主，签订了盟约，约定：晋楚不以兵相见，同恤灾危，同救凶患。还规定列国要为晋楚两国纳贡。停战议和大会之后，各国出现了一时平静。向戍自恃有奔走发起之功，于是请求宋平公赏赐城邑。平公觉得中原战火停息，列国百姓有了喘息机会，向戍的功劳是很大的，于是写了赏赐其六十邑的简册。

当向戍拿着简册喜滋滋地向乐喜展示时，这位才智明决的秉政权臣却不以为然，他认为军队是威慑敌国稳定自己国家的力量，兴乱治废都有赖于能打仗的军队，向戍谋求去掉维持生存竞争的武力，不过是一种欺蒙诸侯的行为，还大言不惭请得赏邑。乐喜一时激动，就将平公写的赏六十邑的简册用刀割掉了，并扔在地上。向戍明白乐喜的用意后，称颂乐喜是救了自己的大恩人。

乐喜还是一位很注意个人道德行为修养的人。一次，他在自己的府邸接待楚国聘使。楚使见乐喜府邸南邻的墙弯弯曲曲的，西邻的水竟然流经府邸院内，觉得不可理解。乐喜解释说，南邻家是一户从事皮革制鞋生产的工匠，如逼着他迁走，一来宋国买鞋的人将不知道去哪里购买，二来这户工匠生活也就没有着落了，所以不能逼南邻迁走。至于西边的邻居，是因他家所处的地势高，我家房子地基低，他家出水流经我家是很自然的，要是禁止人家的水东流，实属不近情理。一番话，使楚使大为叹服，回到楚国，立即上殿谏阻楚王：千万不可攻打宋国。因为宋国国君贤明，而且

还有仁相乐喜辅佐，很得人心，要是攻打宋国的话，定会失败。宋国正因为君臣同心同德，体恤百姓，故虽然南有楚、北有晋、东有齐三个强国包围，可哪国也不敢轻易进攻它。

作为掌权大臣，乐喜很重视民众的力量。他规劝国君要节制自己的奢望，尽量不违农时，顾及民生的疾苦。当宋国出现大饥荒时，他力主拿出国库储粮救济灾民，同时动员各级官吏都要向灾民出借粮食。他本人则在出借粮食时不写契约，以示并不求归还。这种散粮救荒的举动很能赢得民众。

乐喜向来不贪不沾，崇尚节俭。宋国有人获得了一块美玉，非要献给乐喜不可，结果遭到了乐喜拒绝。献美玉的人起初以为乐喜怕宝玉是假的而受蒙骗，便再三陈明已经请行家鉴定过了，确实是块稀世美玉。乐喜听后淡然一笑说："我以不贪的品行为宝，你是以美玉为宝，我如果接受了你的宝玉，咱们双方就都失去了最可宝贵的东西。"由此，乐喜获得了不贪"宝"的美名。

宝玉诚可贵，一个人的修养价值更高。乐喜是明智的，他知道什么才是一个人最为宝贵的东西。若一个人坚守不住做人的底线，给自己的人生平添了污点，那是多少美玉也弥补不了的。切记，切记！

15

有了品德的修养才能治理好家族

【原典】

身修而后家齐。

【译文】

只有提高了自身的品德修养，而后才能整治好家族。

身修而家齐就会有所作为

我们说过了，"齐家"可不是一件简单的事，一方面需要一个宽容的心态，另一方面当事人自身的品德修养也起着至关重要的作用。如果各个家庭成员都能相互体贴、相互关爱、相互提高，那么在这样的家庭氛围中，每个人都会有非凡的成就。

在"唐宋八大家"中，苏洵和苏轼、苏辙父子就占了三大家，苏家能获如此高的荣誉，与其良好的家教和融洽的家庭关系是分不开的。

苏洵壮年始决志求学，因其妻程氏贤淑，为其持家计，故无后顾之忧，能专心致志游学四方，因而文才大进，终于有成。

苏洵和程氏是严格却不失慈爱的父母，对苏轼、苏辙兄弟教育有方，尤其重视道德教育。父母的仁慈思想对苏轼、苏辙兄弟影响很深。苏家有五亩园林，苏洵夫妇爱护鸟雀，不许童仆伤害，故百鸟前来筑巢林上，苏轼在《异鹊》记其事："昔我先君子，仁孝行於家。家有五亩园，么凤集桐花。是时乌与鹊，巢穀可俯拏。忆我与诸儿，饲食观群呀。里人惊瑞异，野老笑而嗟……"可见，父母对儿子教育的重视和对鸟雀的仁爱，对苏轼、苏辙兄弟的忠诚仁厚性格的形成是很有裨益的。

苏洵博学善文，融百家之说自成一家，他是蜀学派的创建者，苏轼兄弟为文学其父，是蜀学的中坚。苏轼为文有其特色，正如他所说："作文如行云流水，初无定质，但常行于所当行，止于所不可不止。"苏辙幼时也受教于兄苏轼，因苏轼学先成，苏洵命辙向兄学习。父子之间、兄弟之间的关系也是师徒关系，故彼此感情甚深。后来父子三人一举成名，都是父教子、兄教弟的结果。宋仁宗嘉元年（公元1056年）三月，苏洵率领苏轼、苏辙兄弟二人赴京秋试，苏轼、苏辙同时中进士。当时北宋文章宗师欧阳修见苏辙文，不胜佩服地称赞说："吾当避此人出一头地。"宋仁宗初读轼、辙制策，高兴地说："朕今日为子孙得两宰相矣。"神宗为太子时尤欲读苏轼文，宫中读之，膳进忘身，称天下奇才。苏洵虽不中，但文名在京大扬，欧阳修得读其所著书二十二篇，大为赞赏，公卿大夫因之争相传阅，一时学者竞效其为文。

苏轼、苏辙兄弟既有相同的政治理想和生活志趣，又有相同的仕途遭遇，因而在得意时互相勉励，失意时彼此关怀和劝慰。又因志趣相同故感情深厚，当两人入仕后各自东西，常为离别而百感交集。这在他俩的唱和中可见。苏辙在《逍遥堂会宿二首并引》中说："辙幼从子瞻读书，未尝一日相舍，即壮，将游宦四方，读韦苏州诗，至'安知风雨夜，复此对床眠'，恻然感之，乃相约早退为闲居之乐。"他俩阔别七年后，在徐州始再会，宿于逍遥堂，所以辙写的《水调歌头》说："离别一何久，七度过中秋。"可是，在徐州相会四个月左右，又要离别，辙感到无限悲愁："今夜清樽对客，明夜孤帆水驿，依旧照离愁。"辙为不能实现与兄早退相聚一起之约而无限悲伤。苏轼也是"恨此生，长向离别中，凋华发"（《满江红·怀子由作》），在几十年的宦海浮沉中，他经常是"忆弟泪如云不散，望乡心与雁南飞"（《壬寅九重·不预会·独游普门寺僧阁·有怀子由》）。为解离别愁，兄弟俩只能以互相唱和为慰藉。苏轼曾对弟苏辙说："吾从天下士，莫如与子欢。"可见兄弟手足之情深。

苏轼对妻子也同样情深。他的家庭生活几经波折，几度悲哀。十九岁娶王弗为妻，王弗二十七岁在京师病逝。十年后他写的《江城子》一词仍深切怀念他这"敏而静"的贤内助："十年生死两茫茫，不思量，自难忘。"他在梦中见她："相顾无言，唯有泪千行。"后他娶王弗堂妹王闰之为妻，她也是一位贤淑的女性，追随苏轼宦海浮沉，四处奔波，历尽苦难，二人相爱相伴二十五年后，闰之年四十六岁时也病逝于京师，这对于苏轼又是一次莫大的打击。苏轼在其《祭亡妻同安郡君文》中，表示了对她无限思念的悲伤："已矣奈何，泪尽目干。"之后他纳一妾朝云，在他写有关朝云的诗词中，反映他对她无限热爱，而她随他贬惠州时也死了，苏轼悲痛不已，这时他已是六十岁的老人了。

苏轼有三子，即苏迈、苏迨、苏过。在苏轼教诲下，都善为文。苏轼下半生都处于贬谪之中，其幼子苏过始终追随，尤其在贬儋州前其爱妾朝云已死，幸有苏过随侍，苏轼才不至于孤独。史称："凡生理昼夜寒暑所须者，一身百为，不知其难。"有子如此，苏轼才能度过在儋州时最艰苦的贬谪生活。当他这个谪官被召回时，途经常州病逝，苏过葬父于汝州郏城小峨眉山，便安家于颍昌。苏过因随侍父亲，经常得到教诲，故道德文章大进。他著有《斜川集》二十卷，其《思子台赋》《飓风赋》早行于世。时称苏轼为"大坡"，故称苏过为"小坡"。其叔苏辙赏赞苏过孝顺，以训宗族，说："吾兄远居海上，唯成就此儿能文也。"

苏轼之所以有此成就，在很大程度上就得益于他的家庭背景。话又说回来，这样的家庭氛围也是每个人努力影响的结果，正因为他们极高的修养和品行，才有了这样的家庭。这也正是"身修而家齐"的最好注脚。

16

家庭和睦，而后才能治理好邦国

【原典】

家齐而后国治。

【译文】

家庭和睦，而后才能治理好邦国。

和睦的家庭是事业的"助推器"

中国传统文化历来都有这样一个说法：家国天下。家、国、天下这三件事在本质上是相连相通的。家是国的基础，家庭和睦才能治理好国家。用现在的话说，有家人的鼓励、支持和帮助，事业就会更加顺利。这样的事古已有之。

公元前828～前782年，西周宣王在位。周宣王统治初期，生产凋敝，国力衰微，后来因为王后的苦心劝谏而出现了著名的"宣王中兴"。

周宣王的父亲周厉王是一个贪婪暴戾、刚愎自用的暴君。他在各种社会矛盾日益激化、统治危机日益严重的情况下，任用"好专利而不知大难"的荣夷公等人，垄断山林川泽的一切收益，断绝平民的生计。同时，不顾人民死活，他又兴师动众地征伐淮夷，南征荆楚，横征暴敛。有识之士为国忧虑，多次苦谏警告，厉王都听不进去。及至国人愤慨，到处"谤王"，他却又倒行逆施，卫巫"监谤"，以致国人"道路以目"，敢怒而不敢言。公元前841年，愤怒的"国人"爆发起义，占领国都，厉王逃亡到彘（今山西霍县东北），并客死于该地。周公、召公实行"共和行政"，收拾残局。

周宣王像

公元前828年，周宣王继位。他丝毫没有从他父亲身上吸取亡国的教训，在国势日趋衰败、周边各族的威胁日益严重的情况下，他却依然早卧晚起，迷恋酒色，这使其爱妻姜后十分担忧。她想国王长此下去，国家岌岌可危，自己身为王后，要为周朝的江山、社稷着想。于是她开始想办法劝说周宣王。

一天，她脱去华丽的衣服，拔去头上的发簪，摘掉耳环，去住在永巷的宣王处要求治罪。一进门，她"扑通"一下子就跪下了，继而伤心地放声大哭。周宣王一见自己心爱的王后如此悲痛，惊恐万分，赶忙询问。姜后哭着说："现在国家危机四伏，大王您却沉醉于酒色，不理朝政，置国家的祸乱于不顾，这种情形的出现，都是由于我的过错，今天特来请罪。"说完后泪流满面，长跪不起。周宣王深受感动，连忙将王后扶起。他想到自己身为国君，还不如自己的妻子关心国事，心中只觉得惭愧不已，他当即向妻子表示要改过自新，勤于政务。

自此以后，周宣王重用贤才，励精图治。他先兴兵打退了对周朝威胁最严重的少数民族的侵犯，又派方叔带兵南征荆楚，平定叛乱。这使得统治已近尾声的周王朝一个时期内国家比较安定，生产有了发展，出现了"宣王中兴"的局面。

这样，在历史上，周宣王由于姜后的及时劝谏，由无为之君成了"中兴"盛世的国主，而姜后也因有功于"宣王中兴"的出现而受到后人的称赞。

这就是家庭的和睦给周宣王的治国"事业"带来的影响。

17

治理好国家才能使天下太平

【原典】

国治而后天下平。

【译文】

只有治理好邦国，而后才能使天下太平。

天下太平需要有效的治国手段

国家不安定天下就不会太平，这是个显而易见的道理，然而真正做好却不是几句话的事。治国首要就在于吏治，吏治腐败，则国家必乱，天下太平就无从谈起。历史上一出出的亡国之祸，多因此而来。

大明开国皇帝朱元璋自幼生长于民间，对元代官吏对待百姓的贪酷了如指掌，也认识到元末吏治的腐败是农民起义大爆发的原因之一，认识到要保证他所建立起的政权不重蹈元代覆辙，就一定要肃清腐败分子，杜绝贪污腐败。他因此设立了严法酷刑以惩治贪官污吏，而且由于他个性的狠毒，在实际执行过程中，还专门为贪官设立了一些法外非刑，以此来警戒天下官吏奉公守法。

对于贪赃舞弊行为，朱元璋绝不轻饶。他认为，吏治之弊甚于贪虐，而庸鄙者次之，所以他说："朕于廉能之官或有罪，常加宥免，若贪虐之徒，虽小罪亦不赦也。"

官吏犯赃的，罪行较轻，朱元璋处以谪戍、屯田、工役之刑，也就是充军发配。如徐州丰县丞姜孔在任时，借口替犯人缴纳赃款，挨家挨户敛钞，结果全都塞进了自己的腰包。朱元璋查知此事，将姜孔发配去修城。

洪武九年，"官吏有罪者，笞以上悉谪之凤阳，至万数"，其中绝大多数是犯赃官吏。而对罪行严重的，则处以挑筋、挑膝盖、剁指、断手、阉割、凌迟、发配广西拿象、全家抄没发配远方为奴、株连九族等酷刑。户部尚书赵勉夫妻贪污，事发后夫妻二人同时被杀。工部侍郎韩铎上任不到半年，伙同本部官员先后卖放工匠二千五百五十名，得钱一万三千三百五十贯，克扣工匠伙食三千贯，盗卖芦柴二万八千捆，得钱一万四千贯，盗卖木炭八十万斤，私分入己，事发被杀。

同历代封建专制制度的通病一样，明代贪污受贿的官员腐败案并不少见。例如，大名府开州通判刘汝霖，追索该州官吏代犯人藏匿的赃款，逼令各乡村百姓代为赔纳，被判枭首；凤阳临淮知县张泰、县丞林渊、主簿陈日新、典史吴学文及河南嵩县知县牛承、县丞母亨、主簿李显名、典史赵容安等收逃兵贿赂，使令他人代充军役，案发后两县官吏尽行典刑；福建东流江口河泊所官陈克素勾结同业户人，侵吞鱼课一万贯，又勾结东流、建德两县官吏王文质等，敛钞数万，被杀身死；进士张子恭、王朴奉命到昆山查勘水灾接受昆山教谕漆居恭、酋径巡检姚诚宴请，收受缎匹、衣服等物及钞币一千三百贯，将他们的二万二千六百亩已成熟田地谎报为受灾农田，朱元璋查知后，命锦衣卫给他们送去兵刃、绳索，勒令自尽。

当时官吏贪污到银六十两以上者，均处以枭首示众、剥皮楦草之刑。行刑多在各府州县及卫所衙门左首供祭祀的土地庙举行，因而当时土地庙得名为皮场庙。贪官被押至土地庙，枭首挂在旗杆上示众，再剥下尸身的皮，塞上稻草，做成皮人，摆在公座之右，以警戒后任。

在洪武年间，除了一些较小的惩贪案外，还有几次大规模地对贪官污吏的集中"清洗"，其中以空印案和郭桓案最为著名，声势也最为浩大，两案连坐被杀人数也最为惊人，累积共达七八万人。

明初整肃吏治的斗争前后延续二三十年之久，打击面极广，甚至一些皇亲国戚若是贪赃枉法，也在劫难逃。为了达成吏治清明的政局，朱元璋六亲不认。开国功臣华云龙、朱亮祖便因以权谋私、贪污受贿死于整肃吏治的斗争中。朱元璋的亲侄儿朱文正因骄侈荒淫，搜罗强抢民女淫乐数十日后，将该民女坠井淹死，毁尸灭迹，也被朱元璋罢官安置凤阳守卫先人坟墓。后来朱文正逃跑，朱元璋终于将他杀了。驸马都尉欧阳伦是马皇后所生安庆公主的夫婿，指使家奴走私茶叶，牟取暴利，并纵容家奴胡作非为。朱元璋下令："布政司官不言，并伦赐死，保等皆伏诛，茶货没入于官。"欧阳伦虽高攀为皇贵胄，玉叶金枝，终于还是保不住性命，和很多布政司官员一起身首异处。

明初整肃吏治的斗争是朱元璋出于集权专制的目的进行的，因而带有一定的残暴特征。打击面大，处死极多，因此有时也不免产生一些先入为主的冤假错案，枉杀了许多无辜官吏。在一些大小案件中，罪有应得者固然很多，可无辜被戮者也大有人在，甚至有很多官吏仅仅因为朱元璋看他不顺眼，便被杀了。朱元璋整肃吏治的手段虽雷厉风行，但由于自身性格缺陷的原因，在实际实行过程中往往存在着很多偏差和失误，付出的代价是沉重的。明初官吏戴镣铐上堂办事，就充分说明了这一点。

尽管如此，在无法解决制度问题的情况下，通过严酷手段整肃吏治、打击害群之马的斗争毕竟还是收到了前所未有的效果。朱元璋曾以元代法令过于宽纵以至人心懒散、江河日下，经过了半个世纪，人心都不畏法，所以他才主张峻法严纪。这一系列严法严刑确也使得贪官污吏望而止步。经过长期的严刑诛戮，做官的人终于认清了朱元璋立场的坚决，认清了本朝惩贪不贷敢动真格，世道已经变了，开始人人自危，不敢恣肆妄为——

郡县之官虽居穷山绝塞之地，去京师万余里外，皆心惊胆战，如神明临其庭，不敢放肆。"或有毫发出法度，失礼仪，朝按而著罪之"官场风气在一连串严酷打击下，逐渐发生了改变，日趋清明——"一时守令畏法、洁己爱民，以当上指，吏治焕然不变矣。下逮仁堂抚绪休息，民人安乐，吏治澄清百余年"。后世清官海瑞由此而赞洪武朝："数十年民得安生乐业，千载一时之盛也。"

朱元璋不细加斟酌、妄加屠戮的作风当然是不可取的，而且也只能归结于他独裁的残暴，但他整饬吏治以图国家安定、天下太平的坚决态度，却有值得后人学习之处。

朱元璋像

18

从天子到庶人，都要以修身为根本

【原典】

自天子以至于庶人①，壹是②皆以修身为本。

【注释】

①庶人：西周起称农业生产者。春秋时，其地位在士以下、工商皂隶之上。秦汉以后泛指没有官爵的平民。

②壹是：一。一切，一律，一概。

【译文】

从天子开始，一直到老百姓，一律都要以提高自身的品德修养为根本。

道德的修养是做人做事的根本

一个人无论是什么身份，也无论想要学什么、做什么，首先要在道德上立根基。这是人的根本，没有这个根本，再高的学问、再大的本事也是没有益处的。举个例子，警察和小偷之所学有许多相似、相通之处，但是同样的学却导致不同的结果，其原因就在于人之本。这就像今日所说的道德与科学的关系一样。如何运用科学技术，不是取决于科学技术本身而是取决于人的道德观念。总之，道德的修养是做人做事的根本，"本立而道生"，有了本，才可以言及其他。换言之，也就是先做人再为学再做事。

一个人有没有学问、学问的高低主要不是看他的文化知识，而是要看他能不能实行"孝""忠""信"等传统伦理道德。只要做到了这几点，他就已经摆脱自然本性的一些低级趣味和自私倾向。这样的人，即使他说自己没有学习过，但他已经是有道德的人了。而今，道德修养和文化知识同等重要，只有这样的人才能成为德才兼备的有用之人。

的确，一个人尽管学富五车、才高八斗，如果他的言谈举止、行为方式愚笨乖谬，不能解决一些实际问题，又有什么用呢？相反，一个人即使没有什么文凭，没有进过大学校门，但他言谈文雅、举止得体，行为方式正确，能够有所发明，有所创造，难道你能够说他没有学习过什么吗？

世间什么最难？做人最难，拼上三年两载做成一两件事不难，做人却是一辈子的事，弄不好一辈子也不会做人。不会做人怎么做事？一个人连人都不会做还能做什么？

有一个名叫公明宣的人在曾子门下学习，三年不读书。曾子说："你在我家里，三年不学习，为什么？"公明宣说："我哪敢不学习？我看见老师在家里，只要有长辈在，连牛马也没有训斥过，我很想学习您对长辈的态度，可惜还没有学好。我看见老师接待宾客，始终谨慎谦虚，从来没有松懈过，我很想学习您对朋友的态度，可惜还没有学好。我看见老师在朝廷办公事，对下属的要求很严格，但从来不伤害他们的自尊心，我很想学习您对下属的态度，可惜还没有学好。"曾子离开座位，向公明宣道歉说："我不如你，我只会读书罢了！"

以往我们的教育偏重于告诉人们什么是好人、必须做好人。而对于教育学生怎样去做人重视不够，以致学生对于为人处世的原则、方法、技巧并不明了。因而不善应对，不善交际，不能协调好人际关系，不能较好地把内在的美德变成外在的美行，把个人体面地融入人群集体之中。

那么，一个人究竟该如何学做人呢？有人为此做出了如下几点说明：

其一，严于律己，宽以待人。这是做人的基本原则。以责人之心责己，以恕己之心恕人。

其二，与人为善，切忌骄横。众怒难犯，专欲难成。物极必反，器满则倾。肆无忌惮，焚己伤人。切勿恃强凌弱。倚势凌人，势败人凌我；穷巷追狗，巷穷狗咬人。

其三，谦和为美，多让少争。对人须有敬爱之心。相爱无隙，相敬如宾。荣辱毁誉，处之泰然。小不忍则乱大谋，不闹无原则的纷争。

其四，诚信待人，远离是非。君子重信诺，一字值千金。胸怀坦荡真君子，口蜜腹剑是小人。勿以己长而形人之短，勿因己拙而忌人之能。有言人前说，人后不说人。所谓：闲谈莫论人是非。

其五，仗义疏财，扶危济贫。钱财如粪土，仁义值千金，烈士让千乘，贪夫争一文。不因贫而舍，不以富为尊。

是以，做人决然是门大学问，绝对一言难尽，绝非一蹴而就。管窥蠡测，凭君撷取。

当然，《大学》并不是主张不会做人就不要学知识，而是要把做人的道德修养放在第一位，学习、做事放在第二位。因为，一个人如果连自己的道德底线都守不住，学再多的知识、做再多的事又有何意义呢？

19

基础打不好，做其他事就不可能成功

【原典】

其本乱①，而末治②者，否矣。

【注释】

①本乱：意为本性败坏。乱，紊乱，破坏。

②末治：意指家齐、国治、天下平。

【译文】

一个人，如果他把自身的品德修养这个根本败坏了，那么，要想做成其他什么受人称颂、流芳百世的事，那是不可能的。

玩火自焚者多是因为道德基础败坏

自古邪不压正，那些缺乏品德修养的人，虽有可能一时风光，但终究成不了什么大气候，如果再有邪恶害人之心，那无异于玩火自焚，是不会有什么好下场的。

赵高作为历史上第一个最有权势同时也最阴险的太监，大半生都在玩弄国家权力于股掌之上，然而多行不义必自毙，到头来仍逃不过玩火自焚的命运，这实在是一种必然。

赵高害死李斯后，朝中再没有能妨碍他专权的人了，很快，他当上了中丞相。为了验证一下自己在朝中的权势，赵高"导演"了一幕"指鹿为马"的闹剧。

公元前209年（秦二世三年八月己亥），赵高趁群臣朝贺之机，命人牵来一头鹿献给秦二世，口里却说："我把一匹好马献给陛下玩赏。"胡亥一看，失声笑道："丞相说错了，这是鹿不是马。"他转过头去问左右的人道："大家看，这是鹿还是马？我没有说错吧？"围观的人，有的慑于赵高的淫威，缄默不语；有的弄不清赵高这葫芦里卖的什么药，便说了真话；那些拍惯了赵高马屁的人，即使在皇帝面前也硬说是马。胡亥见众说不一，以为是自己害了什么病，因而把话说错了，便命大臣去算卦。在赵高的授意下，算卦的人也说道："因为陛下祭祀时没有斋戒沐浴，才出现了这种认马为鹿的现象。"胡亥信以为真。便按赵高的意图，打着斋戒的幌子，躲进了上林苑。

有一天，有个人从上林苑经过，胡亥立即拈弓搭箭将此人射死，扬长而去。赵高知道此事后，便令阎乐去奏明秦二世道："不知是谁杀了一个人，却把尸体移到上林苑来了。"然后，他又自己出面，假意劝告胡亥道："皇帝无缘无故地杀死一个没罪的人，上天和鬼神都会生气的，一定要降灾的，陛下还是趁早离开上林苑！"就这样，赵高把胡亥迁到离咸阳县东南八里的望夷宫去了。

秦二世走后，赵高立即张开了魔爪，把那些敢于说"鹿"的人统统杀掉。

这一来，朝野上下人人缄口，个个看赵高眼色行事，任他为所欲为，这为其正式篡帝夺位奠定了基础。然而，这时关外早已烽火连天，农民起义的熊熊烈火燃遍了关东大地。陈涉、吴广揭竿而起，在不到半年的时间里，屡屡打败秦军，从淮河流域起而横扫黄河南北，震撼着秦室的根基。以项羽、刘邦为领导的反秦义军更是所向披靡，在巨鹿一战中，秦军被打得落花流水，精锐丧失殆尽，大将王离被虏。被打得溃不成军的章邯，急急派人向朝廷请示军事，而专权的赵高却不予接见，想把一切罪责转嫁于他。章邯心里十分明白：要是打了败仗，赵高会不分青红皂白地将他处斩；要是打了胜仗，赵高也会嫉妒他的功劳而陷害他。与其将来被赵高处斩，不如与诸侯一道举起反秦的义旗来。

章邯的倒戈又给摇摇欲坠的秦王朝一个沉重的打击。此时的赵高既想苟延残喘，又想火中取栗。他一面派人暗中与刘邦联系，要同起义军讲和，求吴中之地自立为王；一面又对秦二世采取断然措施。

首先，他把弟弟赵成和女婿阎乐找来，进行策划。赵成身居郎中令要职，可以自由出入宫廷，充当内应。阎乐是咸阳县令，手下有一部分兵力，由他率领士兵假扮成山东农民军攻打望夷宫。赵高亲自指挥全局。

接着，赵成便在望夷宫内散布谣言，说什么山东强盗打过来了，搅得人心惶惑不安，并命令阎乐召集士兵保卫望夷宫。与此同时，阎乐还派出部分亲信，化装成农民军，把阎乐的母亲抓了起来，暗中送到赵高家中。一些不明真相的人以为县令的老母亲都被抓走了，自然十分担心、害怕，于是，阎乐便以追贼为名，直逼望夷宫而来。他们冲到宫门前，大声吼问守门的士卒道："强盗进了宫门，你们为什么不抵挡？"守门将士莫名其妙，反问："宫内外禁卫森严，日夜有人看守卫戍，哪有强盗敢进宫来呢？"

阎乐不容分辩，命令士兵将守门将士砍倒，蜂拥而入，冲进了望夷宫，逢人就砍，到处放箭。一时宫中血肉横飞，惨不忍睹。被蒙在鼓里的胡亥，这时才听到赵高派来送信的人说："山东强盗打进宫来了。"他带着疑惑的心情登高远望，只见那些身着白衣的强盗，四处冲杀，直朝城楼而来，一箭射在他座后的帷幕上，他吓得目瞪口呆，瘫软在地上。

这时，阎乐冲到胡亥面前，气势汹汹地对他说："你是一个无道暴君，残杀了天下难以数计的无辜百姓，耗费了无数民脂民膏，现在天下的人都起来反对你，你自己想想该怎么办吧！"

胡亥胆战心惊："我可以见一见丞相吗？"

"不行！"阎乐断然拒绝。

"那么，我不当皇帝了，可以给我一个郴王当吗？"二世哀求着。

阎乐摇摇头。

胡亥哭泣着："给我一个万户侯当也行。"

阎乐道："你还痴心妄想些什么！"

胡亥绝望地说："只要保全我的性命，我情愿带着妻子去当老百姓，这总该可以了吧！"

阎乐不耐烦地冲他喊道："我奉丞相之命来处死你，你说得再多也无济于事，快快自裁吧！"

此时的二世皇帝才明白今天逼他自杀的，正是他往日无比信任的丞相赵高。

阎乐向赵高汇报了胡亥已死的消息，赵高听后欣喜若狂。于是匆匆摘下玉玺佩在身上，大步走上殿去，准备宣布登基。但是"左右百官莫许"，以无声的反抗粉碎了赵高的皇帝梦。他顿时不知所措，头脑发晕，只觉得天旋地转，这时，他才感到自己的罪恶阴谋达到了"天弗与，群臣莫许"的程度，只得无可奈何地取消了称帝的打算，立扶苏之子子婴为王，结束了这场逼宫篡位的丑剧。

被赵高推上王位的子婴，心里十分明白赵高的险恶用心，于是，他同自己的两个儿子和贴身太监商定了铲除赵高的计划。

杀死了赵高以后，子婴在他的两个儿子及随侍宦官、卫兵的拥护下来到了宗庙，举行了告祖仪式，正式即秦王位。子婴即位后，首先下令逮捕赵高的三族，全部予以处死。

《大学》为什么要一次次不厌其烦地强调做人要真心诚意、提高自己的品德修养呢？通过上面的事例可以给大家一个通俗易懂的答案：善恶到头终有报，不是不报是时机未到。只有道德修养高尚的人才会有好报，才能一生平安。

20

以尊重换取尊重

【原典】

其所厚者薄①，而其所薄者厚，未之有也②。此谓知本，此谓知之至也。

【注释】

①其所厚者薄：厚，重视，尊重。薄，轻视，轻蔑。
②未之有也：即未有之也。之，代词。

【译文】

他所尊重的人反而轻蔑他，他所轻蔑的人反而尊重他，这样的事情是从来不会有的。这就叫做认识根本的道理，这就叫做认识的彻底，即进入"知"的最高境界。

真诚待人，别人自会真诚待你

每个人都希望得到别人的真诚相待。要想别人真诚待你，你就应当首先真诚地去对待别人。这样才能得到别人的真诚。你与人为善，其实就是与己为善。真诚待人，别人通常也会反过来如此待你。"我为人人，人人为我"就是这个道理。与人相处中付出的十分真诚得到了八九分的回馈，自然是情有所值、利大于弊。

"真诚能打动人，真诚能赢得一切"这句话很有道理。的确，没有人不喜欢真诚，真诚是生活中的通行证，有了这张通行证，我们就会在生活中乘风破浪，直挂云帆！

齐国宰相晏子，名晏婴，字仲，谥平，习惯上多称平仲、晏子，山东高密人。春秋后期一位重要的政治家、思想家、外交家。以有政治远见和外交才能、作风朴素而闻名诸侯。他爱国忧民，敢于直谏，真诚待人，在诸侯和百姓中享有极高的声誉。他博闻强识，善于辞令，主张以礼治国，曾力谏齐景公轻赋省刑，汉代刘向《晏子春秋》叙录，曾把晏子和春秋初年的著名政治家管仲相提并论。

晏子出使晋国完成公务返国的途中，路过赵国的中牟，远远看见有一个人头戴破毡帽，反穿皮衣，正从背上卸下一捆柴草，在路边休息。等到走近观看，晏子觉得此人的神态、气质、举止都不像粗野之人，为什么会落到这么寒酸的地步呢？于是，晏子让仆人停车并亲自下车前去询问："你是何人？为何会到这儿来？"那人如实相告："我是齐国的越石父，三年前被卖到赵国的中牟，给人家当奴仆，失去了人身自由。"晏子又问："那我可以用钱物把你赎出来吗？"越石父说："当然可以。"

于是，晏子用一匹马把越石父赎回，并同车载归。

到了馆舍，晏子没有和越石父打招呼，便独自下车径直进去了。对此，越石父非常生气，要求与晏子断绝关系。晏子派人对越石父说："我以前并不认识你，你在赵国为奴多年，我看见后就把你赎出来，我对你还

不够好吗？为什么这么快就要和我绝交呢？"

越石父回答说："一个自尊而且有真才实学的人，受到不知底细的人的轻慢，是不必生气的；可是，他如果得不到知书达理的朋友的平等相待，必然会生气。任何人都不能自以为对别人有恩，就可以不尊重对方；同样，一个人也不必因受惠而卑躬屈膝，丧失尊严。您把我赎出来，是您的好意。在回国的途中，您一直没有给我让座，我以为这不过是一时的疏忽，并未计较；现在到家了，您却只管自己进屋，竟对我一点也不理睬，这说明您依然把我当奴仆看待。因此，我还是去做我的奴仆，请您再次把我卖了吧！"

晏子听了越石父的话，急忙向他道歉并诚恳地说："我在中牟时只是看到了您不俗的气质，现在才真正发现了您非凡的气节和高贵的内心。请您原谅我的过失，不要弃我而去，好吗？"从此，晏子将越石父尊为上宾，以礼相待，两人渐渐成了相知甚深的好朋友。

这一事例说明为别人做了好事时，不能自恃有功，对人无礼；受人恩惠的人，也不应谦卑过度，丧失尊严。谁都有可能落难，谁也有救人的机会，可谓世事多变！只有大家真诚相处、平等相待，人间才有温暖与和谐。

有了真诚，才会有虚心；有了虚心，才肯放下自己去了解别人。"诚者，天之道也；诚之者，人之道也，诚者，不勉而中，不思而得，从容中道，圣人也。诚之者，择善而固执之者也。"意思是说真诚是上天的原则，追求真诚是做人的原则。天生真诚的人，不用勉强就能做到，不用思考就能拥有，自然而然地符合上天的原则，这样的人是圣人。使自己达到真诚的人，就是选择了善德，并且能够坚持实行它的人。

真诚，这是做人之必需的品德。只有真诚，才能让人相信你，与你做朋友。

原始的生命是饱含真善美的，也许生命最美的状态就是这种原始美。原始美是自然的，只要真诚便可以拥有这份自然美。

在现实生活中，有些人怕真诚待人吃亏上当，因此想让别人先真诚待己。这是一个误区，无论你想得到什么东西，只有自己先付出，才会得到回报。现代人缺的不是真诚而是主动热情的心！人人都不肯首先付出，那么这个世界上还能找到真诚吗？

你待人以善意，别人以善意相报；你待人以真诚，别人以真情回馈，这就是人们常说的"将心比心""以心换心"。大多数人都觉得积极主动地付出友善真诚仅仅是讲如何对待别人，其实准确地说，友善真诚地待人更重要的是指如何善待自己。

人类是一个高级生物群，社会是一个利益共同体，每个人都是社会这棵大树上的叶和果，谁都不可能离开社会而孤立存在。生物学反复证明过一个真理：只有互助性强的生物群才能繁衍生存。伤害别人就等于用自己的左手伤害自己的右手。

人们都非常向往陶渊明的世外桃源，那里没有纷争，没有战乱，有的是温馨和谐。而营造出温馨和谐的人际关系氛围，是需要你付出努力的。在积极主动付出努力的同时，你才会是这个氛围的受益者。否则即使你去了世外桃源，你的消极与冷漠也会把那里冰冻！在人际交往中，如果自己能成为主动的一方，那你还有什么得不到的呢？这完全取决于你的处事态度，世外桃源是不存在的，可是只要你善于经营，那你完全可以看到桃花源的"落英缤纷"。

真诚不是智慧，但是它常常放射出比智慧更诱人的光芒。有许多凭智慧千方百计也得不到的东西，真诚却轻而易举就得到了。

真诚犹如一潭幽雅的湖水：宁静、淡泊、美丽。它有时也会遭到泥块和沙石的袭击，但是，它凭借自身的净化作用，很快会使污秽沉淀，仍旧"光彩照人"。如果我们都能真诚待人，那这个世界就会处处都是"桃花源"，这不正是先辈们几千年来梦寐以求的吗？

二

康诰盘铭、邦畿章：
将美好的品德发扬光大

　　康诰盘铭、邦畿章是《大学》之"传"的开篇两章，主要就"经"中的"三纲目"——明明德、亲民、止于至善从"德"的角度做了进一步阐述。不管历史如何演变，不管社会背景如何变迁，有一些东西是永远不会变的，比如道德的标杆。"德"是立世的根本，守住自己道德的底线，"止于至善"，可以说是每一个人不容推卸的责任和义务。

1

显明美德，源于自我

【原典】

《康诰》①曰："克明德②。"《太甲》③曰："顾是天之明命④。"
《帝典》⑤曰："克明峻⑥德。"皆自明也。

【注释】

①《康诰》：《尚书·周书》中的篇名。

②克明德：克，能够。明，崇尚。《康诰》篇原句为："惟乃丕
显考文王，克明德慎罚。"是赞扬文王的话。

③《太甲》：《尚书·商书》中的篇名。

④顾是天之明命：这是伊尹告诫太甲的话。

⑤《帝典》：即《尧典》，是《尚书·虞书》中的篇名。主要
记叙尧、舜二帝的事迹。

⑥峻：《尧典》中原作"俊"，是"大"的意思。据《尧典》
原句为"帝典曰若稽古帝尧……克明俊德，以亲九族"。

【译文】

《康诰》里说："做人要有崇尚光明的德行。"《太甲》里说："把上天
赋予的阐明美德的使命牢记在心。"《帝典》里也说："能够使伟大崇高的
德行显明。"这些书上说的都是要求人们从自身出发，时时自省，处处显
明光明正大的德行。

时时自省，以显明光明正大的德行

《康诰》章是"传"的第一章，对"经"当中"大学之道，在明明德"一句进行引证发挥，说明弘扬人性中光明正大的品德是从夏、商、周三皇五帝时代就开始强调了的，有书为证，而不是我们今天别出心裁、标新立异的产物。

《三字经》说："人之初，性本善；性相近，习相远；苟不教，性乃迁。"也就是说，人的本性生来都是善良的，只不过因为后天的环境影响和教育才导致了不同的变化，从中生出许多恶的品质。因此，儒家的先贤们强调后天环境和教育的作用，在作为"四书五经"之首的《大学》一篇里开宗明义，提出"大学"的宗旨就在于弘扬人性中光明正大的品德，使人达到最完善的境界。以我们今天的眼光来看，"在明明德"就是加强道德的自我完善，发掘、弘扬自己本性中的善根，摒弃邪恶的诱惑。从这个意义上说，无论是西方基督教的"忏悔"，还是东方佛教的"修行"，都是"在明明德"，以弘扬人性中光明正大的品德为目的。

这就是说，"明明德"的关键在于"自明"。

"皆自明也"就是告诉我们，要注重自我修养，做不好的地方要学会反思、自省。

孔子有一个学生叫曾参，即曾子，《论语》中收集有他说过的这样的话："吾日三省吾身：为人谋而不忠乎？与朋友交而不信乎？传不习乎？"曾参是孔子的得意门生，说他得孔子的真传当不为过。"四书五经"的"四书"中的《大学》就是他所著，据说《孝经》也是他的著作。可见曾子是一个很有成就的人，在儒家思想史上他也算得上是一个有重要贡献的人。

曾子所说的"三省"虽然是普通寻常的事，但确实是容易忽视的事。这"三省"说了两个方面：一是修己，一是对人。对人要诚信，诚信是人格光明的表现，不欺人也不欺己。替人谋事要尽心，尽心才能不苟且、不敷衍，这是为人的基本德行。修己不能一时一事，修己要贯穿整个人生，要时时温习旧经验，求取新知识，不能停下来，一停下来就会僵化。

"吾日三省吾身"这是一句非常有名的古训。遵循这句古训，对自己的思想言行及时反省，可以达到察得失、明事理、促提高的目的。只有不断地反省自我，努力做到"慎独"，才能成为一个高尚的人。

明代的张瀚在《松窗梦语》中有这样一段记录：

张瀚初任御史的时候，有一次，他去参见都台长官王廷相，王廷相就给张瀚讲了一个乘轿见闻。说他某一天乘轿进城办事时，不巧遇上了雨。而其中有一个轿夫刚好穿了双新鞋，他开始时小心翼翼地循着干净的路面走，后来轿夫一不小心，踩进泥水坑里，此后他就再也不顾惜自己的鞋了。王廷相最后总结说："处世立身的道理也是一样的啊。只要你一不小心，犯了错误，那么以后你就再也不会有所顾忌了。所以，常常检点约束自己是一个人必修的功课。"张瀚听了这些话，十分佩服王廷相的高论，终身不敢忘记。

这个历史故事告诉我们，人一旦"踩进泥水坑"，心里往往就放松了戒备。反正"鞋已经脏了"，一次是脏，两次也是脏，于是便有了惯性，从此便"不复顾惜"了。有些人，起先在工作中兢兢业业、廉洁奉公，偶然一不小心踩进"泥坑"，经不住酒绿灯红的诱惑，便从此放弃了自己的操守。这都是因为不能事先防范而造成的恶果。由此可见时时"自省"是多么重要。

"自省"这个词在《论语》中多次谈到，孔子的用意就在于要求孔门弟子们要每时每刻地自觉反省自己，注意进行自我批评，以使自己的行为举止能够中规中矩，合乎儒家的礼仪。两千多年来，为了达到"明明德"境界，人们对这句话多有引用，把它当成是加强个人思想修养和道德修养，督促自己改正个人言行举止上的各种错误的座右铭。

2

修养身心，君子当"无所不用其极"

【原典】

汤之《盘铭》①曰："苟日新②，日日新，又日新。"《康诰》曰："作新民③。"《诗》曰："周虽旧邦，其命维新④。"是故，君子⑤无所不用其极⑥。

【注释】

①汤之《盘铭》：汤，指商汤。商朝的开国君主叫成汤。盘，青铜制的沐浴用的器具。铭，是镂刻在器皿上用以称颂功德或申明鉴戒的文辞，后来成为一种文体。

②苟日新：苟，假如，如果。新，指身体上洗涤污垢，焕然一新。引申为品德修养上的弃旧图新。

③作新民：作，振作，鼓励。新民，使民自新。原句为："已，汝为小子，乃服惟弘王，应保殷民。亦惟助王宅天命，作新民。"

④《诗》曰句：《诗》，指《诗经》，是我国最早的一部诗歌总集。此处所引的两句诗，出自《诗经·大雅·文王》，这是一首歌颂周文王的诗。周，指周朝，自从后稷开国，经历夏、商两朝，都是诸侯国。到文王时，国力强大，武王时灭掉商朝，建立周朝。邦，古代诸侯封国之称。旧邦，古老的国家。其命，指周朝承受的天命。维，助词。

⑤君子：此指道德高尚的人。

⑥其极：尽头，顶点。其极指"至善"。

【译文】

商汤时的青铜器盘上镂刻警辞说："如果能在一天内洗净自己身上的

污垢，焕然一新，那么就应当天天洗清，弃旧图新。每日不间断，永远保持，做到天天新，每天新。"《康诰》里说："振作商的遗民，使他们悔过自新。"《诗经》里说："周朝虽是一个古老的诸侯国，但由于文王秉承天命除旧布新，所以它终能自我更新。"因此，那些道德高尚的人，总是想尽一切办法尽可能地提高自己的修养。

博学参省好学深思

要提高自己的修养可以通过很多种途径，其中最直接、最有效的就是好学深思并注意检点每日得失。

从历史的成功经验看，勤于治学修身就会使自己从目光短浅的思维中解脱出来而立志高远，有所作为。

吕蒙因为从小家贫，没有读过书，领兵作战、处理政务碰到不少困难，每当有大事需要禀报时，只能口述自己的意见，由文吏代笔。

有一次，孙权与吕蒙、蒋钦等一班不通文墨的将领闲谈，孙权语重心长地教导说："卿今当涂掌事，宜学问以自开益。"孙权的意思是说你们现在都是身负重任的将军，应该好好读书，以增长自己的知识。开始，吕蒙对读书的重要性认识不够，强调军务繁忙，没有时间读书。孙权又进一步开导他们说：军务繁忙是事实，但你们难道比我还繁忙吗？我年轻时读过《诗》《书》《礼记》《左传》和《国语》。自从掌握国政以来，又挤时间读了《史记》《汉书》《东观汉记》（合称《三史》）和各家的兵书，自己感到大有益处。我并不是要你们成为精通书经的博士，而只是要你们读些书，了解一些历史上发生过的大事，丰富自己的知识。你们秉性聪明，思想开朗，只要多读一些书，必定会有收获。为什么借故推托，不愿意读书呢？孙权又引用孔子的话："吾尝终日不食，终夜不寝，以思，无益，不如学也。"（《论语·卫灵公》）以及汉光武坚持读书的事迹，鼓励吕蒙、蒋钦多读书，并要他们先读《孙子》《六韬》等兵书及《左传》《国语》和"三史"。

孙权的开导和劝勉使吕蒙深受教育和启迪。从此，他自强不息，以上阵厮杀的勇气和决心，在戎马倥偬的生活中，手不释卷，刻苦学习。他读书范围之广，数量之多，连当时饱学的儒生也自叹弗如！

吕蒙坚持读书，思想水平和领导水平都有很大提高。孙权称赞说："人长而进益，为吕蒙、蒋钦盖不可及也。"东吴名将鲁肃原以为吕蒙不过是一名勇将而已，"意尚轻蒙"。周瑜死后，鲁肃执掌兵权。建安十五年，鲁肃到吕蒙部队驻地视察，谈及敌我军事形势，发现吕蒙的见解十分精辟。鲁肃很惊奇，拍着吕蒙的背说："吕子明，吾不知卿才略所及乃至于此也。"遂拜其母，结友而别（《三国志·吴志·吕蒙传》）。

孙权对其他臣下也是如此，督促他们读书学习，增长知识，提高素质。因此，东吴不少文臣武将都是博览群书的饱学之士，仅见于《三国志·吴志》的就有十多人。孙权勉励臣下多读书是具有远见的，为巩固东吴政权起了很好的作用。陈寿评论说："孙权屈身忍辱，任才尚计，有勾践之奇英，人之杰矣。"（《三国志·吴志·孙权传》）

3

美德盖天下而"惟民所止"

【原典】

《诗》云："邦畿千里，惟民所止①。"《诗》云："缗蛮黄鸟，止于丘隅②。"子③曰："于④止，知其所止，可以人而不如鸟乎?"《诗》云："穆穆文王，于（wū）缉熙敬止⑤。"

【注释】

①《诗》云句：见《诗经·商颂·玄鸟》。邦畿（jī），古代指直属于天子的疆域。即君王居住的京城及其管辖的周围地区。千里，方圆千里。惟，犹"为"。止，居住。这两句诗引自《诗经》。原是一首祭祀时所唱的歌，也是一首简短的史诗，诗中叙述了殷商始祖契诞生的传说，以及成汤建立王业、武丁中兴的功绩。这里引这两句诗，是想说明一切事物都应有个着落。

②《诗》云句：缗（mín）蛮，鸟叫声。见《诗经·小雅·绵蛮》。止，栖息。丘隅，多树的土山丘陵。

③子：孔子。孔子这段话的意思为，鸟都知道在应该栖息的地方栖息，那么人更应当努力达到美好的最高境地。

④于（wū）：同"於"，"乌"的古字，叹词。

⑤《诗》云句：文王，周文王。穆穆，仪表堂堂，端庄恭敬的样子。缉，继续。熙，光明。止，语气助词。这两句引自《诗经·大雅·文王》。

【译文】

《诗经》里讲："京都幅员广阔、方圆千里，许多百姓都愿在那里居住。"《诗经》里讲："黄鸟鸣叫着'缗蛮'，栖息在那多树的丘冈。"孔子读了这两句诗感慨地说："唉，黄鸟起居时，都知道栖在它所应当栖息的地方，难道人反而不如鸟吗?"《诗经》里讲："仪表堂堂端庄谦恭的周文王，他光明的美德使人们无不崇敬。"

有美德的人无不使人崇敬

古往今来，那些受世人所崇敬的都是有一定道德修养的人。无论是天子还是平民，也无论有没有什么光辉灿烂的丰功伟绩，只要道德修养到位，那么就一定会受到他人所爱戴，甚至青史留名。

反过来讲，一个人如果只对自己好，自高自大，缺乏道德修养，那么他必将变得故步自封，最后必成孤家寡人。这样的人，搞不好连在世上立足的资本都没有。

信陵君像

侯嬴是战国末期的著名隐士，他原是魏国都城大梁一个毫不起眼的守门人，年已七十多岁了，整天沉默寡言，别人都不怎么搭理他。魏公子信陵君却能察觉侯嬴是一位极有见解和智谋的有识之士，就着意与之结交。

有一天，信陵君亲自登门拜访侯嬴，并向其馈赠重金作为见面礼。侯嬴冷冷地推辞道："老夫一生清贫自守，绝不收受别人的钱财。"信陵君只好说："先生是国之大贤，我前来拜访乃是出于一片至诚。区区薄礼只是聊表敬意而已，绝非故意亵渎先生。既然先生不收，我也不敢勉强。不如另择良辰吉日，我在家中宴请先生，恳请先生务必大驾光临。"侯嬴推辞不掉，只得应允下来。

到了约定的日子，信陵君在家中摆下丰盛的宴席款待侯嬴，大梁城中有头有脸的名门显贵都应邀作陪。前来作陪的宾客都到齐后，信陵君率领一队车马，空出车中左边最尊贵的座位，亲自去迎接正在守城门的侯嬴。侯嬴见到信陵君后，连让都没让一下，就毫不客气地坐在车里的尊位上，让信陵君拿着鞭子坐在旁边给他赶车，并要马车特意绕行大梁最繁华的街道。当马车经过一个市场时，侯嬴突然说："老夫有个叫朱亥的老友在这市场里杀猪卖肉，我们已经多日未见了，现在正好路过，老夫想过去看望一下，麻烦公子等一等。"说完，侯嬴就下车扬长而去，信陵君赶紧随同前往。

当侯嬴在市场里找到朱亥，两人相互寒暄时，信陵君就站在一旁默默等候。过了很长时间，信陵君脚都站麻了，侯嬴却仍和朱亥聊个没完。信陵君的随从实在忍不住了，纷纷小声抱怨侯嬴倚老卖老，太不识抬举了。信陵君听到后连忙厉声予以喝止。见当朝的贵公子信陵君竟然不声不响地站在市场里，看热闹的人越集越多，等弄清情况后，都众口一词地指责侯嬴。侯嬴一边和朱亥聊天，一边偷眼观察。发现信陵君等得越久，脸上的神情反而越加谦恭。他这才辞别朱亥，上车跟信陵君前去赴宴。

信陵君家里请来的陪客早已经等得不耐烦了，可谁也不敢离开。望着宴席上空着的首席，众人窃窃私语，猜不透信陵君请的是何方贵客，难道是魏王要亲自驾临吗？大家心里忐忑不安地想着。当信陵君毕恭毕敬地陪着侯嬴步入宴席时，侯嬴毫不谦让地坐在首席上，心安理得地接过信陵君斟满的酒一饮而尽。众人抬头一看，信陵君请的贵客居然是一个名不见经传的糟老头子，不觉大失所望。可碍于信陵君的面子，大家不好说什么，便都坐下来闷头喝酒。

酒宴散后，侯嬴这才悄悄对信陵君说："老夫本是个看守城门的无名小卒，承蒙公子错爱，亲自登门拜访，又设宴款待，不胜荣幸之至。老夫让公子在市场里等了那么久，围观的人都觉得这实在是太不应该了。老夫为什么要这样做呢？这都是因为公子厚待老夫，老夫无以报答，所以才用这种方式成全公子的名声啊！老夫让公子降尊纡贵地站在市场里等着，那么多人骂老夫不识抬举。别人越骂老夫，越替公子抱不平，就越敬佩公子礼贤下士的风范。老夫赴宴故意来晚，让公子邀来的达官显贵们等得心焦，又毫不客气地坐了首席，也是同一道理。在座的达官显贵们哪一位不从心里钦佩公子的容人之量呢？公子天生睿智，路人皆知。如今公子礼贤下士的名声再传扬开去，必然天下归心，公子的前程将不可限量啊。"信陵君听了这番话，恍然大悟，从心里感激侯嬴，越发相信自己没有看错人。从此，侯嬴做了信陵君的贵宾。

信陵君能够招揽到侯嬴，当然获益匪浅。首先，在大庭广众之下，信陵君亲自驾驶马车迎接侯嬴，并在闹市站了很久，让市人围观，实际上成就了自己礼贤下士的美名；其次，侯嬴后来还向信陵君举荐了朋友朱亥，并和朱亥一起帮助信陵君完成了击退秦军的壮举，成就了信陵君的事业和一世的英名。

人际交往中，一个人道德品质和修养的好坏是决定其与他人相处得好与坏的重要因素。道德品质高尚、个人修养好就容易赢得他人的信任与尊敬；如果不注重个人道德品质修养就难以与他人有良好的人际关系，甚至连真心的朋友都交不到。我们身边就不乏这样的人：有的人看自己一枝花，看别人豆腐渣，自我感觉良好，盛气凌人；还有的人一事当前往往从一己私利出发，见到好处就争抢，遇到问题就推诿，甚至给别人拆台。这些人生活中之所以难有朋友，归根到底就是在自身道德品质和个人修养方面出了问题。

也许有人觉得，有些人道德品质不好，个人修养难以恭维，身边不是照样有许多朋友吗？其实这种所谓"朋友"只不过是势利朋友罢了，谈不上真正的朋友，别人与他交往不是冲着他的人品人格去的，而可能是奔着他的权势去的，是为了相互利用以达到个人目的。一旦他丧失了势力地位，没有了利用价值后，那些所谓的"挚友"就会离他而去。而真正的朋友恰与之相反，不会锦上添花，只会雪中送炭。所以说，要想收获真正的友谊，拥有真正的朋友，最终要靠良好的个人思想道德修养，只有用高尚的道德修养赢得的友谊和感情才是真诚的，才会历久弥坚。

天下最让人崇敬的人就是有德之人。他们总是按照良心法则去做人做事，从而能赢得人心。一个人能够赢得人心，就会有很多朋友，就会事有所成。

4

身为国君就要做到仁政

【原典】

为人君，止于仁。

【译文】

作为国君，他的言行要做到仁政。

以仁治国广收人心

为人君者或者领导者只有赢得人心的支持，才能顺利地展开工作，达到"国治而天下平"的目的。而要做到这一点，就必须以"仁"作为自己的行事做人准则。

齐国曾是春秋五霸之一，也是战国七雄之一，且与秦国对峙到最后。田氏（田桓子）在齐国的得宠也有其深远的历史渊源。早在春秋初年，陈国发生内乱，陈国的公子完逃奔到齐国，此为陈氏（陈即田，古音陈、田不分）在齐国最早出现的记载。齐桓公很赏识他，要他做卿官，他只接受了做管理工匠的职务。后来在反对权臣庆封的斗争中，田桓子积极地站在国君这边，在反对齐惠公的后代——栾氏、高氏的斗争中，田氏也站在国君这一边。这些斗争逐渐使田氏在齐国站稳了脚跟，而且政治、经济势力也越来越强大。

首先，田桓子用大斗出、小斗进的手段广为笼络人心。齐国原有的量具分两种进制，田桓子自己改用了统一的进制量具，比公家的量制明显增大。在往外借粮时，田桓子使用自己的家量，往里收回粮食时使用公量，虽然自己吃了亏，却赢得了广大百姓的好评。据说当时的民众大量逃往田氏门下，"归之如流水"，而田氏则把这些人藏起来，并不上报户数，称之为"隐民"。

凭借争取民心奠定的政治基础，又经过两次较大的斗争取得的胜利，公元前386年，周安王仿照当初"三晋"的例子，正式封田和为齐侯，即田太公。田氏在齐国的发迹，据《左传》记载，曾有"五世其昌""八世之后莫之与京"的卦辞。从公子完逃到齐国，到田桓子娶齐国君之女为妻，奠定田氏在齐的地位，恰好五代；至田襄子成为实际上的国君，恰好是八代。其实，这卦辞的"应验"很可能是后人根据历史事实造出来的。

纵观春秋战国时代三次以臣代君的重大历史事件，极有意味深长之感。三次卿大夫夺权虽各有不同，但其共同之处却还是存在的，那就是"得人心者得天下"这句老话。鲁国的季孙氏致力于笼络人心，晋国的赵氏倡行"仁政"，齐国的田氏煞费苦心地在百姓中树立威望就更不待言了。尤其是田氏，其八代奋斗历史值得后人好好地研究。

以臣代君说是阴谋也好，说是篡权也罢，若能符合民意、顺于民心也就有了成功的可能，至于如何评价它则见仁见智。我们在这里主要是想阐明《大学》的观点：有了人心的支持，便没有做不成的事。帝王也好，平民百姓也好，如果你是一个察人所想、急人所需的人，那你做起事来一定处处有贵人相助，顺风顺水。

5

身为人臣就要做到恭敬

为人臣，止于敬。

【译文】

作为属臣，他的言行要做到恭敬。

为上级分忧就是最大的"敬"

身为人臣首先要做到恭敬。《大学》中的真正意思是恭敬不是恭维，不是想费尽心机在言行上阿谀奉承，而是想方设法做好自己分内的工作，最大限度地替君王（上级）分忧，这就是最大的"敬"。

战国时期，赵惠王得到一个稀世珍宝——和氏璧。秦昭王听说后，派人给赵惠王送信，要求用十五个城邑换这块璧。赵王把大臣和将领们召来商量，大家都觉得很为难。秦国依仗自己国强兵盛，名为交换，实则强取。赵国若是同意交换，秦国得到璧必定不肯交城；赵国若是不同意，秦国就会借口向赵国出兵。最终，赵国决定派一个人去回复秦国。赵惠王左思右想，找不到合适的人。这时，缪贤推荐蔺相如。惠王想考察蔺相如能否当此重任，便把他召来问道："秦国要用十五个城换我这块璧，你看能换吗？"相如说："秦强赵弱，大王不能不换。"惠王又问："秦国拿了我的璧，又不给我城，怎么办？"相如说："臣下愿意为大王出使秦国。秦若将十五城划入赵国版图，臣下把璧留在秦国，秦若背信弃义，臣下一定将璧完好归还赵国。"惠王见相如果然有勇有谋，就同意他带璧出使秦国。

秦昭王在章台接见相如，他接过和氏璧，乐得眉开眼笑，拿给身边的大臣和美人们欣赏。相如见秦王绝口不提交城的事，就上前一步说："大王，这璧中不足，有一块斑点，让臣下指给您看。"昭王把璧还给相如，相如快步走到一根大柱子前，怒发冲冠，厉声说道："大王答应我国君主以城换璧，我国大臣认为秦国贪婪无信，不同意把璧送来。臣下以为平民百姓尚且不相欺骗，更何况堂堂大国呢？今臣见大王根本无意交城，所以把璧拿回来。大王若是逼臣，臣就将头和璧一起在这柱上撞碎。"说罢，握璧对着柱子。秦昭王怕撞碎了和氏璧，慌忙下座对相如好言道歉，又让人拿来地图，指划出给赵国的十五个城。相如看出昭王毫无诚意就说："和氏璧是天下至宝，赵王让臣下送璧时，曾经斋戒五天以示恭敬。现在大王接受此宝，也要斋戒五天，还请备下九宾的礼仪，这样臣下才能交出璧。"秦昭王无奈，只得应允。相如乘此机会派人偷偷把璧送回赵国。

秦王斋戒五天后设九宾之礼，请相如交璧。相如从容不迫地说："臣下怕大王欺骗赵国，已经将璧送回国了。秦国是强国，只需派一个信使，赵国就马上把璧送来了，现在若是交给赵国十五个城，赵王又怎敢欺骗大王不把璧献上呢？"昭王一听，气得半晌说不出话来，左右的人要把相如拉出去打死，昭王阻止说："算了吧，杀死他也得不到璧了，又何必为此事断绝两国的关系呢！"把相如放了。相如回到赵国，赵王称赞他说，因为他的勇敢才使赵国在强国面前维护了尊严，并封他为上大夫。

　　秦昭王又派使者通知赵王说，秦国愿与赵国修好，请赵王到渑池相会。赵王畏惧秦国，打算不去。蔺相如和上卿廉颇将军商议说："大王若不去赴会，就是向诸侯表示赵国弱小胆怯，这样做有损国威，应当去。"二人向赵王劝行，蔺相如自告奋勇为赵王保驾。

　　赵惠王和秦昭王各带随从到了渑池，见礼后，置酒宴会。饮到半酣时，秦王开口道："寡人听说赵王擅长音乐，今有瑟在此，请赵王奏上一曲。"赵王不敢推辞，只得奏了一曲。秦王拍手叫好，并命御史将此事记下来。御史记下："某年某月某日，秦王与赵王会于渑池，令赵王鼓瑟。"蔺相如见赵王受辱，挺身而出，对秦王说："我们赵王也听说秦王善于秦声，臣现奉上盆缶，请秦王击之，以相娱乐。"秦王怒容满面，没有吭声。相如立即取来盛酒的瓦器，跪请于秦王面前，秦王不肯击。蔺相如厉声说："大王难道仗恃秦国强大吗？现在五步之内，我蔺相如要将颈血溅到大王身上！"秦王身边随从叫道："相如不得无礼！"冲上前要杀蔺相如。相如怒目圆睁，大声叱责，把这些人都吓得退了回去，秦王惧怕相如，只得勉强击了一下。相如站起身，令赵国御史记上："某年某月某日，赵王与秦王会于渑池，令秦王击缶。"

　　秦国群臣不肯罢休，纷纷站起来喊："今日秦赵和好，请赵割十五城为秦王祝寿。"相如毫不退让，说："那么，也请秦割咸阳为赵王祝寿。"咸阳是秦国都城，秦国岂能割让，直到宴会结束，秦国也没压倒赵国。

　　赵惠王回国后认为蔺相如不畏强暴，又一次使赵国不受辱于秦国，功劳最大，拜他为上卿。

　　在这个故事中，我们可以看到，蔺相如之所以能拿出这样的勇气和智慧，很大程度上就源于他对赵王的"敬"，也正因为这个"敬"，历史上才有了蔺相如"渑池之会"这样的千古美谈。这也是后辈人臣、下属们最值得向蔺相如学习的地方。

6
身为儿女就要尽孝道

【原典】

为人子，止于孝。

【译文】

作为儿女，他的言行要符合孝道。

世间百善孝为先

世上至亲至近者当非父母莫属，父母的生养之恩是一个人一辈子都报答不完的。一个人对待父母的态度直接反映出他的道德水准。古语说：刑三百，罪莫重于不孝。通俗地讲就是不孝之人最可耻。正是这个孝道让我们的文明在亲情的温馨中延续了几千年。

在中国历史上，流传着许多关于孝的感人故事。

春秋时，陈留有位少年叫孙元觉，从小孝顺父母，聪睿机智，尊敬长辈。可是他父亲却极不孝顺，恨不得孙元觉的爷爷早点过世。

一天，孙元觉的父亲忽然把病弱的老父亲装在筐里，要把他扔进深山，元觉跪着请求，父亲不理，推车进山。他将老人扔在地上，转身要走，元觉却拾起筐说："我要带回家，到你老了，也要用它送你到这里。"

父亲大惊："你怎么能说出这种话？"元觉说："父亲怎样教育儿子，儿子就怎样做。"父亲悔悟了，忙把老人接回家，从此十分孝敬他。

汉文帝时，齐国太仓令（管理粮食仓库的官员）淳于意清正廉明，为人称道。他生有五女，常以无儿为憾。文帝十三年，淳于意因有失职守被处重刑。淳于意在被押解长安前抱怨只生女儿不生儿子，在遇到大事时实在没有什么好处！他的小女儿淳于缇萦对其父的遭遇不满。于是随父来到长安，给文帝上了一书："我的父亲淳于意作为齐地太仓令，齐地人民都说他办事公允、廉洁，现在因为犯事而被处重刑，我以为人死不能复生，重刑之下即使侥幸活下来也不能再过平常生活，虽然想要改过自新但也没路可走。所以我愿意为父赎罪，身入官府，作为奴婢，使得父亲能有悔过自新的机会。"书达文帝之后，文帝为其精神所感动，下诏免去淳于意的刑罚，并下令免去全国肉体之刑。

晋代的李密幼年丧父，母亲何氏改嫁，是祖母刘氏将他抚养成人的。李密对祖母十分孝敬，祖母有病时他都昼夜守护，亲尝汤药，并利用照顾祖母的空闲时间，刻苦读书。

李密曾在蜀汉做过小官，蜀亡后，因其才能出众被晋武帝任命为太子洗马。他上书晋武帝说："我自幼是孤儿，是祖母刘氏将我抚养成人的。现在她年老多病，经常卧床不起，离不开我的照顾。可您却叫我做官，我实在是左右为难。好在本朝提倡以孝治天下，对老人十分优待，现在我的祖母已经 96 岁了，可以说是'日薄西山，气息奄奄，人命危浅，朝不虑夕'。如果我去做官就无人为她送终。我今年才 44 岁，报效国家的时间还长，但孝敬祖母的时间却不多了。'乌鸟私情，愿乞终养。'"晋武帝看了他的上书后，很受感动，答应了他的要求。这样，李密一直等到为祖母送终以后，才外出做官。

通过这几个故事，我们看到了孝道之美。

儒家一直以来都认为，孝是伦理道德的起点。一个重孝道的人，必然是有爱心、讲文明的人。重孝道的家庭亲情浓郁、关系牢固；反之，必然是亲情淡薄、家庭结构脆弱容易解体。而家庭是社会的基础，可见，不重孝道将会影响到整个社会的稳定与和谐。正像李光耀指出的："孝道不受重视，生存的体系就会变得薄弱，而文明的生活方式也会因此而变得粗野。我们不能因为老人无用而把他们遗弃。如果为子女的这样对待他们的父母，就等于鼓励他们的子女将来也同样对待他们。"

孔子说："孝悌，人之本也。"这样就把一个"孝"字放在了所有价值之上。做人的根本也是做好自己的子女身份。此言并非只是一句伦理说教，而具有深刻的哲学思考，关乎我们一生成败，不可不知。

我们的全部生命得之于父母，我们的欢乐与父母息息相关。

孔子说："父母之年不可不知也，一则以喜，一则以忧。"又说："父母在，不远游，游必有方。"这些话都是至理名言。

人们不应该在失去时才知道拥有。

孔子生下来时父亲就死了，十几岁时母亲又死了，对母亲的无限追恋，对父亲的无限渴望使他深刻了解父母对人生成长的重要性，这是起源与本原，绝不可舍本逐末，绝不可本末倒置。

很多人离开家乡去外面打天下，有的成功了，有的没成功，都无一例外地蹉跎了岁月。他们或因成功而忙碌，没有时间看父母；或因一事无成而羞于见爹娘。于是就出现了这样一个现象：子女一去无回，等到终于有机会回到家中时，却发现父母老

孔子教学图

了、病了，甚至死了。为了避免"子欲养而亲不待"的悲剧重演，我们为人儿女的就应该从现在开始，把父母放在心上，力所能及地为他们多做些事。须知，一个"孝"字足可以显现一个人的人品高下。

7

身为父母就要做到慈爱

【原典】

为人父，止于慈。

【译文】

作为父亲，他的言行要体现慈爱。

最真挚的父爱是对孩子的未来负责

作为父亲对自己的孩子一定要体现出自己的慈爱之心。但要注意的是，这里的慈爱并不是溺爱，溺爱不是爱。真正的父爱是从实际出发，为孩子的未来着想，精心教诲，并且身体力行，以身作则。

曾国藩就是这样一个优秀的父亲，他学问深厚、见识广博、阅历丰富，还不忘对子女的严格要求，他把所有的经验、智慧、理想、兴趣、已成之志、未竟之业全部传递给了孩子。做曾国藩幸运，做曾国藩的儿子更幸运，他为儿子提供了远比一般人优越的生活条件和学习环境，同时，提供了一个又一个挑战困难和失败的机会，他把儿子看作他的躯体和心灵新的延续。

从道光十八年（公元1828年）曾国藩被点为翰林以后，他鲜有回家的机会。教育子女全依赖他在家书中对子女的殷殷教诲。从咸丰二年（公元1852年）到同治十年（公元1871年）的二十年中，他写给两个儿子近两百封信，包括其教子如何读书、作文、做人。在家书中，曾国藩不厌其烦地教育儿子，只求读书明理，不求做官发财。

如果说在此以前曾国藩还只不过是一个二品侍郎、团练大臣，并无实权，算不上是名贵，可在咸丰十年（公元1860年）以后，他身为总督，权绾四省，俨然是清王朝封疆大吏，而教子则更为严格：

凡世家子弟衣食起居无一不与寒士相同，庶可以成大器；若沾染富贵习气，则难望有成。吾忝为将相，而所有衣服不值五百金。愿尔等常守此俭朴之风，亦惜福之道也。其照例应用之钱不宜过啬。

尔在外以谦谨二字为主。世家子弟、门第过盛，万目所属。临行前，教以三戒之首末二条及力去傲惰二弊，当已牢记之矣。场前不可与州县来往，不可送条子。进身之始，务知自重。

读书乃寒士本业，切不可有官家风味。吾于书箱及文房器具但求为寒士所能备者，不求珍异也。家中新居富托，一切须存此意，莫做代代做官之想，须作代代做士民之想。门外挂匾不可写"侯府""相府"字样，天下多难此等均未必可靠，但挂"宫太保弟"一匾而已。

在赴天津议结教案之前，曾国藩料定此行凶多吉少，因此他在遗嘱中谆谆教诲儿子，时至今日读之仍令人感伤：

余生平略涉儒先之书，见圣贤教人修身，千言万语，而要以不忮不求为重。忮者，嫉贤害能，妒功争宠，所谓"怠者不能修，忌者畏人修"之类也。求者，贪利贪名，怀土怀惠，所谓"未得患得，既得患来之类也"。忮不常见，每发露于名业相伴、势位相峙之人；求不常见，每发露于货财相接、仕进相妨之际。将欲造福先去忮心，所谓人能充无欲害人之心，而仁不可胜用也。将欲立品先去求心，所谓人能充无穿窬之心，而义不可胜用也。忮不去，满怀皆是荆棘；求不去，满腔日即卑污。余于此二者常加伤治，恨尚未能扫除净尽。尔等欲心地干净；宜于此二者痛下工夫，并愿子孙世代戒之。附作《忮求诗》二首录后。

善莫大于恕，德莫凶于妒。妒者妾妇行，琐琐奚比数。己拙忌人能，己塞忌人遇。己若无事功，忌人得成功。己苦无党援，忌人得多助。势位敬相敌，畏逼又相恶。己无好闻望，忌人文名著。己无贤子孙，忌人后嗣裕。争名日夜奔，争利东西骛。但期一身荣，不惜他人污。闻灾或欣幸，闻祸或悦豫。问渠何以然，不自知其故，尔室神来格，高明鬼所顾。天道常好还，嫉人还自误。幽明丛谤忌，乖气相回互。重灾老汝躬，轻亦减汝祚。我今告后生，依然大觉悟。终身让人道，曾不失寸步。终身祝人善，曾不损尺布。消除嫉妒心，曾天雨甘露。家家获吉祥，我亦无恐怖。

知足天地宽，贪得宇庙隘。岂无过人姿，多欲为患害。在约每思丰，居困常求泰。富求千乘车，贵求万顶带。未得求速赏，既得求勿坏。芬馨比椒兰，磐固方泰岱。求荣不知餍，志亢神愈伏，岁燠有时寒，日明有时晦。时来多善缘，运去生灾怪。诸福不可期，百殃纷来会。片言动招尤，举足便有碍。戚戚抱殷忧，精爽日凋瘵。矫首望八荒，乾坤一何大。安荣无遂欣，患难无遽憝。君看十人中，八九无依赖。人穷多过我，我穷犹可耐。而况处夷途，奚事生嗟忾？子世少所求，俯仰有余快。俟命堪终古，曾不愿乎外。

在家书中，曾国藩教育子女不许有"特权"思想。他十分清楚，沉湎于权贵之中的子女，往往骄纵且不思进取。因此，曾国藩身体力行，戒奢、戒侈。他曾说：世家子弟，最易犯一奢字、傲字。不必锦衣玉食而后谓奢也，但任皮袍呢褂俯拾即是，舆马仆从习惯为常，此即日趋于奢矣。见乡人则嗤其朴陋，见雇工则颐指气使，此即日飞于傲矣。《书》称："世禄之家，鲜克由礼。"《传》称："骄奢淫使，宠禄过也。"京师子弟之坏未有不由于骄奢二字者。

曾国藩对于古训"身教重于言教"的理解十分深刻。他虽十分重视读书、做人的教育，可他却避免了高高在上、夸夸其谈的督责。他从自己学习的亲身体会出发，以商量的口吻、研究的态度中肯地指出儿子在学习中的进步与不足，因此收效十分显著。

他教育儿子学习、做事贵在有恒：

余生平有三耻：学问各途皆略涉其涯矣，独天文算学，毫无所知，虽恒星五纬亦不识认，一耻也；每做一事治一业，辄有始无终，二耻也；少时作字，不能监摹一家之体，遂致屡变而无所成，迟钝而不适于用，近岁在军，因作字太钝，废阁殊多，三耻也。尔若为克家之子，当思此三耻。推步算学，纵难通晓，恒星五纬，观认尚易。家中言天文之书，有《十七史》中各天文志及《五礼通教》中所辑《观象授时》一种。每认明恒星二三座，不过数月，可毕识矣。凡做一事，无论大小难易，皆宜有始有终。作字时，先求圆匀，次求敏捷。若一日能作楷书一方，少或七八千，愈多愈熟，则手腕毫不费力。将来以之为学，则手钞群书；以之从政，书案无留牍。无穷受用，皆自写字之匀且极生出，三者皆能弥吾之缺憾矣。

余生平坐无恒之弊，万事无成，德无成，业无成，已可深耻矣。逮办理军事，自矢靡他，中间本志变化，尤无恒之大者，用为内耻。尔欲稍有成就，须从有恒二字下手。

人生唯有常是第一美德。余早年于作字一道，亦尝苦思力索，终无所成。近日朝朝摹写，久不间断，遂觉月异而岁不同。可见年无分老少，事无分难易，但行之有恒，自如种种人生之气质，由于天生，本难改变，唯读书则可变化气质。古之精相法老，并言读书可以变换骨相。

明清用八股试士，八股文是读书人敲开官府大门的一块砖，曾国藩也是从八股文走上仕途的，然而，曾国藩却相当讨厌八股文。他对儿子提出：

曾国藩像

"八股文、试帖诗皆非今日之急务，尽可不看不作。至要至要！""纪鸿儿亦不必读八股文，徒费时日，实无益也。"岂止无益？而且有害。他说："万不可徒看考墨卷，汩没性灵。"曾国藩认为八股文桎梏思想、汩没性灵，这可以看出他对当时的八股文的认识是相当深刻的。还不止于此，他认为孜孜于八股文之中，终会使一个人学业无成，误了终身。他对六弟温

甫说："年过二十，已非年少，如果再挖空心思耗费精力于八股考试之中，将来时过学业仍不精，必有悔恨的一天，不可不早图谋改变。"他回忆自己走过的道路说："说实话，我从前也没看到这一点。幸亏科举早得功名，没受到损害。假如现在还没有中举，花几十年的时间去研摩写八股文，仍然一无所得，岂不让人羞惭？八股取士误人终身不胜枚举。"在他看来，举子之业并不是大者远者，大者远者是道德文章。这种见解比起那些死盯考卷、追逐名利之徒，实在是眼界高明得多，心境宽广得多。他进而认为汲汲于科举的人常常命意不高，不能写出好文章，不能吟成好诗。曾国藩生活在科举取士的时代，虽然自己并未把科举视为身外物，但他能对科举做如此彻底的揭露与批判，不能不令人佩服他的慧眼与胆识。

子弟没有做官时，曾国藩如此教育他们正确对待八股文和科举；子弟做官之后，曾国藩又常常教育他们正确对待权位和富贵。他对那位有几分傲气又有几分贪财的九弟的反复开导，最为突出。同治元年（公元1862年）五月，湘军既得安庆，正包围金陵，他警告两个弟弟说："若一面建功立业，外享大名，一面求田问舍，内图厚实，二者皆有盈满之象，全无谦退之意，则断不能久。此余所深信，而弟宜默默体验者也。"金陵即将攻破之时，他又告诫两个弟弟说："古来成大功大名者，除千载一郭汾阳（郭子仪）外，恒有多少风波，多少灾难，谈何容易！愿与吾弟兢兢业业，各怀临深履薄之惧，以冀免于大戾。"他害怕功败垂成，勉励弟弟须有极强的敬业精神；又怕成大功大名时飞来无名横祸，勉励弟弟须有临深履薄的畏惧之情。同时，他时时刻刻考虑后路，写信给在乡间的澄侯，嘱咐他"莫买田产，莫管公事。吾所属者，二语而已"，及至金陵攻克，兄弟封侯封伯之后，他又多次写信给颇有抑郁之气的九弟，劝他"功成身退，愈急愈好"。教他要兢兢业业，临深履薄，看透"万事浮云过太虚"的现实，放眼未来，经过千磨万炼，将自己再铸全人。

总之，曾国藩从自身自家免祸保泰的角度出发，虽封官封爵，全家鼎盛，仍慎重告诫子弟，千万"不可忘寒士家风味……吾则不忘蒋市街卖菜篮情景，弟则不忘竹山拗施牌车风景。昔日苦况，安知异日不再尝之？自知谨慎矣"。富不忘贫、贵不忘贱这是避祸保泰的一个基本立足点。故曾国藩"教诸弟及儿辈，但愿其为耕读孝友之家不愿其为仕宦之家"。他指出耕读孝友之家可以绵延五代、十代而不破败，天下官宦家庭，大多是荣华富贵享用一代就完了。子孙开始骄奢淫逸，接着是贫而到处流荡，最后死无葬身之所，庆幸能延长荣华一两代的已很少了。这是何等深刻的阅历！这是对千古历史现象的准确概括！

既已做了仕宦之家，曾国藩便力戒子弟不要习染官气。他教导说："吾家子侄半耕半读，以守先人之旧，慎无存半点官气。不许坐轿，不许唤人取水添茶等事。其拾柴、收粪等事须一一为之；插田、莳禾等事，亦时时学之，庶渐渐务本而不习于淫逸矣。至要至要，千嘱万嘱！"

8

与人交往要做到坚守信义

【原典】

与国人交，止于信。

【译文】

与人交往要做到坚守信义。

与朋友交往要以信义为底线

为人处世、结交朋友都要有一个原则，或者说是底线，这就是信义。

管仲和鲍叔牙两人都是春秋初期的著名贤臣。管仲，名夷吾，字仲。他幼年时常和鲍叔牙一起游山玩水，交情深厚，相知有素。后来管仲和鲍叔牙分别给齐国的公子纠和公子小白当老师。当时齐国的国君齐襄公非常残暴，经常不理朝政，荒淫无度，最后被大臣们杀死了。齐襄公死后，为了争夺王位，流亡在外的公子纠和公子小白展开了激烈的争斗，鲍叔牙和管仲也各随其主。最后公子小白夺得了君位，人们称之为齐桓公。公子纠出逃在外被鲁国人杀死，作为老师的管仲也成了囚犯。鲍叔牙得知管仲被囚，就对桓公说，管仲是个非常有才干的人，他能够不分处境地忠于自己的主人，这不但没有罪过，反而可见其人格。如果桓公能够重用他，一定能够成就霸业。齐桓公觉得鲍叔牙讲得很有道理，于是拜管仲为相国，位居鲍叔牙之上。管仲辅佐齐桓公，最后成就了齐国的霸业。

管仲曾说："我当初贫苦时，曾和鲍叔牙一起做生意，分财物时自己总是比他拿得多，鲍叔牙不认为我贪财，他知道我贫穷啊！我曾经替鲍叔牙办事，结果却帮了他的倒忙，使他处境更难了，鲍叔牙不认为我蠢笨，他知道时运有利有不利。我曾经三次做官，三次被国君辞退，鲍叔牙不认为我没有才干，他知道我没有遇到合适的时机。我曾经三次作战，三次逃跑，鲍叔牙不认为我贪生怕死，他知道我家里有老母亲。公子纠失败了，召忽为之而死，我也因此成了囚徒，鲍叔牙不认为我不懂得羞耻，他知道我不以小节为羞，而是以功名没有显露于天下为耻。生我的是父母，了解我的是鲍叔牙啊！"

管仲像

后来，人们用"管鲍之交"来表示知心朋友。唐代杜甫的《贫交行》里就有这个典故："君不见管鲍贫时交，此道今人弃如土。"

今天就朋友关系而言，如果朋友中的一方不能对对方尽一个朋友的义务，与其强迫他履行必要的责任，从而保持一种虚假的朋友关系，还不如及时采取措施，断绝过去的那种朋友关系，这样，反而对自己有好处。尽管这样一种处理方式并不能说是最好的、最完满的，但对在压力之下如何保持朋友往来来说，仍不失为一种积极的方式。

朋友之交，有忠诚信义的，自然也有背信弃义的，面对这样的事，我们又该怎么处理呢？

古时的义士对待朋友就是死也毫不畏避。栾布祭彭越，郭亮吊唁李固都是如此。王修请求厚葬袁谭，曹操赞美他的忠义。这是因为他们的用心完全合乎天理。后代的人都为利欲而奔走，把礼义看得很淡薄，朋友处有利可图就出卖朋友，国家事有利可图就出卖国家，这样的人对照古人的所作所为，还有何脸面活在世上呢？赵岐碰到孙嵩，张俭碰到李笃，他们非亲非故，却情同骨肉，坚守大义，甘愿承受被杀的危险。这些人才是真正的义士、真正的朋友！

为朋友之谊，不惜生命也要为朋友尽一点力，不肯辜负朋友的信任，不忍心看着朋友遭到大难而袖手旁观，这样的例子真是太多了。中国古人看人首先看他有没有义气，所以以义气为重的人是深受尊敬的。

朋友之间，还有一个知恩图报、不背信弃义的问题。

从一个人对待朋友的态度能够看到这个人的本质。

患难之中见真情，利害冲突见本性！真正称得上朋友的人，不是那种整天围绕在你周围，满嘴甜言蜜语，哄得你心花怒放的人；而是在你最困难的时候挺身而出，陪伴你一起疼痛、一起等待黎明曙光来临的人。

9

道德至善，民而能服

【原典】

《诗》①云："赡彼淇澳，绿（lù）竹猗猗②，有斐君子，如切如磋，如琢如磨③，瑟兮僴兮，赫兮喧兮，有斐君子，终不可煊兮④！""如切如磋"者，道学也；"如琢如磨"者，自修也；"瑟兮僴兮"者，恂慄⑤也；"赫兮喧兮"者，威仪也；"有斐君子，终不可煊兮"者，道盛德至善，民之不能忘也。

【注释】

①《诗》：见《诗经·卫风·淇澳》。这是一篇赞美卫国国君卫武公的诗。

②淇澳（yù）：淇，指淇水，在今河南省的北部，古属卫国。澳，指河岸弯曲的地方。猗猗：植物长得光泽茂盛的样子。

③斐（fěi）：有文采的样子。斐然成章，才华卓绝之意。君子：指卫武公。如切如磋：切，用刀切断，磋，用锉锉平。如琢如磨：琢，用刀雕刻，磨，用沙磨光。以上"切、磋、琢、磨"本是古代冶玉石器、骨象器的不同工艺方法。《尔雅·释器》里讲："骨谓之切，象谓之磋，玉谓之琢，石谓之磨。"这里的引申含义是指治学应如切磋骨器那样严谨，一丝不苟。指修身应如琢磨玉器那样精细，精进不休。

④瑟：这里为庄重的意思。瑟，"瑟"的假借字，原形容鲜洁的样子。僴（xiàn）：形容胸襟开阔的样子，此处为威武、威严的样子。赫：光明，显耀。喧：通"煊"，盛大，显扬。煊：《诗经》中作"谖"，遗忘，忘记。

⑤恂慄：惶恐，惧怯。这里为谦恭谨慎的样子。

【译文】

《诗经》里说："望那淇水岸边弯曲的地方，青绿色的竹子茂盛润泽。那富有文采的君子卫武公，他治学就像切磋骨器那样严谨、一丝不苟；他修身就像琢磨玉器那样精细，精进不休。他的仪表庄重威严，他的品德光明显扬。那富有文采的君子卫武公，教人终身不能忘怀啊！"诗中"如切如磋"，比喻精心求学；"如琢如磨"，比喻修养德性；"瑟兮僩兮"，是讲内心谨慎；"赫兮喧兮"，是讲仪表威严；"有斐君子，终不可谖兮"，是讲卫武公具有君子的美好品德，德性达到完善的境界，老百姓当然不会忘记他了。

得人心者得天下

"道盛德至善，民之不能忘也。"德性达到完善的境界，老百姓当然不会忘记他了。正如那句由来已久的古话："得人心者得天下。"无论是在历史上还是现实中，这句话一直都透着道德和智慧的光芒。

秦军在巨鹿打了败仗，可章邯还有二十多万人马驻在棘原。他上了一份奏章向朝廷讨救兵。秦二世和赵高不但不发救兵，反而要查办章邯，章邯觉得赵高肯定要害他，只好率领部下向项羽投降了。

章邯投降的消息到了咸阳，秦王朝内部即发生了混乱。那时候，秦朝的大权完全掌握在赵高手里。

公元前206年，刘邦的人马攻破了武关（今陕西丹凤县东南），离咸阳不远了，秦二世吓得直打哆嗦，连忙派人叫赵高发兵去抵抗，赵高知道不能再这样下去了，就派心腹把秦二世逼死。

赵高杀了秦二世，召集大臣们对他们说："现在六国都已恢复了，秦国不能够再挂个皇帝的空名，应该像以前那样称王。我看二世的侄儿子婴可以立为秦王。"这些大臣都惧怕赵高的权势和为人的狠毒，只得点头称是。

子婴知道赵高杀害秦二世，想自己做王，只是怕大臣们和诸侯反对，才假意立他为王。子婴和他的两个儿子商量好，到即位那天，子婴推说有病不去，趁赵高亲自去催子婴的时候，就把赵高杀了。

子婴杀了赵高后，派了五万兵马守住峣关（今陕西商县西北）。刘邦用张良的计策，派兵在峣关左右的山头插上无数旗子，作为疑兵，另派将军周勃带领全部人马绕过峣关正面，从东南侧面打进去，杀死守将，消灭了这支秦军。

刘邦的军队进了峣关，抵达灞上（今陕西西安市东）时，秦王子婴带着秦朝的大臣来投降。子婴脖子上套着带子（表示请罪），手里拿着秦皇的玉玺、兵符和节杖，哈着腰等在路旁。

刘邦手下的将军主张把子婴杀了，但是刘邦说："楚怀王派我攻咸阳，就因为相信我能待人宽厚，再说，人家已经投降，再杀他不好。"说完，他收了玉玺，把子婴交给将士看管起来。

这样，秦始皇建立起来的想千秋万代的秦王朝，仅仅维持了十五年就在农民起义的浪潮中灭亡了。

刘邦的军队进了咸阳，将士们纷纷争着去找皇宫的仓库，人人都拣值钱的金银财宝拿，闹得乱哄哄的。只有萧何不为这些东西所动，他先跑到秦朝的丞相府，把有关户口、地图等文书档案都收了起来，保管好。

刘邦在将士的陪同下，来到了豪华的阿房宫。他看到如此富丽堂皇的宫殿，摆设好看得让人目不暇接，还有许许多多美丽的宫女。他在宫里待了一会儿，不想离开了。这时候，他的部将樊哙闯了进来，说："沛公要打天下，还是要当个富翁呀？这些奢侈华丽的东西使秦朝亡了，您还要这些干吗？还是赶快回到军营里去吧！"刘邦不听他的话，说："让我歇歇吧。"恰巧张良也进来了，听到樊哙的话对刘邦说："俗话说忠言逆耳利于行，良药苦口利于病。樊哙的话说得很对呀，希望您不要犯秦王朝一样的错误，正是这些东西把秦王朝给葬送了！"

刘邦一向很信任张良，听了他的话，马上醒悟过来，吩咐将士封了仓库，带着将士仍旧回到灞上。

接着，刘邦召集了咸阳附近各县的父老，对他们说："你们被秦朝的残酷法令害苦了。今天，我跟诸位父老约定三条法令：第一，杀人的偿命；第二，打伤人的办罪；第三，偷盗的办罪。除了这三条，其他秦国的法律、禁令一律废除。老百姓可以安居乐业，不必惊慌。"

刘邦还叫各县父老和原来秦国的官吏到咸阳附近的各县去宣布这三条法令。

百姓听到了刘邦的约法三章，高兴得不得了。大伙儿争先恐后地拿着牛肉、羊肉、酒和粮食来慰劳刘邦的将士，刘邦好言好语地劝他们把这些东西拿回去留着自己吃，他说："粮仓里有的是粮食，你们不要再费心了。"

从那时候起，刘邦的军队在关中百姓心中留下了良好的印象，人们都巴不得刘邦能留在关中做王。

这就是典型的"民之不能忘"。人民不能忘的是这些事，更是做事的人。也许刘邦的道德水准并不算太高，可至少他能明白这个道理，并且做到了，这就是值得称道的一件事。

10

贤贤亲亲，民之不忘

【原典】

《诗》云："于戏！前王不忘①。"君子贤其贤而亲其亲②，小人乐其乐而利其利，此以没世不忘也③。

【注释】

①《诗》云句：见《诗经·周颂·烈文》篇。于戏（wū hū），即"於戏"，音义同"呜呼"，叹词，相当于现代汉语的"哎呀"。前王，指周文王。这里泛指古代贤王。

②贤其贤：前一个"贤"字用作动词，意为尊敬之意。后一个"贤"字用作名词，指贤明君子。亲其亲：前一个"亲"字意为热爱，后一个"亲"字，意为亲族。

③乐其乐：两"乐"字都是快乐的意思。前"乐"字用作动词，意为以小人之乐为乐。利其利：前一个"利"字，用作动词，意为让百姓获得利益。后一个"利"字，意为利益。此以：因此。没世：终身，一辈子。

【译文】

《诗经》里讲："哎呀！前代贤王的品德永不被人遗忘。"那是因为后世的君王崇敬品德高尚的前代贤王，热爱创立基业的前代亲人，平民也享受到遗留的利益。因此，这就是前代贤王永垂千秋而不被人们遗忘的道理。

治国之道，仁德为本

在上面这句话中，《大学》再一次重申了它所提倡的治国之道——仁德为本。关于这一点，很多儒家代表人物都一再强调过。

《史记·孟子荀卿列传第十四》中记载有孟子的故事。

众所周知，孟子以雄辩著称，他非常注重把握对方的心理，然后采取有针对性的辩术与对方交涉。孟子还是战国时期有名的大学者，他为人慈善，主张"仁政"，因此在与君王雄辩的过程中，他总是不失时机地向对方宣扬自己的"仁政"思想。

有一次，齐宣王向孟子请教说："齐桓公、晋文公都曾在春秋时代称雄做霸主，建立了旷世基业，您可以给我讲讲他们的事吗？"

孟子历来不主张霸道，于是他说："关于他们的事我没听说过。如果您一定要我讲，我就给您讲讲用道德的力量统一天下的'王'道吧！"

齐宣王问："道德还能统一天下吗？它真的有如此大的威力吗？要有怎样的道德才能统一天下呢？"

孟子说："为老百姓的生活安定而努力，时时处处为百姓着想，这样就可统一天下。"

齐宣王问："像我这样的人，能够做得到吗？"

孟子说："能够。"

齐宣王问："您凭什么知道我能够呢？"

孟子说："我曾听胡龁讲过您的一件事。胡龁告诉我说，有一次您坐在大殿上看见有人牵着一头牛杀气腾腾地从殿下走过，您便问道：'牵着牛干什么去？'那人回答说：'准备杀了祭神。'您就说：'放了它吧！看它那哆哆嗦嗦可怜的样子，它毫无罪过，却遭杀害，我实在不忍心。'那人便问：'那么就废除祭神这一礼节吗？'您说：'怎么可以废除呢？就用只羊来代替这头牛吧！'"说到这儿，孟子看看齐宣王，又说："不知道是否真有这回事？您还记得吗？"

齐宣王说："是有这回事。"

孟子说："凭这种好心就可以统一天下了。"

齐宣王不解地问："我的不忍之心和王道相合，竟会这么神奇吗？这是什么道理呢？"

孟子说："假如有个人对您说：'我可以举起3000斤重的东西，却拿不起一根羽毛；我可以看见鸟的细毛，却看不见摆在眼前的一车木柴。'您肯相信这人的话吗？"

齐宣王说："我是不会相信的。"

孟子马上接着说："一根羽毛都拿不起来，这是不肯用力罢了；一车木柴看不见，只是不肯用眼睛而已。只要愿意，就能办得到。"

"如今您的不忍之心足以使那头牛得以不死，却不能使老百姓得到好处，这是为什么呢？依我看，百姓得不到安定的生活，只是您不肯施恩的缘故，您是有这个能力的。"孟子接着说道。

齐宣王问："那我该怎么办呢？"

孟子说："您应从根本上着手，彻底改革政治，施行仁德，使幼有所教，老有所养，百姓幸福太平。这样，天下的人都愿来齐国做官，庄稼汉都愿到齐国来种地，商人们都愿意到齐国来经商……真能做到这样，又有谁能抵挡得了您呢？道德不就成就王道了吗？"

齐宣王听了，连声说："说得对，说得对。寡人立即照办！"

三

听讼、格物致知章：
凡事要从根本上解决问题

在听讼、格物致知章中，《大学》从审理诉讼说起，把"格物致知"的重要性阐述得淋漓尽致。要解决问题，首先要知道问题出在哪里，知道导致问题的根源，然后"对症下药"，这样才能彻底地把问题解决。而要做到这些，就一定要把握事物的本质，对事物的存在和发展过程有一个彻底的认识，这就是"格物致知"。

1

审理诉讼一定要公平公正

【原典】

子曰："听讼，吾犹人也，必也使无讼乎①！"

【注释】

①子曰句：这段话见《论语·颜渊》篇。子，孔子。听，听取，判断。此处指审理。讼，诉讼，争讼。犹人，与其他人一样。人，别人。

【译文】

孔子讲："审理诉讼（打官司），我与其他人一样，能做到将案情断得公正分明，以此使诉讼这类事件根本不发生，达到绝迹才好。"

遇到棘手的事要细细查清缘由

审理案件、主持官司首要的一点就是公平公正，不要使好人受到冤屈，也不要让坏人逃过惩治，只有把这一点做到位了，才可以杜绝诉讼事件的发生。

那么，具体怎样做才能做到公平公正呢？孔子还说过一句话，对此做了进一步的解释阐述："众恶之，必察焉；众好之，必察焉。"孔子的意思是："大家都讨厌恶的人或事，不要轻易相信，必须自己加以考察后做判断；大家都认为好的人和事，也不要随从，还要自己再观察，然后做结论。"

孔子提出的"众恶之，必察焉；众好之，必察焉"的主张，既抓住了人们认识并判断事物的错误所在，又恰到好处地点明了正确认识、判断事物的途径和方法，有些事既不要轻易相信，也不要轻易怀疑。它是我们处理纠纷、争论对错时不可忽视的重要策略。历史上大量正反事例也反复印证了它的必要性。

周公曾辅助周武王灭殷建立周朝，不幸，武王灭殷后就病重不起。在武王生病期间，周公十分担忧，便写了一篇祷文，请求上天让自己代武王而死。史官把周公的祈祷记在典册上，放进用金绳索捆的匣子里珍藏起来。武王逝世后，武王的儿子成王继位，因年纪小不能管理国家大事，就由周公代理。这时，周公的哥哥管叔鲜、弟弟蔡叔度等人对周公代管政事大为不满，一方面到处散布流言，说周公要篡夺王位；另一方面组织力量联络已归降周朝的纣王儿子武庚，策划叛乱。周公为避开锋芒，只好避居东都。周成王对这

周武王像

些传言，将信将疑。一方面，他看到周公不但在武王执政时期表现出忠心耿耿，尤其在自己年幼即位时，他代管朝政处理政事井井有条，对自己、对母后也是毕恭毕敬，当自己长成能亲政时，毫不犹豫地把政权交给自己，由此看来，流言不可信。可是不相信吧，又觉得周公是先朝元老，自己年轻力量单薄、根基不牢，流言也绝非空穴来风，一时拿不定主意。不过他并未贸然对周公采取非礼的行动。不久，成王发现了周公所写的祷文，才深切地了解到周公对周王朝的忠诚，很受感动，于是派人接回周公，帮助治理国家，并派他率领部队平定了武庚、管叔鲜和蔡叔度的叛乱。

因此，对于众人的意见、社会的传言信还是不信，都不能盲目，既不要盲目相信，也不要盲目不信。正确的态度、重要的途径是必须"察"之。察传言所讲事物的原委、内情，察自己对传言所指对象的了解深度、广度和正确度，尤其要察散布传言者的动机、目的，有了这几"察"，才能尽量不做出错误的举动。

2

让不法之徒不得"尽其辞"

【原典】

无情①者不得尽其辞②，大畏民志③。

【注释】

①无情：不是真实情况。

②尽：竭尽。辞：指狡辩的厥词。

③畏：作动词用，意为"让……敬服"。民志：民心。

【译文】

圣人能使那些心中奸诈不实之徒不敢随便说尽他们那狡辩的厥词，并且引导他们搞好自身修养，从而使民众敬服盛德，没有争讼打官司的。

看清事实真相，让坏人无以狡辩

不论是古代的君王还是今天一般的人际交往，谁都希望自己能有一双"火眼金睛"，以便看清事实的真相，看清小人、坏人的真面目，从而让他们无以狡辩。但与此对应的是人们的利益出发点不同，品行与能力各异，更有的人为一己之私千方百计掩盖真相，所以，找到看清事实真相的方法是十分重要的。

《史记·田敬仲宪世家第十六》中记述了这样一个探究事实真相、亲查贤愚的故事。

一天，齐威王问众大臣："咱们齐国 120 座城邑，哪个城邑的大夫治理得最好？哪个城邑的大夫治理得最差？"众大臣七嘴八舌地议论了好一阵，最后，有许多大臣说："阿城大夫最有才能，最会办事儿，阿城治理得最好。即墨城邑的大夫最愚笨，办事儿死板，即墨城治理得最差。"齐威王想阿城与即墨两地离齐都都很远，这些大臣们也未必到过这两个地方，为什么异口同声地一褒一贬呢？想到这里就说道："好，你们先退下，我将根据你们大家的意见进行处理。"

众大臣退朝后齐威王与邹忌商量，齐威王说："许多大臣说阿城治理得好，究竟好在哪里；说即墨城治理得不好，不好在哪里，我想先派人做些了解，你看如何？"邹忌表示同意，齐威王又说："我就派你去访察，但必须暗中进行，免得他们弄虚作假。"

邹忌微服私访后把调查到的实际情况向齐威王作了报告。

不久，齐威王将阿城大夫和即墨大夫召到京城述职。上朝的那天文武百官都到齐了，众大臣都知道今天要处治即墨大夫。因为他们已向齐威王奏禀过——即墨大夫最差。

齐威王慢慢地站起来，眼睛扫视了一遍大臣，然后转向即墨大夫问道："即墨大夫，自从你到即墨城为大夫，这些年来常常有人来告你的状，说你把即墨地方治理得一团糟，你自己是怎么想的？"许多大臣一听，根根汗毛陡竖。

即墨大夫老老实实地说："我自己也说不出，我本想把事情办得好些，可总办不好，不能令人满意……"替他担心的人心里说：到了这种时候你还不赶紧辩白，还窝窝囊囊，真叫人着急！这时齐威王又问阿城大夫："阿城大夫，自从你到阿城有好多大臣对我说你把阿城治理得很好，是这样吗？"在阿城大夫正欲回话的时候，齐威王突然把脸一沉提高了声音说："我已派人到这两处访察过了。阿城治域，土地荒芜，百姓面黄肌瘦，许多到外地逃荒行乞的连话都不敢说，只能暗地里叹气。有一次赵国派兵攻打过来，阿城大夫不但没有好好组织防守，事后还谎报军情邀功骗赏。平时不管百姓死活，只顾搜刮钱财以肥自己的私囊。还不时向朝廷有关的大臣送财、送礼，求他们替自己说好话，这就是阿城大夫治理阿城的政绩！"

停了一会儿，齐威王又转过头去看了看即墨大夫说道："即墨城治域内，庄稼长得整齐茂盛，官吏们办事认真、尽职工作、老老实实、勤勤恳恳，这正是我们需要的好官员！"

齐威王说完后，随即宣布："加封即墨大夫一万户的俸禄！"

齐威王扫视了大家一眼，又回头对阿城大夫说："像阿城大夫这样的官，不惩治行吗？这样专靠贿赂买动人情巴结上司的贪官污吏，要了何用？"

齐威王又对朝中那些只顾贪私、颠倒黑白的大臣说："我在朝中，外面的情况全靠你们提供，你们应当是国君的左右手，应当是国君的耳朵和眼睛。你们竟有人昧着良心把好的说成坏的，把坏的说成好的，这不是颠倒黑白吗？听你们的岂不坏了大事？"

自此以后，官员悚然戒惧，不敢再弄虚作假，大家都认真做事。齐国大治，成为强国。

是非不是说出来的而是事实本身表现出来的。要想得到实情，除实地考察别无选择。齐威王之所以能避免两起错案，让小人无以狡辩，就在于他运用了在实际中调查研究的方法。

再进一步分析，齐威王能够在人言鼎沸的时候保持冷静，明察细辨，其重要的原因还是来自于道德的层面：心中无私。只有无私之心才会产生公平正确的行动。对于心存偏见、持有私心者言，三人成虎；对于心底无私、以天地为心者言，万物不惑。

3

认识得彻底才是"知"的最高境界

【原典】

此谓知本①，此谓知之至也。

【注释】

①本：根本的道理。

【译文】

这就叫做认识根本的道理。这就叫做认识的彻底，即是进入"知"的最高境界。

学习就要"入乎其内，出乎其外"

有些事情看似容易却不是一般人能做到的。要做到认识彻底这一点，不仅需要清醒的头脑、足够的学识和阅历，更需要平日里细心观察和思考，不断地总结前人的经验，不断地实践，最后才有可能达到"知之至"的境界。

读《大学》是为了学习做人做事，但真正的学问并不全在书本上。真正的学问是要"入乎其内，出乎其外"，用通俗的话来讲就像学生读书，先是要把书通读，进入其中，然后要把书读厚，从一个论题衍出另一个论题，从一个知识点发散出其他知识点，将知识融会贯通。然后才要把书给读薄，将其中的重点归纳整理出来，将众多的知识点汇聚到一起，抛弃其中熟知的、无用的东西，然后和现实相结合，最好能把世间的事物本质统统看透，并以此来指导自己的人生实践。这样才算是学得彻底了。

《红楼梦》中有一个对子："世事洞明皆学问，人情练达即文章。"对世事都洞明、透彻了，这是真学问，对人情世故都通达了，那是大文章。一个人的修养若能达到这种境界，就是很了不起的了。真正明了、练达了世事人情，那才能真正明白这段话的含义。

另外，错误和失败并不一定是坏事，只要懂得去总结整理，错误和失败也是一笔财富，而且可以向着成功转化。这也是世事洞明皆学问的道理。

我们的生命是有限的，所以我们所经历的不论是成功还是失败，都是我们人生中宝贵的财富，而对大多数人来说所经历的失败会远远多于成功，如果因此而自认为是个失败者，那就不免浪费了生活赐给我们的珍宝。

在有限的生命里使自己成为一个洞明世事、练达人情的智者，而不要用寻常人的眼光早早将自己限定为一个成功者或是失败者，这才是超然于物外的明智。

唯有如此，才能达到知的最高境界。

诚意章:君子当"慎其独"而"不自欺"

　　"诚",自古以来就是做人的至高境界。宋朝大儒朱熹针对这一章的内容,说"诚意"是"自修之首"、"进德之基"。《大学》认为,"诚意"做人的关键是"慎独"、"不自欺"。"慎独"是儒家学说中一个很重要的概念:一个人在独处时最容易对自己放松戒备,从而把自己最真实的本性表现出来,如果在这时仍然能够做到像往常一样严格要求自己,表里如一,这样就算真正达到"诚意"的境界了。

1

诚意的关键在于不自欺

【原典】

所谓诚其意①者，毋②自欺也。如恶恶臭③，如好好色④。此之谓自谦⑤。故君子必慎其独也。

【注释】

①诚其意：意，指意念。使意念诚实。诚，动词。

②毋：不要。

③恶恶（wù è）臭：前一个"恶"字，意为讨厌、厌恶。恶臭，指污秽的气味。

④好好（hào hǎo）色：前一个"好"字，意为喜好、喜爱。后一个"好"字，意为美丽的。色，指女色、女子。好好色，喜好美丽的女子。

⑤谦：同"慊"，满足，惬意。

【译文】

所谓使自己的意念诚实，就是说不要自己欺骗自己。就如同厌恶污秽的气味那样厌恶邪恶，就如同喜爱美丽的女子那样喜爱善良。只有这样，才能说自己的意念诚实，心安理得。所以道德修养高尚的人必须谨慎地对待独处的时候，使自己规行矩步。

（1）君子必慎其独

关于自身品性的修养，儒家思想最为推崇古代圣贤们所传下来的"慎独"理念，在《大学》中就有多处强调"慎独"的重要性。

所谓"慎独"，就是独处时的自律。切不可人前一套，人后一套，要做君子就要表里如一，做一个彻彻底底的君子。

一位哲人曾说："即使你独自一个人时也不要做坏事，而要学得比在别人面前更知耻。"宋朝陆九渊也说："慎独即不自欺"，意思是说慎独就是不自欺欺人。古圣先贤之所以倡导慎独这种道德修养方法，是因为里面的确包含着合理的东西，它是一种自我立法，是一种自我珍惜，是一种自我保护、自我负责。

的确，一个人在不受任何外力所约束的情况下表现出的一言一行、一举一动最易察见其本性，所以，不要因为没有人察觉就放纵自己的恶习。

东汉年间，有个叫杨震的人，饱读诗书，德行也高，被称为"关西夫子"。那时，政治腐败，贪官污吏多如牛毛，而杨震却能"出淤泥而不染"。他家都是布衣粗食，经常吃不上肉。有人劝官位越来越高的杨震起码应该为子孙后代留下点产业。杨震一笑置之说："我的家人能让后世称作清白官吏的子孙，这种遗产不是比钱财更有用吗？"

杨震任荆州刺史时发现一个叫王密的人，才华出众，便向朝廷举荐。朝廷便委任王密为昌邑县令，王密对杨震十分感激。

几年以后，杨震调任山东东莱太守，上任途中路过昌邑，王密一直记挂着杨震的恩德，非常热情地招待了他。晚上，王密独自到杨震下榻的馆

驿拜望，寒暄一阵之后，王密关上了门，从怀中掏出一个布包，对杨震说："学生能有今天，全靠恩师栽培，这十两黄金不成敬意，还望笑纳。"

杨震很是惊讶，他严肃地说："当初我推举你，是因为看你很有才学，也认为你很懂礼。但从今天这事看来，你并不了解我，赶紧收起来吧！"

王密以为杨震不收是怕人坏了名声。于是凑近杨震低声说："天黑了，没有谁会知道，您就放心地收下吧！"

一听这话杨震脸色都变了。他斥责道："你送黄金给我，自有天知、地知、你知、我知，怎么能说没谁知道呢？自古以来君子慎独，意思就是说即使在独自一人的时候，仍然不做问心有愧的事。我们哪能以为没人知道就做出违背道德的事情呢？我希望你不要让我后悔我的推荐！"

王密羞愧难当急忙起身谢罪，收起金子走了。据说经过这次教训，王密后来也成为一个十分廉洁的官员。因为杨震认为自有天知、地知、你知、我知，故他把自己的书房题名"四知堂"，他本人被美誉为"四知先生"。

古代君子"慎独"从本质上显示了儒学的"内圣"精神。也正所谓"欲胜人者，必先自胜；欲论人者，必先自论；欲知人者，必先自知"。在人生修养的整个过程中，"慎独"之道就在于培养和强化人的自重、自爱、自律意识。一个人不能自重便失去了人格意义上的自爱，没有自重、自爱也就很难做到严格自律。一般说来，在一个单位、一个团体乃至一个国家中，人群中自律意识的弱化，当其处于少数时，尚无碍事兴人和的大局；当其人数剧增，尤其是管理层和骨干分子的人数达到一定数量时，便会正气难扬、歪风渐长。这一点值得我们高度警惕。古人尚知慎独自律之重要，现代文明人更应好自为之。

在城市熙熙攘攘的人群中，冲闯红灯、乱扔垃圾、随地吐痰等不文明行为还相当普遍，而且已成为某些人的一种顽疾。我想最根本的办法还是要增强全体市民的公德意识，特别要提倡和学习在公德面前保持慎独的精神。

不但佛家重视"慎独"，"慎独"也是儒家讲修养的一种非常重要的境界。个人独处，他人不知，这有两种情况：一种是做的事别人不知道；另一种是你只是有一种想法但没有实施，别人更不会知道。在这个时候，如果能够严格地按照道德规范去做，也就真正做到了"慎独"。

独自一人的时候，自己的所作所为、所思所想能否保持正直，这对一个人来说是十分重要的，同时它也体现了一个人道德水准的高低。每个人都有独处的时候，人往往就是在这些时候会有邪念，或者做自己知道不对从而在别人面前不敢做的事。就是因为这一点产生了许多罪恶，这是十分可怕的。独处时没有外界的干扰，不会有人注视你，从而也就不会顾及面子问题；同时由于寂寞思想便活跃起来，总要想些什么、做些什么，一个有高尚的品质和高度的自律能力的人，能够在享受寂寞的同时思考一些或者做一些有意义的事。

然而，要真正做到"慎独"并不是一件容易的事。正是因为"独"从而导致很多人不"慎"。既然没有人看见，自己做了什么别人也不会知道，那么我就可以放纵一下自己了。就是在一次次的不"慎"中，一个人的道德水平在下滑，其丑陋的一面在扩大，总有一天会滋生出罪恶。世间的诱惑是多种多样的，它们总是在人们孤独的时候来袭，如果人们抵抗不住就有可能被拉下深渊。

"慎独"应该是一种内在的要求，人们只有把道德变成自己内心的一种要求，才能够真正实践"慎独"。我们"慎独"并不是为了别人而是为了自己，为了自己能够在时时刻刻做一个高尚的人，做一个值得别人和自己尊敬的人。

（2）严于律己宽以待人

"慎独"的含义是相当广泛的，它另一个层面的意思就是在"严于律己"的基础上"宽以待人"。如果一个人不是严于律己、宽以待人，而是宽以待己、严于律人，总是认为自己是最正确的，别人总是不如自己，其实这就是一种没有修养的表现，同时也与"慎独"的精神背道而驰。

认为事事都是自己高明正确、完美无缺的人是看不到自己身上的不足之处的。骏马能历险，犁田不如牛；坚车能载重，渡河不如船；尺有所短，寸有所长；金无足赤，人无完人；要学人之长，补己之短；人各有优点，各有不足。每个人都要多看别人的优点和长处，多想自己的问题和不足，不断地加以改进和克服。只有这样才能得到长足的进步和不断的提高。

汉文帝六年（公元前158年），匈奴大举入侵边关，文帝命宗正刘礼为将军，屯军灞上；祝兹侯徐厉为将军，驻军棘门；河内郡守周亚夫为将军，驻守细柳（今陕西咸阳西南）。三军警备，以防匈奴入侵。

文帝亲自去慰劳军队，到了灞上和棘门，军营都可直接驱车而入，将军和其下面的官兵骑马迎进送出。接着去细柳军营，营中将士个个披着盔甲、手执兵器，刀

汉文帝像

出鞘，弓上弦，拉满弓，持战备状态。文帝的先导驱车门下，不得入。先导说："天子就要到了！"守卫军门的都尉说："将军有令：军中只听将军命令，不听天子的诏令。"等了一会儿，文帝到了不得入营。于是文帝派使者手持符节诏告将军："我要入军营慰劳军队。"周亚夫才传令打开营门。营门的守卫士兵对皇帝随从人员交代说："将军规定：军营中不准车马奔驰。"于是文帝的车便控着缰绳慢慢走。到了营中，将军周亚夫手持兵器向文帝拱手说："身着铠甲的将士不行拜跪礼，请允许我以军礼参见。"天子深受感动改换了姿态，靠在车前横木上向军队敬礼。劳军仪式结束后出了营门，群臣都非常惊讶。文帝称赞道："这才是真正将军呢！以前见过的灞上和棘门的军队，好像小孩子做游戏。那里的将军遭袭击就可成为俘虏。至于周亚夫敌人能有机会冒犯他吗？"文帝对周亚夫赞美了很久。

　　一个多月以后，三支部队撤兵，文帝便任命周亚夫做中尉负责京城的治安。周亚夫的治军给文帝留下了深刻的印象，文帝临死时嘱咐告诫太子刘启（后来的景帝）说："国家若有急难，周亚夫真正可以担当带兵的重任。"文帝逝世后，景帝即位，任用周亚夫做车骑将军。

　　周亚夫治军严字当头，连皇帝也不例外，可谓严得相当彻底了。

　　在"严"字上，贵在一律，最犯忌的是对人严，对己宽；或者对下严，对上宽。因为这都不是真正的"严"，而是假冒伪劣的"严"。这种假"严"对人对己、对上对下都是有害的。正如汉文帝评语："皆儿戏耳。"同一个人一会儿唱红脸，一会儿唱黑脸。岂不如同做儿戏一样吗？汉文帝的评语形象而生动，衬托出周亚夫治军是真正的严，所以汉文帝不仅没有怪罪周亚夫，反而通过这件事发现了人才，并加以提拔重用。

　　古有明训："严于律己，宽以待人。"对于我们自身的小过失理当严加戒律、严加苛责，这是关于修身的问题不可轻视。否则这些小过失、小缺点会在我们今后的发展中给我们致命的一击。但是对于别人的小过失我们却该给予宽容的态度，切不可再度加以谴责而伤了他人的自尊，影响彼此之间的和气。而对于朋友推心置腹相告知的秘密更当视同自己的秘密来保守，千万不可当众揭露，甚至四处张扬。所谓"君子扬善不扬恶"就是这个道理。若是将别人的隐私揭露并宣扬则将使人无地自容，也造成了彼此间的怨隙。这不是有品德的人所为，即使你想利用此来击败你事业上的竞争对手，那你的人格也会被人唾弃，你也不会真正快乐，因为这种人是卑鄙的、让人不齿的，是真正的小人。试想古往今来有几个小人善其终又真正快乐地享受过人生的！相反，一个人有容人雅量，有品德之美，那真正的朋友都会慕名而来，你的人生不一定显赫，但一定幸福。

2

诚于中，形于外

【原典】

小人闲居①为不善，无所不至。见君子而后厌然②，揜其不善，而著其善③。人之视己，如见其肺肝然，则何益矣。此谓诚于中，形于外④。故君子必慎其独⑤也。

【注释】

①闲居：独居，独处。

②厌然：厌，掩藏。

③揜（yǎn）：同"掩"，遮蔽之意。著：显明。

④诚：实际。中：心中。形：动词用法，暴露，显露。

⑤慎其独：独，指独处。在独自一个人的时候要谨慎不苟，规行矩步。

【译文】

那些没有道德修养的人，在闲居独处的时候，无论什么坏事都做得出来。当他们见到那些有道德修养的人时，却又躲躲藏藏企图掩盖他们所做的坏事。而装出一副似乎做过好事的模样，设法显示自己的美德。其实别人的眼睛是雪亮的，看透这些坏人坏事，就像是见到他们的五脏六腑一样，那么这种"隐恶扬善"的做法，又有什么益处呢？这就是说，人有什么样的实际德行，外表就必然会有什么样的言行表现。所以有道德修养的人必须谨慎地对待独处的时候，即使独处之时，也要使自己规行矩步。

人们的眼睛是雪亮的

自私自利虽然是人的本能，然而有的人因为十分注意自己的道德修养，所以，时时警醒自己，不敢越雷池一步。另外有一些人则私心过重又没有一定的道德基础，有时为了一己之私而不择手段。这些人大多自以为聪明，总以为坏事做得滴水不漏，却不知人们的眼睛是雪亮的。"多行不义必自毙"，这样的人也只能躲得过一时而已，迟早会有身败名裂的那一天。

秦桧就是一个为非作歹的人，而他最终得到了应有的惩罚。

秦桧的孙子秦埙准备参加科举考试。在秦桧的所有孙子中他最宠爱的就是秦埙，秦桧在秦埙很小的时候就悉心调教，未尝离膝下。虽然秦桧在其儿子秦熺面前总是一副严肃古板的样子，可是一见秦埙马上就眉开眼笑，成了个慈祥的祖父了。

秦埙很聪明，自幼从师学习，虽然刚满十八岁，才学已经不错了。不过科举考试集中了全国各地的读书人，其中人才济济，秦桧不能不为秦埙担心：毕竟他人小、见识少、阅历浅，落榜不是没有可能的。况且秦桧不但想要秦埙高中而且还要状元及第，这可不是一件易事了。秦桧为此事煞费了一番苦心，作了精心的筹划。

中书舍人程敦厚是苏东坡的表兄程士元之孙，平日和秦桧关系不错。一日，秦桧召程敦厚至相府。

程敦厚奉命来到了望仙桥的秦桧府邸，在家奴的引导下来至内阁。程敦厚奉命而来却不见秦桧，只得坐候，看着日影西移百无聊赖。他四处张望，发现一室萧然，独案头上有书一册，以紫绫裱面极为美观，就取来观看。

程敦厚打开一看，见书题为《圣人以日星为纪赋》，篇末有"学生类贡进士秦埙呈"九个字。其赋文采绮艳，程敦厚煞是喜爱，且因守候秦桧遂兀坐窗下，仔细吟咏，几乎可以背诵下来。秦府的家奴不时送来酒肴茶点，往来服侍，殷勤异常。不知不觉天色已是黄昏，程敦厚这才发觉自己在这里几乎等了一天，可还是不见秦桧的影子。他不便再等只得退离秦府，心内颇为诧异，不知秦桧是何用意，每一念及此事便惴惴不安。

程敦厚心惊肉跳了好几日，朝廷有诏下，差程敦厚为知贡举宣押入院。这时程敦厚方才恍然大悟，遂以前几日在秦府所见的"圣人以日星为纪赋"命题。

原来这都是秦桧一手在幕后导演的。他想为秦埙打通关节，自觉不便启齿，因此才想出此计。在考官人选的确定上，秦桧也花费了不少心思，选择了御史中丞魏师逊、右正言郑仲熊、吏部郎中、权太常少卿沈虚中、监察御史董德元等人为知贡举，都是秦桧的心腹，只有主考官陈之茂平日与自己没有什么来往。秦桧只好派人偷偷暗示他：将秦埙取为第十名。

进士考试分为省试和殿试。省试由尚书省的礼部主试，殿试由皇帝对会试取录的贡士在殿廷上亲发策问，也称廷试。参详官董德元于誊录处取号得到秦埙的试卷，喜形于色地说："吾曹可以富贵矣！"又将试卷传与众人看说："此卷子高妙，魁等有余。"然而，主考官陈之茂却并不赏识秦埙之文，他看好了名为陆游（陆游，即后来的南宋爱国诗人。这年他二十九岁。从此他失去由科举博取功名的机会。直至秦桧死后三年，陆游才被任命为福州宁德县主簿，以后又调到京师临安任编修官。孝宗即位后，赐他进士出身）的士子，不畏权势，不听别人的威胁之词，将其取为第一名。

其间早有心腹把这个消息传给秦桧，秦桧利用职权之便，硬把陆游刷掉，并要惩办陈之茂。

省试之后的廷试，秦桧又奏以汤思退为编排（负责考试的官员），以师逊为详定（调查、评定试卷的官员）。

高宗御射殿，策试正奏名进士，策问诸生以师友之渊源，志所钦慕，行何修而无为，心何治而克诚。秦埙和第二名曹冠早有准备，对答如流。曹冠是秦桧的馆客，曾教过秦埙。

高宗读了二人的策论，发觉通篇都是秦桧、秦熺说过的话，无非是攻击程颐一派的学说，心中不悦。又读了其他几个的策论，发现其中一篇主张重用同心同德的元老旧臣且提及存赵之事，字迹刚劲，文采斐然，原来是乌江（今安徽和县乌江镇）的士人张孝祥（张孝祥是南宋著名的爱国词人，在中国词史上，上承苏轼之传统，下开辛弃疾之先路，词风豪放、深沉、慷慨悲凉，有《于湖词》一百七十余首留传至今）。高宗异常欣喜认为张孝祥是个难得的人才，于是提笔钦定张孝祥为进士第一名，将秦埙定为第三名。

这一年的进士举，秦埙、秦桧的侄儿秦焞、秦熵，姻党周寅、沈兴杰、馆客曹冠皆登上第，士论大为不平。

秦埙没有高中状元，心中闷闷不乐。秦桧心中更是难过万分。虽然对张孝祥恨之入骨，表面上却还得摆出宰辅的大度。他将张孝祥召至尚书省，殷切慰问。

张孝祥时年二十三岁，正是少年意气、血性方刚之时，加上他天性爽直对秦桧的为人为政早有满腔怨恨，一进来就绷着脸一句话也不说。

秦桧打量了一下面前的这位青年：面色白皙，下颌有点尖，显得清瘦，完全是一副文弱书生的模样。但是他的一双剑眉和高耸的颧骨、宽阔的前额以及紧闭的双唇却带着沉着而刚毅的神气，更像是一个习武之人。秦桧干笑了两声对张孝祥说："不唯喜状元策，又喜状元诗与字，可谓三绝。"见他不答话又问："不知状元诗何所本，字何所法？"张孝祥见秦桧不住追问就没好气地答道："无师自通。"这更触怒了秦桧，好在秦桧未能着手迫害他就先一命呜呼了。

参与这次进士举的知贡举后来都得到了提拔，只有陈之茂因未顺承秦桧之意而被贬官。

这些只是秦桧私心未果的事例，然而他栽赃陷害岳飞却使他遗臭万年。

如今一提起秦桧，哪个不是嗤之以鼻？对于那些欲行不轨的不法之徒，请记住这句话：人们的眼睛是雪亮的。因此在做坏事之前、在邪念产生之前，请多想想身后万世的凄凉。

时刻记得有"十目所视，十手所指"

【原典】

曾子①曰："十目所视，十手所指，其②严乎！"

【注释】

①曾子：曾参，孔子的弟子。

②其（qǐ）：通"岂"，难道不。

【译文】

曾参说："一个人若是被许多双眼睛注视着，被许多只手指点着，这难道不是严肃可怕的吗！"

作恶者不得善终

世间万物都有一种标准，儒家提取、归纳、上升到理论层面上就是道义、礼节等标准，这其实也是一种事物发展规律的表现。一旦严重偏离就会遭到规律的惩罚，比如见利忘义、唯利是图、争名于朝、争利于市、首鼠两端，而自以为得计。即使于蝇营狗苟、纷纷扰扰之际得蝇头微末之利，却丧失了长远根本之利。更有以邪恶手段攫取财富，到头来难免"机关算尽太聪明，反误了卿卿性命"，贪利损身、求荣反辱的事古往今来还见得少吗？

有一个山东人名叫丁戍，客游北京，途中遇一壮士名叫卢强。丁戍见他义气慷慨、说话投机，便结为兄弟。

原来卢强是个强盗。过了不久盗情事发，卢强被抓关进了监狱。丁戍到狱中探望，卢强对他说道："卢某不幸犯罪，无人相救。承兄弟平日相爱，有句心腹话要与兄说。"

丁戍道："感蒙不弃，若有见托，必当尽心。"卢强便说道："吾有白金千余藏在某处，兄可去取了，用些手脚营救我出狱。万一不能救出，便只求兄照管我狱中衣食，不使缺乏。他日死后，只要兄葬埋了我，剩下的东西任凭兄取了。只此相托再无余言。"说罢泪如雨下。

丁戍道："且请宽心，自当尽力相救。"于是便告别卢强，依着卢强所说，到某处取得了千金。丁戍见钱眼开便想独吞，但又一想："若不救他，他若教人问我，无可推托，把他惹恼了，万一攀扯出来，我这钱财得也得不稳。何不结果了他，倒是落得干净。"正是转一念，狠一念。

于是他便送给两个狱吏30两银子，说卢强是自己的仇人，要他们借机杀了卢强。

丁戍白白地得了千金，又无人知他来历，摇摇摆摆，在北京受用了三年，用去了七八成之后，便下了潞河，搭船回家。

丁戍来到船舱后，在与同船之人闲谈时忽然跌倒了，一会儿爬起来睁起双眸，又大喝道："我乃北京大盗卢强也。丁戍天杀。得我千金反害我性命。现在要还我命来！"同船之人见他声口与先前不同，又说出这些话来，晓得丁戍有负心之事，便好言劝慰了一番，并求丁戍不要死在船上，免得害同船之人不得干净，要吃没头官司。

丁戍歇息一下回家里后，终因做贼心虚，船上犯的那毛病又犯了，并且比先前更狠了。最后自己拿刀把自己杀了。

上面故事中的丁戍遭报应的故事，虽有些离奇和极端，但细想一下也属必然。而卢强为盗遭捕遭杀，从一定程度上也是不做好事应有的结果。但丁戍的报应却是因为他的行为已偏离道义太远，那种迫使他自戮的力量既来自于他自身内部，更来自于"天"——即道义力量的强大施压。

现实中有一些人，做了坏事之后心里也感到不安，于是他们就向各种"神灵"祷告以求让自己的罪恶消失于无形。其实这些都是没用的。孔子所说的话的意思，也正在于劝王孙商贾堂堂正正做人，不要干违反道义的坏事，否则早晚都要遭到报应。这其实也是对我们每一个人都敲响了警示意义的警钟，不要让自己在罪恶中越陷越深以致无法自拔、自救。

4

以德润身，心广体胖

【原典】

富润屋，德润身①，心广体胖②，故君子必诚其意。

【注释】

①富润屋，德润身：润，滋润，引申意为修饰、装饰。意思是具有富贵可以使房屋华丽，具有道德足以修养身心。

②心广体胖（pán）：胖，舒坦，安适舒泰。

【译文】

财富可以修饰房屋，使房屋华丽；道德可以修养人的身心，使人思想高尚。心胸宽广开朗，身体自然安适舒坦，所以有道德修养的人一定要使自己的意念诚实。

量宽福厚，器小禄薄

心地仁慈博爱的人由于胸怀宽广舒坦就能享受厚福而且长久，于是形成事事都有宽宏气度的样子；心胸狭窄的人由于眼光短浅、思维狭隘，所得到的利禄都是短暂的。

庞涓与孙膑同在鬼谷子门下学兵法。庞涓自以为学得差不多了，又听到魏国正在厚币招贤访求将相，于是匆匆辞别鬼谷子，投奔魏相国王错，王错将他推荐给魏惠王。魏王见他兵法精熟，便任他为元帅兼军师。

　　孙膑为人忠厚，鬼谷子便将自己注解的《孙武兵法》传授给了他。孙膑三日内尽行记下，鬼谷子便索还原书。

　　魏惠王从墨翟口中知道鬼谷子门下还有一孙膑，很是了得，于是便派使臣迎至魏国。魏惠王问庞涓，孙膑才能如何，庞说在己之上，要魏惠王任他为客卿。客卿地位虽高，但不掌握军权。孙膑在惠王面前演习兵阵，庞涓预先请教孙膑，然后在惠王面前一一指出阵名，使惠王便以为庞涓胜于孙膑。

　　庞涓既害怕孙膑与他分宠，又想得到《孙武兵法》真传，于是他开始设计陷害孙膑。孙

孙膑像

膑是齐国人，庞涓叫人假造了一封家信，由手下人扮作齐使者将信交给孙膑，说是齐国他哥哥来的信请他回去祭扫祖坟。孙膑回信谢绝，庞涓得信后加进了孙膑想效忠齐王的内容，并连夜送给魏王看。同时又假装探望孙膑，唆使孙膑第二天上书请假，这使惠王真的以为孙膑不忠想出卖自己，于是把他交给庞涓处理。庞涓当着孙膑的面说是要去见惠王救孙膑。实则在惠王跟前请求对孙膑用刖刑（即锯去膝盖骨）。回来后说自己只救得不死，假表歉意后便叫手下人对孙膑施行了刖刑。

　　孙膑从庞涓的下人那里打听到庞涓想在兵法到手后便杀死他，情急之下，孙膑想起了在他告别师傅前，鬼谷子曾给他的一锦囊，于是他打开锦囊，囊中有一张纸条，纸条上写有装癫佯狂几个字，于是孙膑依照纸条上说的整天装癫佯狂。墨翟得知此事后便到齐国把详情告知大将田忌，田忌言之于齐威王。于是齐国借口其他事派使臣至魏，趁庞涓不注意将孙膑偷运至齐国。

　　孙膑到齐国后只愿做田忌的军师。后庞涓率兵攻打赵国都城邯郸，赵求救于齐。田忌用孙膑"围魏救赵"计，就近进攻魏国的襄陵。庞涓果然回兵，结果在桂陵中了孙膑预设的埋伏而大败。

庞涓知道齐威王得到孙膑后一直寝食不安，又行反间计，使田忌、孙膑免官。庞涓得意忘形以为天下无敌了，便率大军攻韩。韩国向齐求救。当时齐威王已死，宣王继位，并重新起用了田忌、孙膑。齐国待魏兵与韩兵交战了很久之后才出兵。这次又采用"围点打援"计，直逼魏都大梁。庞涓火速回兵，孙膑又用减灶之法迷惑敌人，使庞涓误以为齐兵大多逃亡不堪一击，于是全力追赶。追至马陵道时又中了孙膑的埋伏全军覆灭。不仁不义的庞涓最终被万箭穿心。

庞涓本和孙膑有同窗之谊，但庞涓命缘福浅，无幸获得鬼谷子的《孙武兵法》，这使他迁怒于孙膑，于是他利用孙膑的善良和正直设计陷害他，并弄残了孙膑的双腿。但孙膑最终还是逃脱了庞涓的魔掌，在战场上惩处了不仁不义的庞涓。庞涓咎由自取，罪有应得。从庞涓的下场人们理应吸取教训，正如《菜根谭》所云：量宽福厚，器小福薄。这是千古不变的道理啊。

念头少，伪装少，争得就少，心情舒畅，平日就少有忧虑烦恼。有些人聪明过了头，用尽心机，烦恼接踵。而那些污秽贪婪的小人心地狡诈、行为奸伪，凡事只讲利害不顾道义，只图成功不思后果，这种人的行为不足取。仁人待人之所以宽厚，在于诚善，在于忘我，所以私欲少而烦恼少。我们生活中的待人之道确应有些度量，少为私心杂念打主意。不强求硬取不属于自己的东西，烦恼何来？因此做人要充分修省自己才是。

正心章：
修身以保持内心的中正为要

　　正心章，在原作中，朱熹称为"传之七章，释正心修身"。正心与修身之间有着密不可分、千丝万缕的关系。心不正，则修身就无从谈起。因此修身的关键问题就在于如何才能保持内心的中正。关于这一问题，正心章从五个方面给出了指导答案，并且每一条都能切中要害，一语中的。

1

有所愤怒，心不能正

【原典】

所谓修身，在正其心者，身有所忿懥，则不得其正①。

【注释】

①身：应作"心"字，指内心。忿懥（zhì）：愤怒。

【译文】

所谓修身，关键在于须先要端正自己的心思（思想）。如果心有愤怒，那就不能端正。

（1）战胜自己克制怒火

克制心中的怒火是一种修养。这个修养的过程就是战胜自己的过程。很多人能驯服凶猛的野兽，却未必都能驯服自己内心狂躁的禀性。自己是自己最大的敌人，灭外火容易，灭心中之火难。

喜怒哀乐本属人之常情，谁都不能没有，但如果怒火太盛就会破坏内心的和谐，从而导致"不得其正"。

汉高祖四年，刘邦在成皋战场作战失利，急需把韩信、彭越调来支援，不料韩信却派人对刘邦说："齐国伪诈多变是个反复无常的国家，请汉王假装答应我为王，以便镇抚它。"刘邦当时正值心性不顺，就很生气地骂道："我被困在这儿，日夜盼望着他来，他却自己想要称王？"刘邦怒从心起，真想把韩信"解决"掉，但张良和陈平则极力劝导，告诉他目前情况绝不可施怒于韩信。于是聪明的刘邦就说："干吗把你假装为齐王？我封你个真齐王多好？"

刘邦在一转念中忍住了怒火，才没有因自己一时冲动而失去济世良才。

人受怒气的支配往往会丧失理智，干出一些悔之莫及的蠢事。为此，林则徐曾悬"制怒"条幅于堂，时时以此警戒自己。在为人处世中，人要做到喜怒不形于色、胸怀雅量、包容乾坤，使情感喜怒有足够回旋的空间，这样才能让我们不为喜怒所扰，自在逍遥。

情绪是人的思考与行动的伴生物，事情做得顺利，智慧迭出，情绪就好。若事情还没做完，甚至还没开始着手做，就有一个接着一个的障碍出现，情绪就会有所波动，看什么都不顺眼。

如果情绪仅仅是思考与行动的终极或"排泄物"——如果事情做砸了就痛哭一场——那也罢了，糟糕的是情绪会改变你原来的思维方式，并不可避免地对你以后要做的事产生巨大影响。

一般人都有不易控制自己情绪的弱点，但人并非注定要成为情绪的奴隶或喜怒无常心情的牺牲品。学会怎样消除破坏我们舒适、幸福生活和阻碍我们成功的坏情绪，是一门最精深的艺术。

我们应该尽力抹掉头脑里一切令人讨厌的、不健康的情绪，每天清晨起来都应该是一个全新的人。我们应该从思想长廊里抹去一切混乱的印象，取而代之的是和谐、使人振奋、清心怡神的东西。

人们对社会精英是极为挑剔的，竞争对手会随时盯住你的行为，抓住你的一点失误就会伺机掀起轩然大波，这就要求你格外谨慎、细致和小心。因此，在特定的场合与特定的环境下，说话要慎重。试想，如果你听到他人的责难后就生气、发怒，那就会容易授人以柄弄得自己难以下台。

一个人要有忍耐力，还要能适时地控制好自己的情绪，尽可能不让消极、对事物有害的情绪爆发出来，做到胜不骄，败不馁，不把喜怒哀乐写在脸上，影响他人和群体的情绪，影响大局的发展。

如果你觉得担忧、发愁或焦急时，如果你不自然地紧张或与自己过不去时，如果你处在心理低谷的时候，你不妨暂停一会儿，在心里告诉自己："这并非一种睿智聪明、思维敏锐的人所过的生活啊！这并非一个完整的人的生活啊！这只不过是一个从未享受过生活乐趣的无知者的生存方式啊！"这样想过之后，你的情绪就会逐渐平静下来。"克制怒火"确实是一门功夫，需要的是修炼、克制，需要的是自己战胜自己。

（2）怒火来袭时，需要"忍"

面对他人无端的挑衅，血气方刚的男儿没有几个能做到无动于衷的。一怒之下往往会做出很多失去理智的事，结果要么鱼死网破、两败俱伤，要么自己出师未捷身先死。在感叹得不偿失的时候，后悔也来不及了。所以面对无谓的挑衅，"忍"住怒火不仅是一种让人钦佩的涵养，更是一种为人处世的明智之举。

韩信是西汉初年淮阴（今江苏淮阴市东南）人，杰出的军事家，为辅佐刘邦建立汉王朝立下过汗马功劳。

他幼年丧父，家境十分贫寒，十几岁时母亲又暴亡。从此，他开始过着寄人篱下的生活。

韩信家境虽然不佳，但在周围环境的影响下从小不但喜读诗书，更兼通兵法。可在暴秦的统治下，他的个人才能难以发挥，只能用垂钓淮水、游荡街头打发日子。

一天，韩信佩剑在集市上游荡，被淮阴城里五个有名的地痞围住，为首的是个屠夫，韩信平素最了解他们的为人，根本无意与他们纠缠，便用平缓的口气问道："你们围着我到底想干什么？"屠夫轻蔑地说道："别看你外表长得高高大大，又喜欢舞刀弄剑的，其实你是个胆小如鼠的家伙！你要是不怕死就用剑来刺我，若是个怕死的胆小鬼就从我的胯下爬过去，我可以给你一条生路。"说完那个屠夫双手叉腰，又开双腿，一副扬扬自得的样子。此时，韩信怒火中烧，他的手按着佩剑，想同他们拼个你死我活。可是，他还是冷静了下来，心想：自己壮志未酬身先亡，何以使百姓摆脱秦王之苦？男子汉大丈夫应该能伸能屈，荣辱岂在一时？想到这里，韩信按捺住胸中的怒火，慢慢地俯下身，屈辱地从屠夫的胯下爬了过去。

韩信受胯下之辱的消息立刻传遍了整个淮阴城。从此，人们都叫他"胯夫"。韩信每每听到这个称呼心里都充满了悲愤，于是他对苍天发誓，定要实现灭秦的抱负洗刷这奇耻大辱。

公元前 208 年，秦末农民起义爆发，韩信先后追随项梁、项羽南征北战，最后又归到了刘邦的麾下，被任命为大将军。帮助刘邦击败项羽。刘邦建汉以后，韩信被封为楚王，定王城于邳（今江苏邳县东）。

韩信到封地后召见了曾使他受胯下之辱的屠夫，那人见到韩信惊恐万状，忙跪在地下连连叩头请求饶命。韩信却笑着扶他起来说："我喜欢你这个人是因为你促成了我的事业。多年以来，我一直把胯下之辱铭刻在心，并以此告诫自己，要实现自己的抱负洗刷这奇耻大辱。为了感谢你的帮助，我现在任命你为楚国的中尉（负责捕捉盗贼，维持治安的官职）。"屠夫此时羞愧得抬不起头来，他怎么也没有想到今日落到韩信手中，不但没有丧命，却被委以重任，他情不自禁地趴在地上连连叩头谢恩。

忍耐是修养，是终极的做人谋略，能忍"胯下之辱"则天下大事尽可一肩而挑。假如有一天，我们也遇到了类似的情况，也不妨想一下韩信的做法：为了明天，不管今天发生什么，我必须忍。

2

有所恐惧，心不能正

【原典】

有所恐惧，则不得其正。

【译文】

如果心有恐惧，那就不能端正。

（1）生固可贵，死又何惧

老实说人人都怕死，无论是圣人、勇士还是市井小人面对死亡都有畏惧之心，但是人不能不明白生的目的和死的意义，生要生得坦荡，死要有正道，这样才不会白活一遭。

春秋末期，齐庄公与权臣崔杼的妻子棠姜私通。事情败露后，崔杼乘机发动政变杀了庄公，立庄公的弟弟杵臼为君，是为景公。崔杼自封为右丞相，独揽大权。

事后，为了压服民众，崔杼派人在国君祭祀祖先的太庙前搭了一座两丈多高的土台。崔杼通知朝中文武百官前来歃血宣誓，迫使他们表示支持自己的政变。在前来的人群中，有一位个子不高、其貌不扬的官员，他就是历任齐国灵公、庄公、景公三朝宰相的晏婴。当时，宫廷内外和太庙四周到处戒备森严，一群荷戟持剑的士兵列队在祭台两旁。宣誓开始前，崔杼就威胁说："哪个不肯宣誓或言语不畅，将被立即处死。"不一会儿，就有好几个不甘屈服的大臣被杀了。

轮到晏婴了，在场的人都为他捏了一把汗，崔杼也关切地注视着他。崔杼知道晏婴素来德高望重，在朝野很有号召力，如果晏婴能支持自己，那一切就好办多了，其实崔杼的心思晏婴早就知晓。

晏婴从容地走到台前，双手捧起血杯举过头顶，愤然地说："崔杼无道谋害国君，不忠于王室。追随他的人没有好报。"说完一口气把杯中的血喝了。说时迟，那时快，晏婴话刚说完，两个士兵就逼了上来，一个用剑指着他的胸膛，一个将刀架在他的脖子上，只等崔杼下令将他处死。这时崔杼还不死心，上前规劝道："晏丞相，你若能改变刚才的誓言，我愿与你共治齐国。不然的话……"

晏婴大义凛然地回答道："你用武力胁迫我失去节志，这是不勇；以利益引诱我叛国，这是不义。"

崔杼见晏婴软硬不吃，恨不得把晏婴碎尸万段。但因忌惮晏婴的威望怕太失人心，激起事变不好收拾，只好将晏婴给放了。

生固然可贵，但是死又何惧？晏婴是一代名相，他面对崔杼的武力胁迫镇定自若，既不屈服于武力的威胁，又保全了生命。智者对生死应报以一种积极态度，人有生则有死，不要把生看得过重，也不把死看得过重，则能正常地生存。生死皆能忍，则既能舍生取义又能存命自保，不留骂名。人生在世不过百年，应该珍惜生命，利用有限的生命去做有益的事情。

（2）先有骨气，而后才有人格

骨气是一个人的灵魂，是高尚人格的基础，更是支持一个人勇往直前的巨大力量。

人首先要有骨气。有了骨气，无论何时何地都能用自己的品德赢得别人的尊重。如果没有骨气，走到哪里都摆脱不了被奴役的性格。一个有骨气的人自有其不同于一般人的人格特质。

伯夷和叔齐是殷商末期孤竹国（河北卢龙）国君的儿子。作为三儿子的叔齐最讨国君喜爱，国君有意立他为太子，将来继承君位。但当时的规矩是长子做太子，继君位，国君觉得很为难。后来国君意外病死，为遵王意，大臣们让叔齐为王。叔齐心里非常不安，让位给大哥伯夷。伯夷不肯，说："这是父亲的意思。"由于两人都不肯当国君，最后两人一起离家出走。

伯夷和叔齐听说西伯昌（后来的周文王）有德行、礼贤下士，便决定投奔西伯昌。西伯昌知道了两人的身份和来历很高兴，当即把他们留了下来。

不久，西伯昌去世，武王即位，让士兵穿着孝服出征伐纣。伯夷和叔齐拉住武王的马进谏道："您的父亲死了不埋葬却要去打仗，这能说是孝吗？你是臣子却去打君主，这能说是仁吗？"武王的手下想要杀死他们。

姜太公说："他们虽然反对出征，但作为纣王的臣子，他们算是尽了义，还是放他们走吧。"

武王灭商，建立了周王朝，天下诸侯和百姓也都承认周武王的天子地位，但伯夷和叔齐却认为武王伐纣是不齿的做法，天下应该是商朝的，他们认为自己没能阻止周武王的行动非常惭愧，于是决定隐居首阳山，不再当周朝的百姓，而要做殷商的遗民。

为了和周朝彻底划清界限，伯夷和叔齐还决定今后不再吃周朝的粮食。那么，他们用什么来充饥呢？二人只好采集薇菜当饭。薇是山上一种难以下咽的野菜。天寒时薇菜越来越少，兄弟二人渐渐瘦成了皮包骨。山下的一个妇女看到他们如此这般，故意刺激他们说："你们现在吃的还不是周朝的薇菜吗？"

二人听了决定连薇菜也不吃了，每天就躺在那里等死。没过几天，他们便一命呜呼了。

人活在世上就要有脸面、有骨气，否则即使人活着，却与行尸走肉无别。

何谓有骨气？孟子说过："富贵不能淫，贫贱不能移，威武不能屈，此之谓大丈夫。"意思是说高官厚禄收买不了，贫穷困苦折磨不了，强暴武力征服不了，这样的人就是有骨气的大丈夫。

有骨气是中华民族的传统美德和宝贵的精神财富。千百年来，中华民族涌现了许多有骨气、重名节的仁人志士和英雄豪杰。李白的"安能摧眉折腰事权贵，使我不得开心颜"的铿锵之言，徐悲鸿的"人不可有傲气，但不可无傲骨"，乃至李清照的"至今思项羽，不肯过江东""生当作人杰，死亦为鬼雄"。一个文弱女子尚能如此，那我们为何不可、不能？

做人一定要有骨气，不卑躬屈膝，不唯唯诺诺，一定要挺起腰杆，这样我们才会活得有尊严、有价值、有意义。嵇康虽然被司马氏家族给杀了，但他的人格同"广陵散"一样被视为人间极品。有骨气的人会超越时间和空间的距离，永生于人的心间。

一个人在自己的一生当中，有时候做人处事就要带那么几分傲骨，所谓"士可杀而不可辱"，你可以杀死他，可以要他的命，但你不能侮辱他，不能伤害他的尊严。

文天祥有诗云："人生自古谁无死，留取丹心照汗青。"尽管他被拘囚在地牢中受尽折磨，元朝多次派人劝降，还许诺他可以做大官，但都被他拒绝了，元朝统治者终于在1282年将他杀害了。头可断，血可流，就是不能低下高贵的头。有骨气的人是不会在死亡或强势面前低头的，更不会被荣华富贵所诱惑。

3

贪好安逸享乐，心不能正

【原典】

有所好乐，则不得其正。

【译文】

如果心有逸乐，那就不能做到端正。

（1）玩物丧志，人之通愚

在物质生活达到一定水平之后，娱乐和休闲便成了一项重要的生活内容。当今社会，人们玩的种类越来越多，内容也名目繁杂，但那句老话说得好：不要玩物丧志。不管你玩的是高雅的还是低俗的都必然会付出相应的代价。

隋珠、和氏璧之类的珍宝，药酱、筇竹之类的特产，寒冷时不能当作衣服御寒，饥饿时不能当作食物充饥。这些奇异的物品都比不上五谷实用！

桓玄用画舸装载书画玩物，战败时，他弃船空手而逃；王涯密藏于复壁的名书画，待他被诛杀后，尽弃于道路。两人的收藏对于家庭和个人益处甚少。

心中明白嗜好会带来过失，却不戒除掉；明明看到对己有益的东西，也不愿努力学习，结果玩物丧志、自甘堕落，这是很多人的通病。

一个人只要本心清净，不执著于外物浸染，虽处于利欲狂流的境界中亦能洁净自身、自得其乐，犹居于清幽静寂的仙境中。但若心中有所迷恋，有所执著，即使人间仙境亦成苦海。

号称"山水诗人"的谢灵运，系出名流，承堂叔谢混之名，被封为康乐侯，生活奢侈华美，玩的全是高档的东西，衣裘、坐骑及日常器皿皆属上品，当时有"谢康乐式"之称，闲来便驱数百仆从入山垦辟，修建别墅。生活尽管极尽奢华却颇是迷恋山林，因而时时不满朝廷对他的待遇，行为不逊，终遭谗言被处斩。谢灵运就是过于迷恋山林，无法超越世俗而招致此种悲惨下场的。

《尚书》说："玩物丧志，不作无害有益。"很多人其实心中相当明白什么爱好对自己有利，什么爱好对自己无益，却总是戒不掉会给自身带来不利的嗜好，也不愿努力去学习对己有益的东西，结果自毁前程。这是多么令人痛惜的事啊！

（2）贪恋靡靡之音难免身心沉沦

闲来听听健康高雅的音乐作品可以陶冶性情，激励人们对美好生活的向往，从而奋发向上；而贪恋不健康的靡靡之音，则很容易使人沉沦。

古代很多富豪官宦子弟享尽荣华富贵，买来女子教她们唱歌跳舞、挥霍无度。结果不仅惹祸被斩而且殃及父母兄弟与妻儿。

杨玉环除了有出众的容貌，还具有高超的音乐舞蹈艺术修养，史载她是一位"善歌舞，通音律"的女子。这适合与多才多艺的玄宗相匹配，结为艺术知音。玄宗自小在深宫中与乐工为伴，长大后"万知音律"。在作曲方面，他可以即事谱曲达到随心所欲的境地，比一般的乐工还要技高一筹。他会弹奏多种乐器，尤其精通羯鼓。羯鼓本是从西域传入中原，鼓声雄健，能给许多乐种伴奏。玄宗曾多次在宫廷宴会或小范围的欢娱场合亲自击鼓尽欢，成为当时宫廷音乐界的一大盛景。唐玄宗曾经研习印度佛曲《婆罗门曲》，加上自己的想象和感受，创作了《霓裳羽衣曲》，用以咏唱众仙女翩翩起舞的意境。唐玄宗将此曲交给杨玉环命她依韵而舞。玉环稍加浏览便心领神会，当即载歌载舞地表演起来。歌声婉转若凤鸣莺啼，舞姿翩跹如天女散花，使观者仿佛身临众仙齐舞、缥缈神奇的瑶池之会。杨玉环对乐曲领悟之深、表现力之强令玄宗兴奋不已。玄宗亲自击鼓伴奏，两人都沉浸在灵犀贯通的音乐意境之中。

于是，玄宗懈怠于国家政事，致使"安史之乱"发生。那时候，中原纷扰，唐明皇有幸逃到四川，所以白居易《长恨歌》中写道："渔阳鼙鼓动地来，惊破霓裳羽衣曲。"这难道不是"非乐实悲"吗？"歌舞教成心力尽，一朝身支不相随"说的不也是这个道理吗？

《霓裳羽衣曲》这样的舞乐导致朝政疏离、祸乱发生，唐明皇的欢快之声瞬间变成了一曲悲歌！同样，《玉树后庭花》这样的歌曲导致朝政松懈而亡国，陈后主一时的欢笑变成了永久的哭泣！"妖曲未终，死期已至"，确非危言耸听。

所以说，享乐不是错，但一味沉湎其中便会铸成错，任何事都需要有节制。

（3）恣情取乐乐极悲来

五音使人耳聋，五色使人眼盲，纵横驰骋去打猎使人发狂，这是老子告诫后人的话。

沉溺于游乐会荒废正业，喜欢奇巧会浪费工夫，赌博会浪费钱财，专好游猎会废弃农业，这些都是没有益处的事情，会损害国家或个人的利益，是导致穷困的根源。《尚书·五子之歌》载："在宫内沉湎于声色，在外面专好游猎。喜欢美酒和音乐，建造华丽的大厦，偏好于其中的一项，绝没有不亡国的。"

白天歌舞，夜里奏乐，才过了15年"良辰美景"，秦朝的帝业就灭亡了。

晋朝巨富石崇在金谷囱内纵情欢乐，专宠爱妾绿珠。那时赵王伦的宠臣孙秀亦闻绿珠绝美，便向石崇索要。石崇不允，孙秀就向赵王伦诬告石崇谋乱。结果导致绿珠自杀，石崇被斩，株连三族。

人的一生其实不到百年时光。天地是暂居的旅店，光阴是永远的过客。如果不自我克制，纵情行乐，必会乐极生悲，像秋风过后的草木凋零一般凄苦。

人生有苦则有乐，但乐与乐之间也有着天壤之别。《孟子》中说："君子有三乐，而王天下不与存焉。父母俱存，兄弟无敌，一乐也；仰不愧于天，俯不怍于人，二乐也；得天下之才而教育之，三乐也。"孔子则进一步把人生的快乐分类为："益者三乐，损者三乐。乐节礼乐，乐道人之善，乐多贤友，益矣。乐骄乐，乐佚游，乐宴乐，损矣。"他告诉世人世界上有益的快乐有三种，那就是得到礼节的调教为快乐，以常常赞扬他人的长处为快乐，以广交有益的朋友为快乐。有害的快乐、对人身心有损的快乐也有三种，那就是过于骄纵自己，不知节制，整天四处游荡，寻求刺激和乐趣，贪饮贪食，喜欢狂欢不止的快乐。这不仅不是什么快乐，而且从某种程度上讲贻害不浅。一天到晚放纵自己，随心所欲地寻求欢乐，就会荒废学业，荒废事业。四处游逛浪费了时间，浪费了青春，也浪费了生命，一无所成。贪图宴饮则会使人产生惰性，不思进取，不图上进，也是祸患隐伏的象征。所以人应该忍损乐，增益乐。

杜牧《阿房宫赋》中写道：白天歌舞，夜里管弦，是秦朝宫人。一肌一容，都极尽美丽；亭亭远望，希望得到宠幸，有的人三十六年不见秦王一面。

秦始皇，他认为咸阳人多，先王的宫廷小，于是营造宫殿在渭水之阳上林苑中，把前殿取名阿房宫，天天与妃嫔媵嫱、王子皇孙宴饮作乐其中，他们白天歌舞，晚上弹奏。后来秦始皇死，他的儿子胡亥被阎乐杀了。立子婴为秦王，四十六天后子婴投降汉高祖，宫殿被项羽焚烧。秦从此灭亡。

总之，享乐之时要让自己时时能够冷静地面对现实，不要为一时的成功冲昏了头脑，而不去预防未来的灾难。

（4）色不可贪，贪者必败

"酒是穿肠的毒药，色是杀人的利刀。"在中国历史上，因色而败而亡的例子举不胜举，可是面对惨痛的教训，仍然有许多人在这个问题上一错再错。

春申君是战国四大公子之一，是楚国的贵族。楚考烈王即位之后，他出任楚国的令尹。考烈王五十五年，他离开淮北十二个县的封地，被改封为吴，号春申君。

考烈土在位多年，然而后宫无子。春申君认为这是楚国的大事，为此深感忧虑，因为楚王无子会引起楚国传嗣的纠纷，于是他四处寻求能够生育的美貌女子进献给考烈王。尽管如此，考烈王依然没有传下子嗣。这时，赵国人李园带着他的妹妹来到楚国，准备将他的妹妹进献给楚王；但李园听说考烈王不能生育的消息后便犹豫了。他担心自己的妹妹长期不生，会失去楚王的宠爱，而自己凭借国舅身份安享富贵的美梦也会随之破灭。李园几经考虑，想到了春申君这条路可以利用，便决定先到他的门下求做舍人，充当一名食客。

过不多久，李园谎称请假回家探亲，又故意超过了假期。春申君问李园为何未能按时回来，李园诡称是齐王派出使节要征聘他的妹妹，他因接待齐国的使节而耽误了时间。这是李园迂回地向春申君推出其妹的诡谲手法，春申君当然不知道。于是，春申君问李园是否已将其妹许配给齐王，李园回答说没有。于是春申君说想要看看李园的妹妹，李园又伪装回家一次，在外面混了几天，然后把妹妹带来与春申君见面。春申君召见了李园的妹妹之后，便将她收到自己身边为妾。

不久，李园的妹妹有了身孕，这时，李园决定继续施展自己的阴谋，指使其妹对春申君说："考烈王百年之后无子嗣，必然要传位给兄弟。你春申君在楚国做令尹，执掌大权二十多年了，对考烈王的那些兄弟也多有得罪之处。如果考烈王的哪位兄弟继承王位，你将无法保有现在的富贵，甚至会大祸临头。现在我已经怀有身孕，我在你身边的时间也不长，大多数人还不知道我。凭着你与考烈王亲如手足的关系，是完全可以将我进献给考烈王的，考烈王也必定会宠幸于我，那时我腹中的孩子，也就是你春申君的儿子，就将作为考烈王之子，继考烈王之后为楚王了。你的儿子做了楚王，你是国君的父亲，还惧怕谁呢？"春申君听了，觉得很有道理，就同意了。春申君先让李园的妹妹单独居住一室，然后向考烈王进献。考烈王召见李园的妹妹，看了之后很高兴，立即将她纳入后宫。不久，李园的妹妹生下了孩子，母以子贵，她就此做了王后，新生的孩子也被考烈王立为太子。李园因妹妹做了王后，随之受到考烈王的宠信，进入宫廷任职。

李园煞费苦心设计这场阴谋的最终目的，是想通过楚国王位的传承来控制楚国的大权。他深知了解事实真相与内幕的除了他的妹妹之外，只有春申君；而对他最有威胁的也是春申君，因为这个未来的楚王是春申君的亲骨肉。李园决定秘密蓄养杀手，伺机暗杀春申君以灭口。他的这一密谋，尽管秘而未宣，却仍然为楚国的一些有识之士所察觉。

考烈王卧病十七天之后死去，楚国在一片悲哀的气氛中兴起了宫廷血祸。

李园在楚王死后，即率先抢入宫廷，命令昔日蓄养的敢死之士埋伏在宫城门口，等待闻讯而来奔丧的春申君。春申君刚入宫城，李园手下的将士即将他刺死，割下他的头抛掷在城外。接着，李园又派人斩草除根，捕杀了春申君全家。春申君的祸事是他贪恋女色招来的。如果当初不是贪恋李园妹妹的姿色，怎么会上了李园的当，中了他的计？李园是个很有野心的阴谋家，仅仅凭借一个略有几分姿色的妹妹，就蒙蔽了春申君和楚王，而夺得楚国的大权。

世间的美丽通常都带有几分危险，正如那些最美丽的花朵往往都带有最致命的毒液。面对一幕幕因贪色而引发的悲剧，愿大家都能给自己足够的警醒：色不可贪，贪者必败！

4

有所忧患，心不能正

【原典】

有所忧患，则不得其正。

【译文】

如果心有忧患，那就不能端正。

患得患失常戚戚，超然物外天地宽

人生在世，无论是生活、工作或者是事业都要尽量避免有患得患失的心态。自古以来，在芸芸众生中，既有超然物外者，也有患得患失者。前者是一种健康而积极的人生态度，奉行这种人生态度的人，往往容易体会到心灵的自由和满足，能够过着悠然洒脱的生活，充分享受人生的尊严和快乐。后者则是一种病态消极的处世心理，这种人往往终日在得与失的罗网里钻来钻去，无法得到内心真正的超脱自在，更无法体悟到人生真正的快乐滋味。正如人们常说的"患得患失常戚戚，超然物外天地宽"。这与《大学》所言之"心有忧患，则不得其正"如出一辙。

乾隆元年（公元 1736 年），"扬州八怪"之一郑板桥考中进士，做了县令。他刚直不阿、清正廉明，对人民的苦难生活深感同情，并且不满于那些残害人民的官僚，终因得罪达官显贵被罢官。回到扬州后他心静如水，并在心底深深渴望着清静幽雅的生活，希望从中感受大自然赋予自己的惬意和安详，体悟生命的乐趣。这种旷达超然的人生态度，不仅表现在他一生的情感和行为中，尤其体现在著名的《范县署中寄舍弟墨第四书》中："吾弟所买宅，严紧密栗，处家最宜，只是天井太小，见天不大。愚兄心思旷远，不乐居耳。是宅北至鹦鹉桥不过百步，鹦鹉桥至杏花楼不过三十步，其左右颇多隙地，幼时饮酒其旁，见一片荒城，半堤衰柳，断桥流水，破屋丛花，心窃乐之……清晨日尚未出，望东海一片红霞，薄暮斜阳满树。立院中高处，便见烟水平桥。家中宴客，墙外人亦望见灯火。南至汝家百三十步，东至小园仅一水，实为恒便。或曰：此等宅居甚适。只是怕盗贼。不知盗贼亦穷民耳，开门延入，商量分惠，有什么便拿什么去；若一无所有，便王献之青毡，亦可携取质百钱救急也。吾弟当留心此地，为狂兄娱老之资，不知可能遂愿否？"

郑板桥的这一段话是他心胸旷达、不为物欲所累的最真实写照。由此我们可以看到，他是真正悟透了"不患得，斯无失"的人生真谛，所以，他一生生活得无拘无束，自由自在，惬意安乐。

在古代，还有一个与郑板桥人生态度截然相反者的故事，故事的内容是这样的：

从前，有一个神射手名叫后羿，他练就了一身百步穿杨的好本领，知道他的人都很佩服他。夏王也从侍从的口中听说了后羿的神奇本领，并在无意中目睹了后羿的表演，对他非常赏识。

有一天，夏王想把后羿召到宫中，让后羿单独给他一个人表演一番，好尽情领略他那炉火纯青的射技。于是，夏王命人把后羿带到后花园的一处宽阔地带，叫人拿来了一块一尺见方、靶心直径大约一寸的兽皮箭靶，用手指着说："今天请先生来，是想请你展示一下你精湛的本领，这个箭靶就是你的目标。为了使这次表演更精彩，我还特意定了一个赏罚规则：如果你射中了，我就赏给你黄金万两；如果你射不中，那就要削减你一千户的封地。现在开始吧！"

后羿听完夏王的话，一言不发，脸色变得十分凝重。他慢慢地走到距离箭靶一百步的地方，然后取出一支箭，搭上弓弦，准备好姿势开始瞄准。这时，他一想到自己这一箭出去可能发生的结果，一向镇定的后羿呼吸变得急促起来，拉弓的手也微微发抖，瞄了几次准都没有将箭射出去。后羿终于下定决心把箭射了出去，然而箭却钉在距离靶心足有几寸的地方。后羿看到后，脸色一下子就白了，他再次弯弓搭箭，没想到精神却更加不集中，射出的箭也偏得更离谱了。最后，后羿悻悻地离开了王宫。

夏王在失望的同时却百思不得其解，就问侍从："后羿平时是百发百中，为什么今天我给他定下了规则，他就大失水准了呢？"

侍从回答说："后羿平时射箭，持的是一颗平常

后羿射日

心，水平自然也就能正常发挥。可今天他射出的结果直接关系到他的切身利益，这叫他如何能静下心来施展射技呢？"

夏王听后说："看来一个人只有真正把赏罚置之度外，才能成为当之无愧的神箭手啊！"

综观人间世事，有得必有失，有失必有得，这是常理，可有些人总想不通这层理儿，只要涉及个人利害得失之事，总少不了要去争，要去斗，要从争斗中得到更多。殊不知这种做法，总会给人带来莫名其妙的烦恼，难以言状的痛苦，排解不掉的忧愁。名利尽管得到，可是人的尊严丧失了，人的洁净丧失了，人的品位丧失了……这样，看来是有所"得"，但失去的是否比得到的更多？而且这种"得"究竟有什么意义？

因此，在生活中，对于所拥有的，要珍惜，要知足；对于那些不该得到的东西，切勿不择手段，一味奢求；对于失去的东西，不要耿耿于怀，

老是放不下。这是精明、智慧和机智的生活态度。当然，在得失问题上，还要懂得两者往往是相辅相成的。这正是祸福相依相成的道理。所以对得失尤其对功名利禄方面的得失，应该豁达一些，淡泊一些，千万不可太介意，太看重。

5

心不在焉，一切就无从谈起

【原典】

心不在焉①，视而不见，听而不闻，食而不知其味。此谓修身，在正其心。

【注释】

①焉：兼词用法，犹言"于此"，意即"在这里"。

【译文】

心思没有端正、思想不集中，看到了却像没有看见一样，听到了却像没有听见一样，吃了东西却不知道食物的味道，以上都是由于心思不正而造成的。这就是说，如果要提高自身品德修养，关键在于须先端正自己的心思（思想）的道理。

全力以赴、坚持不懈是成事的不二法门

"心不在焉"是学习、做事的大忌。总感觉自己对什么都没兴趣，或者偶尔有点兴趣，却不肯下一番功夫，草草了事，这样的人难成大气候。苏东坡曾经这样说过："古之立大事者，不惟有超世之才，亦必有坚韧不拔之志。"由此可见，集中所有的精神和力量，发挥坚强的意志是一个人成功的必要条件之一。只有认准目标，坚持不懈，持之以恒，才能使自己

的人生得以圆满。

孔子是我国古代伟大的教育家。孔子一生的言行，经整理编成《论语》一书，成为后世儒家学派的经典。在《论语》中，有许多有关学习和教育思想的经典言论，详细阐述了学习的乐趣、学习的态度、学习的方法、学与思的关系以及学习与实践这几个问题，这些言行影响着中国几千年的文化，至今仍继续影响着中国的教育理念。

天才来自勤奋。孔子之所以能成为名垂千古的圣人，是和他小时候的刻苦勤奋分不开的。

孔子刚刚三岁的时候，母亲就教他识文断字。四岁时，他已会念百余字了。

有一天，母亲说："今天学的字都记住了吗？"孔子说："都记住了。"母亲说："那好，明天早上我考考你。"

孔子和哥哥睡在一起，晚上，他在被窝里和哥哥说："哥哥，母亲教给你的字都记住了吗？"哥哥道："都记住了。你呢？"孔子说："我已经练了好多遍，也许都记住了，可又不敢肯定。明天母亲要考我的，万一我有写不出来的，那母亲肯定会伤心我说话无信的。不行，我一定要起来再多练几遍。"哥哥被他这种刻苦学习、孝顺母亲的精神所感动，心疼地说："天很冷，别起来练了，就在我的身上写吧。我能感觉出对错，也好对你写的做个检查！"

于是，孔子就在哥哥的胸口上写了起来。每写一字，就念出声来，可这声音越来越轻，当他写完最后一个字的时候，声音也听不到了。哥哥检查完孔子写的最后一个字，听着他那均匀的呼吸

孔子行教像

既心疼，又爱怜。

第二天早上，在母亲考核时，孔子一遍就全部通过了。母亲惊喜道："这孩子莫非有神人相助，居然一下子能记住这么多字，非等闲之人呀，将来肯定能成就自己的大事！"孔子望着母亲欣喜的面容，高兴地笑了。

在孔子超人的天资背后，更多的是那种锲而不舍的执著和刻苦勤奋的汗水。

在晚年的时候，孔子仍刻苦学习，尤其喜欢读《周易》。春秋时期没有纸，字是写在竹简上的，一部书要用许多竹简，必须用熟牛皮绳子（"韦"）编连在一起。平时卷起来放着，看时就打开。《周易》文字枯燥，内容难解，孔子就一遍一遍地读，把编连竹简的牛皮绳子磨断了许多次。即使读到了这样的地步，孔子还是不满意，说："如果我能多活几年，我就可以多理解些《周易》的文字和内容了。"

这个故事一直流传至今，人们就用"韦编三绝"来形容读书勤奋。

孔子还是一位杰出的音乐家，他会弹奏许多乐器，会作曲、唱歌，他把音乐作为人生修养的一个重要因素。

孔子学琴也极为刻苦。有一次孔子随师襄子学鼓琴，曲名是《文王操》。孔子苦练多日，终于得到了师襄子的肯定，师襄子说："可以了。"可孔子并不满足，说："我已经掌握了这个曲子的弹法，但'未得其数'。"

于是孔子又练了两个月，师襄子又说："可以了，你已'得其数'了。"可是孔子仍说："还不够，'未得其志'。"

又过了两个月，师襄子认为这回真的可以了，可是孔子仍然认为自己弹得不理想。于是，他反复钻研，体会琴曲的宗旨，直到能看到文王的形象在乐曲中表现出来才肯停止。

孔子勤奋好学的精神深深地感动了师襄子。直到现在，孔子的名言"学而不厌，诲人不倦"仍是许多人的座右铭。

今天在仰慕孔子的博学和辉煌成就的同时，我们更应该学习孔子勤奋好学的精神。

除此之外，还有苏秦"头悬梁，锥刺股"的刻苦精神也同样值得我们深思。

在战国时期，齐、楚、燕、韩、赵、魏、秦这战国七雄中，秦国仗着兵强马壮不断发兵进攻邻国，攻城略地，希望一统天下。其他六国无不担忧，都在想办法对付秦国。当时苏秦师从鬼谷子学习纵横捭阖之术归来，他提出"合纵"抗秦，意思是六国联合起来共同抗秦。因为六国的位置是纵贯南北，南北为纵，所以称为"合纵"。

苏秦是洛阳人，当时洛阳是周朝的都城。他很想有所作为，曾求见周天子，却没人引见。于是他一气之下，变卖了家产到别的国家寻求仕途之路。但是他到处奔波了好几年，也没做成官。后来钱用光了，衣服也穿破了，只好回家。家里人看到他衣衫褴褛，穿着破草鞋，挑副破担子的狼狈样，父母就狠狠地骂了他一顿；他妻子坐在织机上织布，连看也没看他一眼；他求嫂子给他做点饭吃，嫂子不理他，扭身就走开了。苏秦受了很大的刺激，决心争一口气。自此以后，他刻苦读书，钻研兵法，天天到深夜。有时候他读书读到半夜，又累又困，就用锥子扎自己的大腿，虽然很痛，但却能让自己清醒起来，这样，他就能接着读下去了。据说，他晚上念书的时候还把头发用带子系起来拴到房梁上，一打瞌睡，头向下栽，揪得头皮疼，他就精神起来。这就是后来人们说的"头悬梁，锥刺股"，用来表示读书刻苦的精神。

苏秦在家里经过一年的伏案苦读后，不顾家人的强烈反对，决定再次周游列国，游说天下。而此时的他，已经对天下大势了然于胸了。

公元前334年开始，他到六国去游说，宣传"合纵"的主张，结果他成功了。第二年（公元前333年），六国诸侯订立了合纵的联盟。苏秦挂了六国的相印，成了显赫的人物。

苏秦这种"悬梁刺股"的做法所展示的是一种良好的意志品质。人们为了实现某种目的，在行动中自觉地克服困难所表现出来的心理过程，我们称之为意志。这种意志就是忍常人不能忍之辱，吃常人不能吃之苦，必能做常人不能做之事。

正如孟子所说的："天将降大任于斯人也，必先苦其心志，劳其筋骨，饿其体肤，空乏其身，行弗乱其所为，所以动心忍性，曾益其所不能。"这段话充分地说明了意志力的重要性。每个人都有自己的理想，而理想的实现首先就需要有坚忍不拔的意志，不达目的绝不罢手的执著，只要有这种积极的心态并付出行动，那还有什么实现不了的呢？

我们都知道，先致力于"学"而后才能拥有"才"，也即"才高八斗"源于"学富五车"。但问题的关键在于，这道理不难知道，难的是做到。因为"学"本身并不是件惬意的事情，而是个苦差事，因此才有"寒窗，头悬梁""苦读，锥刺股"的故事。正因为辛苦，经常会有一些意志不坚者面对"书山、学海"望而却步，或是半途而废。

古人云："志者，气之帅也。"意志是精神之统帅，性格之中枢。坚强的意志品质是学习和工作取得好成绩的重要保证，是获得事业成功的基础。

事实上，在每一种追求中，作为成功的保证，与其说是才能，不如说是全力以赴、不屈不挠的意志。因此意志力可以定义为一个人性格特征中的核心力量。意志是人行动的动力之源。

一个人如果下决心要成为什么样的人，或者下决心要做成什么样的事，那么，意志或者说动机的驱动力会使他改掉"心不在焉"的毛病，最终让自己心想事成，梦想成真。

六

齐家章：
完善自我，才有整个家庭的和睦

　　家，是社会的基本单位，没有一"家"之和睦，就没有一国之安宁，齐家，任重而道远。俗话说：家家有本难念的经，这不是危言耸听、夸大其词，事实确实如此，家，并不好治理。《大学》说"齐家必先修身"，所以，齐家之前，首先要做到自我完善，不断提升自己。只有自己的修养和道德情操达到一定水平了，才可肩负起一家之重担，才能使整个家庭走向和睦幸福。

1

对自己的亲人不能过于偏爱

【原典】

所谓齐其家，在修其身者，人之其所亲爱而辟焉①。

【注释】

①之：同"于"的用法，意为"对于"。辟：偏见。

【译文】

所讲的如要治好家族，关键就在于需要先修养自身之品德。这是什么道理呢？因为不修身的人对于所亲近相爱的人往往多有偏爱。

对家人的"爱"过了头就是"害"

《大学》的观点并不是反对一家人相亲相爱，而是说任何事都应该适度，保持在一个合理的范围之内。一旦过了头，一味地宠爱甚至是溺爱，那就会适得其反，给家人带来祸害。

后汉孝明帝的皇后是伏波将军马援的小女儿，十四岁入太子宫为太子妃，明帝即位后册封为皇后。儿子章帝即位后，因为年纪小，马皇后临朝称制，处理国家大事，史称明德马太后。

章帝和自己的几个舅舅感情很好，便想依照惯例，封自己的几个舅舅为侯，太后却坚决不同意。

章帝向母亲请求说："从西汉以来，国舅封侯和皇子封王已经是国家的制度，您自持逊让却要让儿子背上亏负舅家的名声。"并以建国初期，阴、郭两家的国舅都得以封侯为例子。

马太后耐心解释说："我并不是想得谦让的美名，让皇上落个刻薄的名声，而是鉴于西汉那些后族几乎没有不因荣宠过盛而导致灭亡的。阴、郭两家乃是先皇的后族，我也不敢比，先帝在封皇子为王时，国土和赋税收入比较建武时期减少了一半，我曾问过先帝为何这样做，先帝说：'我的儿子怎敢和先皇的儿子一样。'此言我一直铭记，然则我的娘家又怎敢和阴、郭这些开国的后族相比。"

这一年大旱，有一名投机官员想趁势讨好皇上和后族，便上奏说天灾乃是因为不封国舅为侯之故。

马太后看后大怒，下诏严词斥责："你不过讨好我而已，怎敢妄言天灾与不封侯有关。汉成帝时，一日之间封侯王家五人为侯，当时大风拔树，黄雾四塞，这才是天灾示警，乃是后族过盛，乾纲不振之故，终于导致王莽篡汉之祸，从没听说后族谦逊守礼而导致天灾的。"大臣们见太后执意坚决，便没人再敢做这种"投机生意"了。

章帝总觉得舅舅不封侯，自己心有愧疚。大臣们碰了钉子不敢说话，便亲自向母后苦苦哀求："舅舅们年纪都大了，身体又多病。万一有所不讳，生前得不到封典，儿子可要抱憾终生了。"

马太后虽然心里不愿意，但实在拗不过儿子，只好同意章帝封其舅舅们为侯，但却常为此而郁郁不乐。

临下诏册封的前一天，马太后把自己的兄弟们召进宫，告诫他们切忌权势过大，自蹈覆亡之祸。

马太后的兄弟们体会到太后的良苦用心，第二天接受封爵后，便坚决辞去在朝中的职务，以列侯归第。

后汉选择皇后大多是开国功臣之家，主要是邓、马、窦、梁四家，而邓、梁、窦之族因权势过盛而遭灭门之祸，只有马氏一族谨守礼节，不敢稍有逾越，得以保全。

明德马太后能深明古今成败大义，在她在位期间，始终压制自己娘家的势力，既不是不爱富贵，更不是不愿意娘家与自己同享富贵，而是深知富贵乃祸患之门，稍有闪失便会有不忍言之大祸，明理达义，巾帼何让须眉，真是少见的女中圣贤。

世人都说"女生外向"，其实最终还是"内向"的，尤其是皇后或皇太后，趁自己得宠或临朝称制时，恨不得把全天下的富贵都搬到自己的娘家，真如烈火烹油，一时间煊赫无比，待到自己失宠或者失去权利后，自己的娘家反而因为权势过盛，恃势胡为而遭灭门之祸，纵观两汉后族，几乎没有例外。

这些人也并非愚蠢，他们错就错在"肥水不流外人田"的思想，面对摆在眼前唾手可得的权势富贵，首先想到的就是自家人，却不知这"光宗耀祖"的事最后都成了祸害。所以，《大学》提醒大家，要想让家庭获得真正的平安幸福，请先端正自己的心态，修身为先。

2

对厌恶的人不能存有偏见

【原典】

之其所贱恶①而辟焉。

【注释】

①贱恶：指所鄙视与厌恶的人。

【译文】

对于自己所鄙视厌恶的人往往多存偏见。

（1）对手也可以是自己学习的榜样

对于自己鄙视或者厌恶的人多存偏见，几乎是人的通病。比如，对于自己的对手或敌人都恨不得一棒子打死而后快，而对于他们身上的优点都视而不见。事实证明，一个只会向朋友学习的人，其视野一定是狭隘的，其进步也肯定有其局限性。只有知道并懂得如何向对手或敌人学习的人，才是真正豁达的、强大的和不可战胜的。

在中国的历史上，有一位向敌人学习的典范，他就是赵武灵王。

赵武灵王名雍，战国时期赵国国君，杰出的政治家、军事家、军事改革家。赵肃侯之子。公元前325～前299年在位。他所推行的"胡服骑射"政策，对于当时赵国乃至以后中国社会的发展都产生了积极的影响。

赵武灵王在位期间正处在战国中后期，各国之间战争频繁发生，兼并之势愈演愈烈，各诸侯国均在发愤图强，以图立于不败之地，进而吞并诸国，称霸诸侯。当时赵都邯郸的疆土主要有当今河北省南部、山西省中部和陕西省东北隅。其周围被齐、中山、燕、林胡、楼烦（古部落名）、东胡、秦、韩、魏等国包围着。时人称赵为"四战之国"，其形势之险恶可想而知。赵武灵王即位前，赵国国势很弱，往往无力抗击实力为二三流的小国，如中山国的侵扰。赵武灵王即位后，在实行"胡服骑射"前的十八年中，赵屡败于秦、魏，除损兵折将、国力大衰外，还不得不忍辱割地。林胡、楼烦也乘此机会，连年向赵发动军事掠夺，赵国重压之下，几乎没有喘息之空，更别谈还击之力。

在这样严峻的形势面前，赵武灵王决心发愤图强。有一天，赵武灵王对他的臣子楼缓说："咱们东边有齐国、中山，北边有燕国、东胡，西边有秦国、韩国和楼烦。我们要不发愤图强，随时会被人家灭了。要发愤图强就得好好来一番改革。我觉得咱们穿的服装，长袍大褂，干活打仗都不方便，不如胡人（泛指北方的少数民族）短衣窄袖，脚上穿皮靴，灵活得多。我打算仿照胡人的风俗，把服装改一改，不知您认为可否？"

楼缓听后非常赞成，说："咱们仿照胡人的服饰，就能学习他们打仗的本领。"赵武灵王说："对呀！咱们打仗全靠步兵，进攻十分缓慢，就是打败游牧骑兵，在追击的时候，他们骑马跑得快，我们也很难追上他们；即使用马拉车，道路不好走，也是追不上他们；要想学习胡人的服饰，就得学习像胡人那样骑马射箭。"这个改革议论一经传开就遭到一些大臣反对。赵武灵王就去找军事将领肥义商量，赵武灵王说："我想用胡服骑射来改革咱们国家军队的服装和装备，可是有人反对怎么办？"肥义将军表示支持，说："服装与装备的改革关系到国家的安危，要办大事不能犹豫，优柔寡断是办不成大事的。大王既然认为这样做对国家有利，何必担心几个人的反对？"赵武灵王听了十分高兴，说："我看讥笑改革而反对我的是些蠢人，明理的人都会赞成我改革的。"

第二天，赵武灵王就直接穿着胡人的服装上朝了，大臣们见到他短衣窄袖，穿着胡服，都吓坏了。赵武灵王把改穿胡服的设想讲述一遍后，大臣们议论纷纷，有的说不好看，有的说不习惯，有的说不穿自己国家的服装，反而穿胡服，这是对国之不尊，对祖宗不敬！

有一个顽固派老臣，名叫赵成，是赵武灵王的叔父，带头反对服装改革。他是赵国一个很有影响的老臣，头脑守旧，十分顽固。他不但反对改革，而且在家装病不上朝了。

赵武灵王知道要推行军事改革，首先要打通叔父的阻拦，就亲自上门找赵成，对他反复讲解改穿胡服学习骑射的好处。赵成终于被说服了。赵武灵王趁热打铁，立即赏给他一套胡服。第二天的朝会上，文官武将看到老臣赵成也穿着胡服来上朝了，自然反对派们也就无话可说了。

紧接着，赵武灵王又号令兵士学习骑马射箭。不到一年，就训练了一支强大的骑兵部队。次年春，赵武灵王亲自率领骑兵打败了邻近的中山国，又收服了林胡和西北方的几个游牧民族。到了实行胡服骑射后的第三年，中山、林胡、楼烦都被征服了。赵国从此强大起来，可以与当时的霸主一较高下了。

赵武灵王是战国历史上一位精明能干的封建君主，是古代屈指可数的军事改革家，为赵国的强盛做出了许多功绩。他目光高远，思想敏锐，勇于学习。别人的东西，只要是好的，完全可以学习。取其精华，去其糟粕。他所进行的军事改革，改穿胡服，学习骑射，就是向他的敌人学习的结果。

向"敌人"学习是学习的最高境界，是一种最具智慧的表现。"师夷长技以制夷。"因此我们要学会向我们的竞争对手学习，向我们的"敌人"学习。

对手是一面镜子，能照出我们自己的不足，使自己做得更加完善。对手是同行者，也是挑战者。大家也许听说过这样一个故事，上帝可怜羊群被狼追杀，于是让狼在草原上消失了，没有天敌的羊群可以在草原上悠闲地生活，可是羊群却日渐衰弱下来，而且草原被践踏，许多羊因没有吃的而被饿死。上帝知道后，又把狼放回了草原，羊群又恢复了原来的面貌。由此可以看出，是敌人在背后的追赶，才激发了我们身上潜在的力量，使我们变得强大起来。因为对手，我们能创造奇迹；因为对手，我们不断地走向完美。在人生长途中，最好的老师是对手，最好的朋友也是对手。但竞争也是残酷的，是你死我活的拼杀，是当仁不让的较量。

当我们明白对手的价值、地位，知道我们的每一个进步和突破都与对手分不开时，那么竞争就是兴奋的、刺激的、可爱的、美丽的。让我们用豁达的胸怀，勇于面对挫折，勇于面对对手。让我们在竞争中得到提高，在挑战中得到完善。对手的优势就是我们应该学习的，对手的不足就是我们应该引起注意的，对手的目标也是我们奋斗的方向。

不管是主动的，还是被迫的，只要我们不断学习、思考、实践，就会有进步、有收获。

向竞争对手学习不仅是方法的问题，还是价值和境界的问题。我们要学会向对手学习，能够取人之长补己之短，使自己尽快赶上和超越对手。

（2）用人要唯才是举，切忌存有偏见

对于一个领导者而言，对于自己所厌恶的人心存偏见也是用人的大忌。这个世界上，所有的人都有缺点，也都有优点。如果眼里只有他们的缺点，而忽视他们的优点，那肯定会把自己局限在一个很小的圈子里，也会失去很多机会。

在帝王专制时代，君臣之间无民主可言，赋予谁权力，全在一人之口。李世民是历史上一位不可多得的明君，正是他的不因个人喜好而独断，唯才是举，兼听纳言，开创了贞观时期君臣之间的清明政治之风，在短短一二十年间将大唐推向昌盛繁荣。

即位以后，李世民逐步建立起了以自己为核心的最高决策集团，汇集了当时最杰出的人才，他深知：为政之要，唯在得人，用非其才，必难致治。于是李世民首先采取了求贤纳才、知人善任的用人政策，不拘一格地广泛吸纳人才。他把举贤荐能、广招人才视为刻不容缓的事情，对那些推荐人才不积极的大臣，则加以严厉批评。

有很长一段时间，宰相封德彝没有推荐一个人。李世民于是就责问他，封德彝却回答说是天下没有贤才可以推荐。

李世民不禁气愤地批评封德彝说："用人就如同使用器物一样，只要各取所长，自然就不乏贤才奇士。你不善知人，怎能说是世上没有贤能之才呢？"

李世民不仅让大臣们推荐选拔人才，他自己也处处留心和访求有才之士，一旦发现即破格提拔重用。只要是有才之士，李世民不计较资历地位和亲疏恩怨，都能够兼收并用，充分发挥他们的才能。

贞观三年（公元 629 年），在一次上朝的时候，中郎将常何所提出的二十多件事，全都符合朝政的情况。然而，常何是武将出身，不通经文，应该是不可能有这么高明的见解的，这不禁让李世民既高兴但又感到奇怪。

经过询问，李世民这才知道，常何所提交的议论其实都是他家中的食客马周代写的。于是李世民立即将马周召进宫，和他一番详谈之后，发现马周的确是个人才，不仅机智敏捷，深识事端，而且处事公允，敢于直言，于是李世民当即就任命他为门下省官员，对他大加重赏，后来又任其为监察御史、中书舍人，直至中书侍郎、中书令等要职。

"玄武门之变"后，李世民不计较恩怨，大胆重用前东宫集团的重要谋臣魏征、王硅、韦挺等人，其中最杰出的当数魏征。

魏征原来是太子李建成的重要谋士，"玄武门之变"后，李世民推崇他的才能，委之以宰相重任。他前后共向李世民进谏了二百多次，大多数都被采纳了，这对贞观前期的政治起到了重要的影响。

魏征为人正直，敢于直言，凡是正确的意见不但要说，而且要坚持到底，即使李世民大发雷霆，魏征也坦然处之、神色不移，毫不退缩。

魏征死后，太宗十分痛心，无限感慨地说："用铜做镜子，可以端正衣冠；用历史做镜子，可以知道国家兴衰的道理；用人做镜子，可以看到自己的过错。现在魏征去世了，使我失去了一面很好的镜子。"

李世民以独特的政治家风度，积极推行科举制度，大力选拔人才。因此，在唐初人才荟集，群英满堂。为开创贞观时期的大好局面发挥了积极作用。

《列子·杨朱篇》中也写道："要办大事的人，不计较小事；成就大功的人，不考虑琐碎。"但现实生活中，仍有些管理者会因为个人的恩怨而排斥有德有才之人。而优秀的管理者，在选用人才时，总是优先考虑这个人能做什么、能做得多好，其他的都不重要。所以他们在用人时，并不总是盯住员工的过去和缺点，能够对无关紧要的细枝末节视而不见，专注于员工的特长，并且最大限度地使员工发挥它。

3

面对自己所敬畏的人往往会做出错误的行为

【原典】

之其所敬畏而辟焉。

【译文】

对于自己所敬畏的人往往多有偏失。

不畏权势，彰显一身正气

做一个正直的人不能只是牺牲自己讨好他人，这样的"正直"是软弱、是迂腐，真正的正直要有一种刚性，要坚守自己的原则底线，不管面对的是什么样的人，哪怕天塌下来也不低头。

董宣身为封建社会一官吏，却能坚持做到秉公执法时将法堂置于至高地位，难能可贵，作为一官职卑微的洛阳县令，却敢于和皇亲国戚对簿于朝堂之上，这精神尤为后人敬佩。无论是清平盛世，还是乱世，人们都希望有公正廉明的执法者出现，有了像董宣这样的执法者，人民才有安宁和舒坦的生活。也因此，董宣才受到历代人民的赞扬。

汉朝承接战国及秦末动乱不安的时代，影响所及，民多豪猾。很多州郡辖地辽阔，户口又多，做官的独断专行、族灭奸宄、先斩后奏，逞其刚烈之气，成其不屈之威。

公孙丹新建住宅，占卜的认为一定会有人死去，公孙丹于是让儿子杀了过路的行人，把尸体放在屋里，来抵挡他的灾祸。董宣知道了，便把公孙丹之子逮捕杀掉。公孙丹宗族和亲信三十多人，拿着兵器到董宣官府，喊冤叫屈，董宣认为公孙丹以前曾经投靠过王莽，担心他们跟海贼串通，就全部逮捕起来，因在县监狱里，派门下书佐水丘岑把他们统统杀死。青州刺史认为他杀得太多，向皇帝上书告发董宣，考察他的罪状，于是董宣获罪征召到廷尉。董宣在监狱里，早晚吟诵诗文，无忧色。到出狱受刑的时候，官属做了饭菜送他。董宣厉色说："我董宣生平没有吃过别人的东西，何况在死的时候呢？"上车而去。当时一起受刑的九人，第二个轮到董宣。光武帝急忙派侍从骑士赶去，只赦免了董宣的死刑，并且命令他回到监狱去。派使者审问董宣多杀无辜的情况，董宣用全部事实回答使者，并说水丘岑是按他的旨意办事，罪不在他。愿意以自己的命换水丘岑免于一死。使者把这些情况告诉了光武皇帝，光武皇帝下诏将董宣降为怀县县长，令青州刺史不再查究水丘岑的罪行。此后水丘岑的官升到司隶校尉。

后来江夏郡有巨贼夏喜等侵扰郡境。朝廷任命董宣为江夏太守。董宣到了江夏郡边界，发布文书说："朝廷认为本太守能够捕拿奸贼，故接受了这个任务。现在在江夏郡界统率兵马，檄文到达之日，希望你们考虑自己的下场。"夏喜等听了，心里害怕，立即投降解散。外戚阴氏是江夏郡都尉，董宣轻视侮慢他，因此事而被免职。

在这之后，朝廷特征召董宣为洛阳县长。当时湖阳公主的奴仆白天行凶杀人，因为躲在公主家里，官吏不能去抓他。等到湖阳公主外出时，公主又用这个杀人的奴仆作陪乘，因而一直无法抓该奴仆归案。董宣了解此事后，便在公主出行之地——夏门亭等候湖阳公主，公主的车马经过时，董宣便截住公主的车，拦住公主的马，大声列举公主的过错，呵叱那个奴仆下车，并格杀了他。于是湖阳公主立即返宫告诉了光武皇帝，光武皇帝大怒，召见董宣，想用棍打死他。董宣叩头说："我请求说一句话再死。"光武皇帝说："想说什么？"董宣说："陛下圣德中兴汉朝，却放纵奴仆杀害良民，将怎样治理天下呢？我不用您棍打，请让我自杀吧。"说完就用头碰撞柱子，血流满面。皇帝命令小黄门扶持着他，让董宣向公主叩头谢罪，董宣不服从，小黄门强迫他叩头，董宣两手据地，始终不肯低头。公主说："文叔当百姓时，隐藏逃犯和犯了死罪的人，官吏也不敢上门捉拿。现在做了天子，你的权威却不能加于一个县长吗？"光武帝笑着说："天子不能同老百姓一样。"便命令这个硬脖子县长出去。赐给董宣 30 万钱，董宣全给了手下的官吏们。从此，董宣打击豪强，对方没有不震惊发抖的，京师称他为"卧虎"，民众唱歌表扬他说："董宣衙前无冤鼓。"

董宣任洛阳县长 5 年，74 岁死在任上，皇帝下诏派使者到他家里看视，只见用布被盖了尸体，妻子儿女对着哭泣。家中有几斛大麦，一辆破车。光武帝悲伤地说："董宣做官廉洁，死了才知道啊！"因为董宣曾做过二千石的郡太守，所以赐给他银印禄绶，用大夫礼安葬他。后封他的儿子董并为郎中，后来官至齐郡国的相国。

其实，正义与邪恶之间，一个正直的人必须拥有这种宁折不弯、不畏权势的气势，才能让那些歪风恶势力屈服，才能取得最后的胜利。

4

哀矜过度就会做出错误的判断

【原典】

之其所哀矜①而辟焉。

【注释】

①哀矜：同情，怜惜。

【译文】

对于自己哀悯同情的人往往因为偏私而做出错误的决定和判断。

行善做好事要看清对象

东郭先生和狼的故事，广为人知。东郭先生对狼同情至极，也算是仁至义尽，而结果险些送命。在生活中，如果行善做好事不分对象，同样是错误的，会给自己带来很大的麻烦和伤害。

前秦皇帝苻坚对人善良，心胸极为开阔，他对投降和被俘的人，从不乱杀，也很少猜疑，有的还委以重任。

当时，鲜卑亲王慕容垂投靠他，苻坚毫不设防，盛情招待，像亲兄弟一样信任他。有的大臣认为慕容垂并不可靠，于是对苻坚说："皇上心地善良，好行善事，但也不能滥施仁义，轻易地相信人。我看慕容垂面露奸诈，不是忠厚的人，他只是走投无路才投靠皇上，对他应当警惕啊。"

苻坚最恨无情无义的人，他认为这是大臣嫉妒慕容垂，于是说："慕容垂是个难得的人才，他能投靠我，正是因为他相信我啊。我善待他是应该的，否则，天下的能人志士一定会说我不能容人，这对我声名有损。"

羌部落酋长姚苌，苻坚在做亲王时便救过他一命。当时，姚苌犯罪当斩，在押赴刑场时，苻坚见他英武不凡，于是善心发作，当场将他免死。苻坚做了皇帝，对姚苌更为器重，和他无话不谈，授他很大的权柄。

对于姚苌，许多人都认为他是个小人，有的还揭发说："姚苌身为羌人，时刻想要自立为王，他暗中联络羌人，私招兵马，这都是他有野心的明证。皇上对他过于宽厚，就是对自己残忍，要知道，恶狼是无法感化

的，而只能打杀。"

符坚不听良言，反以自古第一仁君自居。他曾得意地说："我只担心自己的善行不多，却从不相信这样做有什么坏处。谁也不能阻止我行善。"

符坚伐晋失败后，前秦民心浮动，形势不稳。这个时候，一直心怀鬼胎的慕容垂以安抚百姓为名，脱离了符坚，号召前燕帝国的鲜卑遗民复国，建立了后燕帝国。

姚苌后来也叛变了，建立了后秦帝国。

慕容垂和姚苌的反叛给了符坚致命一击，前秦很快就瓦解了。

更惨的是，符坚成了姚苌的俘虏，姚苌不但不感念旧情，还把他活活勒死。

符坚死时，姚苌的羌人部队都感到不忍，为他流下了眼泪。

符坚只知行善的好处，却不知对恶人行善的坏处，所以才会不分青红皂白，把愚蠢当作了聪明。

做善事不能一厢情愿，不讲原则的善举常会带来坏的结果。小人如果利用了人们的善念，他们为恶就更加方便了。

5

骄傲懒惰的人不一定一无是处

【原典】

之其所敖惰而辟焉①。

【注释】

①敖（ào）惰：敖，通"傲"，傲慢。惰，懈怠。

【译文】

对于自己所认为是骄傲懒惰的人往往多持偏见。

求取"傲慢"的贤才需要诚心和耐心

"三顾茅庐"是刘备求才的佳话，其所以千古流传是由于它展现了刘备的求才之心切，面对有几分傲慢的诸葛亮，刘备爱才德盛，而且礼数感人。也正因为刘备有茅庐三顾，才有后来诸葛亮的"鞠躬尽瘁，死而后已"。

刘、关、张（刘备、关羽、张飞）兄弟三人"一顾"茅庐时，关羽、张飞两人都有点不耐烦了。急性子的张飞说："既不见，自归去罢了。"刘备说："且待片时。"又等了一会儿，确实无望，关羽说："不如且归，再使人来探听。"于是兄弟三人这才离去。"二顾"茅庐时，张飞开始发脾气了："量一村夫何必哥哥自去，可使人唤来便了。"刘备劝说一番，三人又一同出发，可还是没见着。"三顾"茅庐时，关羽、张飞都极不高兴，关羽话说得很轻，却落得很重："兄长两次亲往拜谒，其礼太过矣。想诸葛亮徒有虚名而无实学，故避而不见，兄何惑于斯人之甚也！"张飞则更按捺不住，准备动武："量此村夫，何足为大贤！今番不烦哥哥去，他如不来，我只用一条麻绳缚将来！"但是刘备却意念坚定，一面呵斥张飞的鲁莽，一面对关羽说："不然，昔齐桓公欲见东郭牙野人，五反而方得一面，况吾欲见大贤耶？"为了求得诸葛亮，别说"三顾"，恐怕再多几次他也会毫不犹豫地去请的。

一连两次都扑了空，第三次终于见到了心仰已久的诸葛亮。刘备立即谦逊地请教："现在汉朝崩溃，天下大乱，权臣控制朝政。我不度德量力，想伸义于天下，完成统一大业，恢复汉朝的统治，但由于才疏德薄，屡遭挫折，至今一无所成。不过，我并未因此而心灰意冷，还想干一番事业，希望先生为我谋划。"

诸葛亮为刘备诚心尽礼的态度和正义的雄图所感动，便决心倾其所能以报知己。于是他毫无保留地对当时天下形势从政治、经济、军事、地理、人事等方面进行了精辟的分析，并为刘备具体谋划了战略目标、战略步骤，这就是著名的"隆中对策"。刘备听后赞叹不已，相见恨晚，于是热诚地邀请诸葛亮出山辅佐自己成就大业。诸葛亮慨然应允。

刘备求得诸葛亮后说："我得孔明，如鱼得水。"诸葛亮一到刘备军中，刘备不仅礼待如兄弟，而且即刻委以重任，言听计从。诸葛亮见刘备如此器重自己，就放开手脚，尽力施展自己的才华。首先帮助刘备扩大军队，很快由几千人发展到上万人，又广纳人才，结好地方，使一生受挫折的刘备又看到了希望。建安十三年，曹操亲率大军南下，对刘、吴集团虎视眈眈。诸葛亮自告奋勇，前去游说孙权联合抗曹，并导演了"赤壁之战"，使曹操败北。这样，三国鼎立的局面就形成了。

赤壁大战后，诸葛亮积极谋划，并不辞劳苦，亲自征战，使刘备出兵占领了荆州以南的地区，继而又占领了益州。建安二十二年，诸葛亮又在定军山大破曹军，使刘备一举占领了汉中。为了稳定社会、革新政治，诸葛亮严格执法，惩处豪强，任人唯贤。刘备得荆州，进益州，据汉中，建蜀汉，都与诸葛亮竭忠尽职分不开。

由于刘备器重诸葛亮，尊敬诸葛亮，礼遇诸葛亮，致使诸葛亮不但在刘备生前尽心尽力，在刘备死后，诸葛亮更是以仲父之身、慈母之心辅佐后主刘禅。

诸葛亮在名垂千秋的《出师表》中写道："先帝不以臣卑鄙，猥自枉屈，三顾臣于草庐之中，谘臣以当世之事，由是感激，遂许先帝以驱驰。"感慨流涕之余，诸葛亮还响亮地提出"鞠躬尽瘁，死而后已"的口号以表忠心。辅佐后主期间，面对刘备东征失败后的现实，诸葛亮稳定秩序、恢复经济、重振军威的担子很重，他不辞辛劳，注重以法治国，严明法纪，并大力实行"务农植谷、闭关息民"的政策，整修水利，奖励农耕，在很短的时间内，使蜀国经济又有了一定的恢复和发展。为实现刘备统一中原的遗愿，诸葛亮更是不顾年迈体衰，六出祁山，北伐曹魏，最后抱终天之恨，病逝于北伐前线。

诸葛亮鞠躬尽瘁追随刘备、报答刘备，充分体现了"臣事君以忠"，当然，这是以刘备耐心加诚心为前提的。同样的关系也见于刘备与关羽、张飞、赵云等诸多部下之间。可见，这种双向互动在人际关系中是多么的重要，任何一方的冷漠都有可能引起对方的寒心和无动于衷，那样，就不会出现任何令人感动的情谊，也不可能共同创造出令双方都满意的业绩来。

6

看人要长处、短处兼顾

故好（hào）而知其恶，恶（wù）而知其美者，天下鲜矣！

【译文】

因此，喜爱某人的同时，却又能认识他的不足；厌恶某人的同时，却又能了解他的长处，能做到这样的人天下少有啊！

（1）识人用人既不能大材小用，也不可小材大用

选用人才，其人的能力固然是首要考虑的，但考察一个人的能力必须与相应的职位相结合，要长短兼顾，其中最重要的还是要遵循一个"适用"原则。能人之能一般只体现在某一方面，比如以文才敏捷见长者，备皇帝顾问当为不二人选，但如让他封疆任事，则不仅误事，也会误身。所以说，在识人的过程中，全面考察是必要的，也是必需的。

唐太宗李世民也特别注意能力与职位的关系问题。他明确提出，要根据实际能力降职使用或提拔、根据能力加以任免，既不允许能力低下者长期混岗，也不容许大材小用、浪费人才的现象存在。

贞观八年（公元 634 年），中牟县丞皇甫德参上书犯颜直谏李世民修建洛阳宫，李世民认为他忠直可嘉，加以优赐，特地拜他为监察御史。这可以说是从实践中发现下属的才德，根据才德将其提拔的一个实例。

贞观十四年（公元 640 年）十月，李世民要到同州去狩猎，县丞刘仁轨上书奏说："今秋大稔，民收者十才一二，使之供承猎事，治道葺桥，

动费一二万实妨农事。愿留銮舆旬，俟其毕务，则公私俱济。"李世民闻言甚以为是，于是"赐玺书嘉纳之"，并提拔他当新安县令。

贞观二十年（公元 646 年）二月，刑部侍郎缺人担任，李世民要执政大臣"妙择其人"，执政大臣们提了几个都不能使其满意，于是他想起李道裕是一个敢于坚持实事求是的人——在处死张亮的问题上，李道裕力排众议，仗义执言，说："亮反形未具，罪不当死。"这种不惧嫌疑的作为，证明了李道裕为人的原则性，这使李世民甚有感触，于是委任李道裕为刑部侍郎。

贞观二十年六月，李世民欲赴灵州招抚铁勒诸部，要太子随行，少詹事张行成上疏说："皇太子从幸灵州，不若使之监国，接对百僚，明习庶政，为京师重镇，且示四方盛德，宜割私爱，俯从公道。"李世民甚觉妥帖，"以其忠"提拔张行成担任了较高的职务。

此类事例，不胜枚举。这里有一个更具说服力的例子。

贞观十一年（公元 637 年），治书侍御史刘洎认为，尚书省左右丞两位人选应该特别注意精心选择，于是上书李世民，发表意见说：尚书省是个日理万机的机构，它们是处理国家事务的关键部门，因此，寻求尚书省众官员的人选、授予官职确实是件有难度的事情。作为文昌宫的众星（文昌乃星官名。这里把尚书省比作天上的文昌宫，把左右仆射、六部长官比作文昌宫的众星）和左右仆射、六部长官，以及作为"管辖"的左、右二丞，乃至各营郎，都与天上的列宿相对应，此比是说尚书省的官员任用得合适与否，关系重大。这些职位如果被不称职的人占据了，那就会牵一发而动全身。

这位名叫刘洎的治书侍御史说，近来尚书省的诏敕总是拖延滞留，不能及时得到处理，公文也已经堆满在案桌上了。作为一个才资平庸的人，下臣还是请求陛下允许我叙述其根源。

刘洎指出贞观初年国家还没有设尚书令、左右仆射等官职时，尚书省的事务非常繁杂，比现在多出一倍以上。当时任左右丞的戴胄、魏征二人都很通晓官吏事务，他们本身胸怀坦荡，品性刚直。大凡遇到应该弹劾检举之事，无所回避，陛下又施予他们恩慈。百官懂得自我约束，朝中弥漫着一种庄重严肃的气氛，这都是因为用人得当的缘故。到杜正伦任右丞的时候，也比较能勉励下属。

说到这里，刘洎将话锋一转，切入时弊，指出：而到了近来，国家的一些重要法纪已不能正常执行了，这是因为什么呢？——是因为功臣和国戚占据着要位，才不符职，而且彼此又依仗着功劳或权势相互倾轧。在职的官员，大都不遵循国家的法律准则，虽然有的也想奋发努力，但是一遇到诋毁讥谤就害怕得不行。

刘洎这里概括地揭露了贞观中期朝廷中的官场现象，同时指出：正是由于这种现象的存在，事情多由郎中（尚书省尚书、侍郎、丞之下的高级官员，分管各曹事务）定夺，只有遇到重要事件时才请求上级；而尚书又优柔寡断，不敢做出决定。有的弹劾一经上奏，故意给予拖延，案件的事理本来已经一目了然，但仍然向下级盘问。调查案件没有时限，即使迟延了也不受上级责备。公文一经出手，一般就得历经一年半载。有的办案官员把案子办完了，就不再去追究结论的是非。官员之间相互宽容，出了什么事相互庇护，如此等等。

刘洎认为，选拔众多的优秀人才并授予官职，必须非才莫举，君王代天行事，怎可妄委庸才以任。

刘洎总结说：长期堵塞贤路，实在是不应该的。为消除积弊，就应该精心选任尚书省的左右丞及左右郎中，如果这些重要职务的官员选任真正做到了才职相称，国家的法纪就会得以完善地实施。同时，还应当矫正小人争权夺利的风气。如果都这样做的话，那就不只是改变诏敕拖延停留现状那样简单的问题了！

李世民闻过则喜，奏章上奏不久，他就任命刘洎为尚书省左丞，全力地支持他，让他在那里放手工作，清理积弊。

让合适的人到合适的位置上才能有效地发挥其作用。譬如唐太宗之用李道裕、之用刘洎，都据其性格特点而用，终使人尽其能。历史上的名君在用人的见识上何其一致。

（2）赦小过，举贤才

在识人、用人的过程中，全面地考察人才还有一层意思，就是要懂得赦人小过。俗话说"瑕不掩瑜"，不能因为一次小小的过错就全面地否定人才。这也是"好而知其恶，恶而知其美"的具体体现。

"赦小过"就是宽容别人的小过失，以换取人心，体现胸襟，但小过不是视而不见，而是间接提醒却并不深究。部属犯了错，既要让其知道你能明察，又让他感激你不计较的恩德，不失为治病救人之举。

"赦小过"的主要作用就在于调动一切积极因素，团结一切可以团结的力量。当然，这也包括那些曾经犯过错误但愿意改正的人。俗话说："金无足赤，人无完人。"如果你事事求全责备，就好像眼睛里容不下一粒沙子那样，紧抓住别人的缺点和错误不放，谁还愿意为你卖命呢？因此，做领导的一定要原谅部下的小过失。

管仲是我国古代著名的治国贤才，他本是齐桓公的对手公子纠的老师。但齐桓公不计前嫌仍然重用管仲，终于把齐国治理得强盛起来。齐桓公十分注重有才干的人，他深知一个人才对于一个国家的重要。

一个领导者如果真心求贤，就必须有诚意，礼贤下士，以宽广的胸怀接纳人才，不应过多地考虑他以前做过什么。

刘备三请诸葛亮出山相助就足以让一些现代的领导者效法。诸葛亮胸怀伟略，卧居隆中，声名远播。刘备和曹操几乎同时听说了诸葛亮的大名。据野史记载，曹操比刘备更早一步来请诸葛亮，但最后却是刘备得偿所愿，而曹操却失之交臂，其原因就是：刘备能够礼贤下士，三顾茅庐，而曹操却只派出莽将以势相逼，以祸相胁。

曹操麾下谋士如云，猛将如雨，但最终也没有在其有生之年一统天下；刘备将寡兵微，地少人稀，却能维持局面几十年而不倒，其主要原因就在于：曹操心胸狭窄，生性多疑，不能公平地任用人才，他手下几乎都是曹氏家族和夏侯氏家族的人；而刘备却一直能平等地对待和恰当地使用荆襄、巴蜀两大集团中的精英分子。

清末名臣曾国藩颇具容人之量，很会用人所长。其府中，人才济济，文

诸葛亮像

武兼备。当时，李鸿章是一个好吃懒做之徒，几乎所有的人都对他深恶痛绝，必欲驱之而后快。但唯有曾国藩独具慧眼，使李鸿章充分发挥了他的才能。李鸿章眼光敏锐，见地深刻，看问题常能一针见血。曾国藩起用他后，一方面时加责骂，挫其傲气；一方面则法外开恩，还往往主动去和他讨论战略、战术。曾国藩的一番苦心，终于造就了一个近代史上的大人物。

还有左宗棠，他是"大清王朝"的"中兴三杰"之一。左宗棠虽然很有才华，但他为人非常傲慢，曾经因此而得罪了很多人。曾国藩爱才心切，执意栽培他，总是给他最大的发展空间，使他有机会从浙江、福建一直打到新疆、甘肃，最终成为一代名臣。

清世宗说："赦小过，举贤才，为政之体当如是也。"又说："知识短浅之过，朕自然宽恕，加之教训，但必须知过必改……"意思是，"赦小过，举贤才"是为政的主要方面之一，由于知识缺乏而犯的过失，自然会受到宽恕，只是要加以教育训导，使之知过就改。也就是说，对于犯小过的人，"宜教而勿逐"。不仅要赦免一个人的小过，而且要帮助教育他改正，这才是真正爱护人才的做法。

在使用人才时，要识大体、看主流。苛求小过，而忽视优点，有时无异于打击人的积极性，而"赦小过"，实质上也是一种激励方式，是对一个人社会价值的最根本的肯定和认可。

7

对于子女不可一味溺爱

【原典】

故谚有之曰："人莫之其子之恶，莫知其苗之硕①。"此谓身不修，不可以齐其家。

【注释】

①硕：原意是头大，引申为大。这里是苗壮的意思。

所以有句谚语这么讲："溺爱自己子女的人认识不到他孩子的缺点错误，贪得无厌的人不会满足他那长势十分茁壮的禾苗。"这就是不修养好自身的品德就不能够治好本家族的道理。

教子莫失之教义

大司马王僧辩的母亲魏夫人，性格一向耿直刚正。王僧辩驻扎在溢城的时候，是一位拥兵三千的将军，年龄也已四十有余。但魏夫人对他只要有一点不满意，也还要鞭打惩罚。也正因此他后来才能创建那么大功业。梁元帝时有一位学士，聪明而有才华，深受父亲宠爱，但没有受到严格的家庭教育；只要他有一句话讲得很精彩，他父亲便到处宣扬，甚至终年称赞不已；但如果做了一件错事，他父亲便极力加以掩盖，只是希望他自己以后改正。后来到他结了婚，做了官，这位学士暴躁骄慢的性格更加日甚一日，结果竟然因为言语不够慎重，冒犯了大将周逖，被他抽出肠子，杀了祭鼓。

清代著名学者纪昀在与妻子谈论时，也谈到怎样教育子女。他提醒妻子教子莫失之教义，切不可无原则地溺爱，而要"以其道而爱之"。叮咛妻子要用"四戒""四宜"的原则去教诲三个儿子，指出"后辈之成功立业，尽在其中焉"，父母同负教育子女责任，今我寄旅京华，义方之教，责在尔躬，而妇女心性，偏爱者多，殊不知爱之不以其道，反足以害之焉。其道维何，约言之有四戒四宜：一戒晏起；二戒懒惰；三戒奢华；四戒骄傲。既守四戒，又须规以四宜：一宜勤读；二宜敬师；三宜爱众；四宜慎食。以上八则，为教子之金科玉律，尔宜铭诸肺腑，时时以之教诲三子，虽仅十六字，浑括无穷，尔宜细细领会，后辈之成功立业，尽在其中焉，书不一一，容后续告。

历史上许多著名人物之所以能够成名，往往得益于严格而健康的家教。

　　孟子名珂，是继孔子之后的儒家代表人物，是战国时期著名的思想家和文学家。先世是鲁国公族，他受业于子思的门人。他将孔子的"仁"发展成为"仁政"，宣传"仁者无敌"的思想。被后人称为"亚圣"。

　　少年时期的孟子贪玩不好学习，他经常跑到一个离家不远的墓地玩耍，学着挖坑埋死人，有时连饭都忘记吃。对此，孟母心里非常焦急，苦苦思索如何为孟子挑一个良好的学习环境，免得他四处乱跑。想来想去，她决定把家搬到街市附近去住。但是没想到，繁华的街市和来往这里的商人也很分散孟子的注意力；出于好奇，孟子甚至常跟随商人学着在街上叫卖，把读书学习的事完全抛在脑后。

　　不久，孟母得知了这种情况，并从中得到启发：原来小孩子都有一个特性，接近什么就学什么。她觉得此地也不是教育儿子的好环境，于是又产生了再次搬家的想法。过了一段时间，孟母把家迁到了一所学堂旁边。此后孟子果然体会出母亲搬家的良苦用心，开始进学堂用心读书。

　　孟母不仅懂得客观环境对培养学习兴趣和钻研精神的重要，也懂得只有经过千锤百炼、不断努力和反复教育才能造就刻苦好学、坚持不懈的精神。因此，孟母除了注意选择良好的客观环境，进行必要的督促外，还注意启发孟子主观上的自觉性，使他明白要努力学习的道理。

　　孟子上了学堂，虽然比从前用功，但仍然经常贪玩好耍，并不十分努力专心对待学业，孟母很担忧。一天，孟母正在堂前织布，又见孟子早早就从学堂跑回家，就马上放下手中的活，问孟子是何原因。孟子是因不愿读书，背着老师逃学的，但看见母亲严肃的样子，就撒谎说："我是和平时一样放学回来的呀！"孟母听了很痛心。她沉思片刻，拿起剪刀把织布机上的纱线统统一剪两断，而且不再说什么，只坐在一边流泪。孟子见状，心里非常紧张、害怕，小心地走上前，问母亲是什么事情使她这样难过。这时，孟母语重心长地对他说："要你好好读书，增长知识，使你成才，像你现在这样经常中途废学，不求上进，这不就等于用剪刀剪断纱线，使我织不成布一样吗？"孟子听了母亲的教诲，感动得痛哭流涕，暗下决心要努力学习。

　　从此，孟子懂得了学习必须持之以恒的道理，并且经过他长期坚持不懈的努力，终于在学业上取得了突出的成就，被称为"亚圣"。

治国章：家事，国事，事事相通

《大学》认为，一个人只有先把自己的家治好，才有资格和能力去治理国家。很多治家的理念，比如：孝敬父母、尊老爱幼、兄弟和睦、邻里融洽等，同样适用于治国。家事、国事，可以说事事相通。只要把这些理念灵活地运用到实践当中，那么治大国完全可以"若烹小鲜"。

1

治理不好家族就治理不好邦国

【原典】

所谓治国，必先齐其家者，其家不可教而能教人者，无之。

【译文】

要治理好国家，首先要治理好自己的家族。不治理好自己的家族，却能治理好一个国家，这种事是没有的。

治家如同治国，也要讲究方式方法

古人云：不痴不聋，不做阿姑阿翁。意思是说，作为家中的父母或公婆，对儿子、媳妇，女儿、女婿的若干私事，应当少问少管，睁一只眼，闭一只眼，经常装糊涂，家中自会少生许多矛盾，当长辈的也就减少许多烦恼。换位思考一下，做晚辈的也应该宽容大度一点，不能什么事情都较真，只有从心底里学会敬爱，才能婆媳关系融洽。

先把家中的事处理好，治国也不会太难。这方面，唐代宗就是个很好的例子。

唐代宗时，郭子仪在扫平安史之乱中战功显赫，成为复兴唐室的元勋。因此唐代宗十分敬重他，并且将女儿升平公主嫁给郭子仪的儿子郭暧为妻。这小两口都自恃有老爸做后台，互相不服软，因此免不了口角。

有一天，小两口因为一点儿小事拌起嘴来，郭暧看见妻子摆出一副臭架子，根本不把他这个丈夫放在眼里，愤懑不平地说："你有什么了不起的，就仗着你老子是皇上！实话告诉你吧，你爸爸的江山是我父亲打败了安禄山才保全的，我父亲因为瞧不上皇帝的宝座，所以才没当这个皇帝。"

在封建社会，皇帝唯我独尊，任何人想当皇帝，都可能遭到满门抄斩的大祸。升平公主听到郭暧敢出此狂言，感到一下子找到了出气的机会和把柄，立刻奔回宫中，向唐代宗汇报了丈夫那番图谋造反的话。她满以为父皇会因此重惩郭暧，替她出口气。

唐代宗听完女儿的汇报，不动声色地说："你是个孩子，有许多事你还不懂得。我告诉你吧，你丈夫说的都是实情。天下是你公公郭子仪保全下来的，如果你公公想当皇帝，早就当上了，天下也早就不是咱李家所有了。"并且对女儿劝慰一番，让女儿不要抓住丈夫的一句话，乱扣"谋反"的大帽子，小两口要和和气气的过日子。在父皇的耐心劝解下，公主消了气，回到了郭家。

这件事很快被郭子仪听到了，这可把他吓坏了。他觉得，小两口打架不要紧，儿子口出狂言，迹近谋反，这着实让他恼火万分。郭子仪即刻令人把郭暧捆绑起来，并迅速到宫中面见皇上，要求皇上严厉治罪。

可是，唐代宗却和颜悦色，一点儿也没有怪罪的意思，还劝慰说："小两口吵嘴，话说得过分点，咱们当老人的不要认真了，不是有句俗话吗，'不痴不聋，不为家翁'，儿女们在闺房里讲的话，怎好当起真来？咱们做老人的听了，就把自己当成聋子和傻子，装作没听见就行了。"

听到老亲家这番合情入理的话，郭子仪的心里就像一块石头落了地，顿时感到轻松，眼见得一场大祸化作小事。

小两口关起门来吵嘴，在气头上，可能什么激烈的言辞都会冒出来。如果句句较真，就将家无宁日。杀人不过头点地，自己又能得到什么好处？唐代宗用老人应当装聋作哑来对待小夫妻吵嘴，不因女婿讲了一句近似谋反的话而无限上纲、大动杀机，而是化灾祸为欢乐，使小两口重归于好。他的这笔利弊得失的账算得很明白。

如何处理好家庭关系，具体说处理好与后辈的关系，当是一个重要而敏感的问题。它不仅关系到家庭和睦，而且影响到很多人对自己的看法。当然，儿女应当孝顺、孝敬，尽量让长辈满意。不过，作为长辈一方，自己也应有一个正确的认识和态度，讲究点相处的方法和"艺术"，也是十分重要的。在必要的时候不妨装聋作哑，这都是很明智的。

2

君子不出家门也可治国

【原典】

故君子不出家而成教①于国。

【注释】

①成教：实行教化成功。教，指教化，即精神感化。

【译文】

所以有道德修养的君子，他就是不离开自己的家门，也能够收到治理邦国、教化人们的成效。

治理好家族就会受到人们的尊敬

治家如同治国，治国也如同治家。把家族的事处理好了，做到亲人和睦，相亲相爱，融洽相处，自然会得到家族以外的人的尊敬，从而达到《大学》所言的"感化"的目的。

亲戚之间，无论是自己的亲戚，还是爱人的亲戚，都应该平等对待、一视同仁，不宜在这方面注意"门楣"，分"亲"和"疏"。有的人对自己的父母、兄弟姐妹好，对爱人的父母、兄弟姐妹就另眼相待。给自己的父母生活费每月成百上千，给爱人的父母却寥寥无几，甚至分文不给；自己的兄弟姐妹结婚办喜事出礼金动辄上万元；爱人的兄弟姐妹结婚只有区区千八百块钱。这是很不妥当的。当然，也不能搞绝对平均，但应说得过去。在亲属之间人为地搞"亲"和"疏"，就会造成家庭不和、亲属不满而闹出矛盾，出现纠纷。

明朝嘉靖时期，有一位大臣叫张居正，此人为官清廉，秉公办事，在朝中权力极大，连嘉靖皇帝也要敬他三分。张居正在家里也是一个好丈夫、好父亲，特别是在对待亲戚关系上，不分"亲"和"疏"，深得亲戚们的敬重。张居正的妻子来自一个贫苦的农家，世代务农。她聪明贤惠，在嫁给张居正后，操持家务颇有大家风范。张居正与妻子互敬互重，举案齐眉，对待亲戚一视同仁，并不因为他们是农民而不屑于与他们往来，或者分"亲"和"疏"。有一次，张居正的岳父病重身亡，尽管当时身为宰相的张居正公务繁忙，而且从礼法地位上说，张居正不必前往凭吊，但张居正却没有这样做，他向嘉靖皇帝请了假，带领全家人赶回去，尽了孝道。这个举动，深深感动了所有的亲戚，大家都称张居正不愧是个人人称颂的"好宰相"。

因此，不分"亲"和"疏"，也是处理"门楣之见"中应注意的一个方面，注意到了，在处理亲戚关系问题上将会游刃有余；忽视了或处理不当，那将会造成亲戚之间的关系破裂或疏远，于己、于亲情都不是一件好事情。

亲戚间交往，要平等相待、一视同仁。逢年过节，你来我往互相应酬，不可厚此薄彼，招待亲戚都要一样热情。婚丧嫁娶，众多亲戚聚会，让座敬茶、宴请吃饭，入席敬酒，先后顺序只能根据年龄辈分来办，而不能以贵贱贫富来定。能够毫不势利地善待穷亲戚的人，才能够在社会上真正长久地受到尊重，才是长久有所作为的人。

3

孝顺父母的人具备侍奉国君的品德

【原典】

孝者，所以事君也。

【译文】

在家孝顺父母的品德，就是侍奉国君的品德。

"孝"是一种发自内心的"敬"

孝的本义是指由父母对子女的爱而反射出子女对父母的敬爱。《大学》强调的"孝"应建立在"敬心"之上，孝顺父母要真心实意，如果只有物质奉养而无精神慰藉，则与牲畜无异。子女应该关心、体贴父母，一般来说，父母进入中老年以后，体力和精力都不及从前了，做子女的要多关心、体贴父母，尽可能为父母分担家务劳动，自己料理好个人生活，不让父母操心，减轻父母的负担。同时，当子女的，还应该经常关心父母的身体健康，嘘寒问暖。当父母生病时，更需要细心照料。父母遇到不称心的事，要体贴父母，热心地为他们分忧解愁。父母年老体弱、丧失劳动能力以后，理应得到子女更多的照顾。不但要在物质上给予充分的帮助，更要在精神上关心、体贴父母。

赵善应是南宋大臣赵汝愚的父亲，他是历史上有名的孝子。

一天，赵善应的母亲突然患了重病，他赶忙去请医生。医生看了老人病状后，留下两包草药就走了。

老人服药以后，病情不但不好转，反而一天比一天加重了。赵善应非常着急，再次去请那位医生，医生说："你母亲的病，我看不明白，还是另请高明吧。"

赵善应听了，心情更加悲痛，眼泪立刻夺眶而出。

于是，赵善应到处打听名医，名医请了十多个，可母亲的病情还是不见好转。

赵善应一时没了主意，不知是谁提醒说："还是想办法请御医来看一看吧。"赵善应如梦方醒，于是他靠着皇室宗族的关系，很快请来了御医。

御医诊视以后，开了个方子，交给赵善应说："照这个方子服用，三服药以后，病情就会好转，但需用人血和药，方为有效。"

赵善应接过方子，二话没说，马上买了三服药，然后取刀刺破自己的手臂，用自己的鲜血和药，给母亲服用了。赵善应连续几次刺破手臂取血和药，弟弟看不过去了，不让赵善应再刺臂了，请求自己刺臂取血，赵善应坚决不答应。

说也奇怪，赵善应的母亲服用了几服鲜血和的药以后，病就好了。赵善应十分高兴。

母亲的病虽然好了，但落下个心悸的病根，一听打雷或什么响动，就害怕。

一天夜晚，阴云密布，一道闪电，响起一个炸雷，母亲突然惊叫一声，晕了过去。正在熟睡的赵善应，被母亲的惊叫声惊醒，赶忙跑过去叫醒母亲，陪伴母亲直到天明。此后，一有雷雨，赵善应都披衣而起，走入母亲房间，陪伴母亲。

一次，赵善应要出远门，临行前特别嘱咐妻子好好照看婆婆，雷雨天一定要陪婆婆一起睡觉。见妻子高兴地答应了，赵善应这才放心地走了。

赵善应回来时，正值一个寒冷冬天的夜晚，随从看见赵家大门，十分高兴，上前就要敲门，赵善应马上制止说："不要敲门，恐怕惊吓了我的母亲。"随从赶紧把伸出去的手缩回来，说："现在深更半夜的，天气又这么冷，不敲门，我们上哪儿去住呀？"赵善应说："没有地方住，也不能敲门。我们就是坐在房檐下挨冷受冻，也不能让我母亲受到惊吓。"随从听了，很受感动，同意和赵善应一起坐到天明。

　　天明以后，仆人打开大门，才看到房檐下坐着两个冻得浑身发抖的人，仔细一看，原来是"老爷"回来了。

　　身教胜于言教，在赵善应的带动下，全家人都十分友孝，儿子赵汝愚等人也都孝敬他们的父母。

　　孝原本就是没有什么道理可讲，因为这是出于人的至诚天性，是一种至情至性、无怨无悔的感情。"孝"字是"子"承"老"下，这说明它包含了相当深厚的感情。所谓"情到深处无怨尤"，任何情感皆是如此，这岂是太过聪明、巧于心计的人所能做到的。

　　《大学》在这里强调了"孝"必须是对父母发自内心的"敬"，是一种自觉的伦理意识和道德情感，而不仅仅止于"供养"上。否则就不是真正的"孝"。今天，许多自以为"孝"的人，实际上却把孝行完全形式化、浅薄化了，每月寄上点钱，就算完成任务了。更有甚者，不仅不把父母放在心上，而且把他们看作是一种负担，却对自己的宠物呵护备至，常常挂在心上，这种行为实际上早已背离孝道了。

4

尊敬兄长就如尊敬领导

【原典】

弟①者，所以事长②也。

【注释】

①弟（tì）：封建社会道德之一，指弟弟应绝对敬爱兄长。弟，同"悌"。

②长：兄长。引申为上司、长官。

【译文】

在家能做到尊敬兄长，在外就能做一个让上司满意的好下属。

兄友弟恭，家道兴昌

古人说"兄弟如手足"，如此亲爱的固多，但彼此反目甚至为仇相杀的亦不少，尤其是帝王之家，为争夺权力或继位，往往血肉相残，至今仍留下如"萁豆相煎""斧声烛影"之类的悲惨传说。

在清代雍正时，兄弟之间为争帝位斗争也很激烈。雍正即位后，监禁、处死争夺帝位的诸兄弟。在他生前，小民曾静就敢于指责他有十大罪恶，其中有他毒死父亲，逼死母亲，屠杀兄长和弟弟，诛戮功臣，等等。及其子乾隆继位，也许乾隆接受了这互相残杀的不幸教训，一方面对诸兄弟时加训诫，不许他们干预政事，以保护他们的名誉；另一方面在生活上关心，对冒犯自己者也加以宽恕。

据《清史稿·诸王六》记载：乾隆弟和恭王弘昼为人傲慢任性，乾隆每多优容，曾命他监试八旗子弟于正大光明殿，日已西斜，乾隆还不退朝，弘昼请其退朝用膳，乾隆因八旗子弟"积习疲玩"，没有答应。弘昼质问说："上疑吾买嘱士子心耶？"乾隆也不怪他，怡然退朝。有人责和恭王不应对皇上如此说话，次日他免冠请罪，乾隆说："昨朕答一言，汝身粉齑矣。"待之如初。乾隆在生活上对他倍加照顾，故他富于他王。又据史载：和恭王因失职，加上交结外吏事发，乾隆只惩处他的宾客，降其职为贝勒，不深加追究，以保全之。和恭王感到惭愧而病发，乾隆亲往探视，执其手伤心地说："朕以汝年少，故稍加拭拂以格汝性，何期汝愧恶之若此？"即日复其王爵，慰谕再三，对他厚待如此。由于乾隆视兄弟如手足，百般优待和爱护，兄弟之间较和睦，诸兄弟对乾隆也竭诚拥护，这对于清政权的巩固起了相当好的作用。

乾隆亲诸弟，或许出于巩固其统治的需要，而民间兄弟相亲的，完全是出于手足之情。《清史稿·孝义列传》中多记载兄弟一家相亲相爱的感人事迹：甘肃通谓人张家兄弟都做木工，家虽贫穷，但其家人互相友爱，分家时，彼此互让家产，兄说："均之。"弟说："弟子一，而兄之子五，如兄言，弟子则富矣！诸侄独非父母孙乎？当视人为分。"兄说："不可，父母先有子，未尝有孙。"彼此坚持相让不决，后分为三分，兄二而弟一。虽分家而心不分，两兄弟年都已过八十，两家仍亲如一家，常相约："谁先死，必呼与俱去。"兄死，弟哭得昏死过去，因伤心过度，七日后亦病逝。江苏宜兴人钱天润，少孤，有兄妹各一人，他为人佣耕，得钱必买好食的奉母，母死以奉其兄。妹嫁生二子，夫死守寡，天润去探看，妹哭说："夫死子幼，不知所以为计。"天润说："妹无忧！吾助汝。"就代其耕田以养妹家。过三年，妹死，他抚育二甥，为之婚娶。安徽休宁人程含光，曾与弟骑马自六安归，经过箬岑，日暮风起，虎突出，攫弟去。含光惊坠马，持短鞭力追，左手抓住虎颈，右手以鞭捶虎，喊声震山谷。虎舍其弟在山边大吼，含光背弟急奔下山，投旅舍，弟一息尚存，灌以汤，好一会才醒，全身被虎咬伤十余处，血淋漓。后含光死，弟每言遇虎事，解衣示人，谈及兄舍命相救事，感泣不已。

徐珂《清稗类钞·孝友类》记载：崇明有百龄吴姓夫妇，因四子孝顺友爱，两老得以乐晚年，五世欢聚一堂，其乐融融。

吴老夫妇壮年家贫，所生四子，先后出卖给富家为奴。及四子长，互相帮助，赎身娶妇自立，聚居一街，比邻开店，轮流供养父母。初规定每月在一家食饭，周而复始，其媳说："翁姑老矣，若一月一周，则必须三月而才得侍奉颜色也，大疏。"便规定每日一周，周而复始。媳又说："翁姑老矣，若一日一周，则历三日而方得侍奉颜色也，亦疏。"就规定每家吃一餐，四子按长幼轮流。如逢五及十，四家共相聚会餐，两老坐在上，子与孙、曾孙和媳辈围绕而坐，以次称觞献寿。每家厨中经常放钱一串，每串五十文，让老人吃饭后，取钱上市买喜吃的果饼或与人博戏。当老人跟人博戏时，暗中派人拿两三百文给与老人博戏者，嘱其输钱给老人，老人赢了，高兴而归。

老人晚年乐，不仅因有四孝子，也赖有四贤媳。

老人长子年已七十七岁，其他三子头发也白了，孙与曾孙共有二十余人。有人为之联表其门说："百龄夫妇齐眉，五世儿孙绕膝。"

家道兴昌与否，跟家内是否和睦大有关系。有说父严母慈，这都是偏颇之外，父仅严则使子女不易亲近，心里有话不敢说，这就使家长不能了解子女思想问题，帮助其解决，且使彼此之间因隔阂而出现矛盾；母仅慈就会易出败子。父母对于子女应是严慈兼之，这使子女不能不聆听父母教诲，又感到父母可亲，这对子女教育所起作用更大。子女对父母也应尊敬，对父母养育之恩不可忘，这是子女义不容辞的。古代所提倡的"兄友弟恭"在今天仍需宣扬，兄弟之间互相爱护、勉励和督促，对彼此奋进向上可起促进作用。如果父母、子女、兄弟之间能保持这种亲热、和睦的气氛，这将促使家道兴昌。

5

对孩子慈爱的人足以承担造福百姓的重担

【原典】

慈①者，所以使众也。

【注释】

①慈：封建社会道德之一，指上对下的爱，主要指父母子女之间的爱，也指君王所谓的爱平民。

【译文】

在家能做到爱护子女，在外做官就能做到爱民如子，造福人民。

一个慈父要懂得用道义去关爱、训诫子孙后代

司马光在《家范》中认为，做长辈的都想造福子孙后代，但真正能够做到这点的人却很少。因为这些人只知道给子孙留下财物，而不知道用道义训诫子孙和用礼法治理家庭。其结果是助长了子孙的许多不良行为，甚至产生斗讼、盼父母早死等弊端。相反，圣人给子孙留下的遗产是德和礼，贤人给子孙留下的遗产是廉与俭。司马光列举了舜积德为帝、享国百世，孙叔敖不贪而累世不失家业，以及萧何克俭、杨震公廉、周本好施、张文节俭等事例，忠告人们，遗德于子孙后代远比遗财于后代更为有益。

罗伦在《戒族人书》中，也明确提出族人要做有名望、有节操的人，要像欧阳修、文天祥那样，有"与日月争光，与山岳争重，与霄垠争久"的美名，青史垂名，不要活着只求暖饱，争权夺利，像蔡京、秦桧那样，"祸天下，负后世"，遗臭万年。训诫族人要齐家睦邻，扶贫积德。罗伦要

求族人有高尚的道德品质，像"范仲淹做秀才时"那样，"便以天下为己任"，成为国家有用之才，勿追求升官发财之路，指出"自古坏事，皆是爱官职之人"。

这种重视道德教育的传统在中国历史上并不是光停留在书面上、口头上，还体现在人们的具体践履中，而实践这种道德的人则往往受到社会的普遍赞扬。

无论哪个时代，哪个阶段，无论出自于何种理由，人们都不能不承认曾国藩的学问和能力。他集严父、慈父于一身，时时注意教子的方式方法，"爱之以其道"。其教子成功的经验，时至今日也颇具借鉴意义。

曾国藩讲求的"家范"是国人传统中的一个典型。他曾告诫家人："家范"有着极其重要的作用，与治国相关联。"家范"是治国的基石。曾国藩曾在给其子曾纪泽的信中写道：你应当体会我的心意，在叔祖及各位叔父、叔母前多尽些敬爱心。要心存全家同为一体的概念，不怀彼此歧视的见解，那么老辈内外亲长一定会器重、喜爱你。这样，后辈兄弟姐妹也会以你为榜样，越来越亲密。如果能使宗族、乡党都说：纪泽的气量大于他父亲的气量，我会非常高兴。

曾国藩念念不忘治理家庭，要家人讲求忠孝二字，认为"忠孝"是种道德风范，在家可盛家，在朝可治国，好的"家范"可以造就忠臣。他谆谆教诲家人说，我们家现在门第显赫，而居家过日子的气象、礼节等方面总是不能够认真讲究一番。遍览古往今来名门世家得以久长的，男子要讲求农耕、读书两件事，妇女要讲求纺织、酒食这两件事。《斯干》一诗，讲的是帝王贵族建筑宫室等事，而妇女重在"酒食是议"一句，就是妇女只需讲究酿酒做饭等家事。所以我总是教导儿媳妇、女儿们要亲自主持烹饪，后辈看来好像不是什么要紧事。

以后回到家乡，在家闲居，妇女们纵使不能精通烹调技术，也一定要常到厨房去，一定要讲求制作酒、醋、肉酱、小菜及换茶之类的事务。你等也要留心种菜养鱼，这是一家兴旺的气象，绝不能忽视。纺织虽然不求数量很多，但也不能间断。为兄的大房首倡之，其余四房都响应，家风从此也就淳厚了。

曾国藩真可谓是在朝忠、在家孝的模范代表。在家中，他竭力缔造一个"父慈子孝、兄友弟恭、敦亲睦邻"的理想环境。从某一方面来讲，他们曾获得了一定的成功。在政治力量只注重维系统治者利益而忽略大众利益的专制时代，社会的秩序往往要靠他们的影响而得到一定维持。

从曾国藩的家信里，我们可以看到一位典型的中国士大夫，如何处理他与家族邻里亲戚之间的关系，怎样追求孝、悌、慈爱、温厚的完美人格。在骨肉亲情日渐淡薄、邻里亲戚几同陌路的现代社会里，曾国藩的家信实在具有劝世化俗的价值。曾国藩的家信中，虽然也谈些家务琐事，但有关军国大事、做人做事的原则、训勉子弟敦品砺学等记录也不在少数，值得所有人一读。

6

像保护孩子一样去保护人民

【原典】

《康诰》曰："如保赤子①。"心诚求之，虽不中②不远矣。未有学养子而后嫁者也。

【注释】

①如保赤子：据《尚书·周书·康诰》篇作"若保赤子"。这是周成王告诫康叔的话，意思是要他保护平民如同母亲养育保护婴儿一样。赤子，初生的婴儿。孔颖达疏："子生赤色，故言赤子。"

②虽不中（zhòng）：中，符合。

【译文】

古书《康诰》里说："保护平民百姓就要像保护初生的婴儿一样。"这就是要求统治者诚心实意地努力保护人民，虽然不能完全符合，但也不会相差太远。生活中谁也没有见过先学会养育孩子然后再去出嫁的女人。

管人、治人要付出感情

爱民如子是治国的最高境界，能做到这一点，国家就没有治理不好，天下也就没有不太平的了。这是精神感化的力量，也是人类内心深处的感情因素在起作用，这个道理同样适用于管人、用人。

吴起是战国初期一位善于治军的将领。据《史记·吴起列传》记载，吴起为魏国大将时，一次行军之前，士卒中有人长了毒疮，吴起亲口为该卒吸脓。这位士卒的母亲听说后哭泣不止，旁边的人都劝她说："你的儿子是一个普通士卒，吴将军这样对待你的儿子，你还哭什么？"士卒的母亲回答说："吴将军过去用口吸过这孩子父亲的疮口，他父亲在泾水之战中勇猛冲杀，死于战场；现在吴将军又为我儿子吸脓，我不知道儿子会死在哪里，所以为他哭泣。"

将军为士卒吸脓除疮，可以说吴起的这一行为开创了古今乃至中外的奇谈。不仅仅是要医除一位士卒身上的脓疮，好使他身体康复重上战场，更是要以浓厚的情感感化士卒，激发他在战场上的拼杀精神。但也应看到在那个重等级的时代，吴起对士卒的关爱、尊重打破了这种等级，是值得所有人学习的。他的这一行为对所有士卒都有一种极大的鼓舞作用。

《孙子兵法》云："视卒如婴儿，故可与之赴深溪；视卒如爱子，故可与之俱死。"（《地形篇》）吴起的吮脓行为，正是体现了带兵的将领给予士卒的深厚的亲情与关爱，从而极大地激发了士卒们勇战杀场以报恩情的志向。

这位士卒的父亲之所以在泾水之战中舍生忘死、奋勇拼杀，是因为他受了吴起的吸脓之恩，他是把战场上的勇猛杀敌作为对将军之恩的报答。吴起现在为他的儿子除疮吸脓，母亲知道将军的这种恩义会换取儿子在战场上舍生忘死的献身报效，只好在一边独自哭泣。将军的除疮吸脓像无声的情义一样，使士卒在战场上拼命杀敌死而无悔。

吸脓是一种忍受肮脏的行为，亲人之间有时都无法做到，而吴起作为全军统帅，能够容忍一个下层士兵身上的污秽之物，这正是他能够征服士兵感情的魅力之所在。当然，吸脓并非科学的除疮之方，它自然为现代将领所不取，但这一行为所体现的将军对士兵感情的施予和征服却是其他方法所难以企及的。

7

一国之命运系于一家和一人

【原典】

一家仁，一国兴①仁；一家让②，一国兴让；一人贪戾，一国作乱；其机③如此。

【注释】

①兴：兴盛，兴起。

②让：谦逊，谦让。

③机：指古代弩箭上的发动机关，引申意为关键。

【译文】

一个家族仁爱相亲，整个邦国都会兴起仁爱之风；一个家族实行谦让，整个邦国都会兴起谦让之风；一个君王如果贪婪暴虐，整个邦国就会群起作乱；两者之间的密切联系竟是这样的重要。

要想吏治清廉为上者应以身作则

励精图治的帝王无不希望臣下厉行节俭，而很多帝王不明白的是，只有帝王躬行节俭，才能倡起节俭的吏治风尚。

康熙帝尊崇德学，坚持讲官讲课制度，既是听课，也是开学术讨论会。一日，听讲毕，康熙帝召熊赐履到御前，问他：近来朝政如何？熊赐履回答道：皇上励精图治，宵衣旰食，可以说是不遑暇处。但是凡事须求实际不要空谈。前见上谕禁奢靡，崇节俭，人人皆以为当今第一要方，然而奢侈之风至今有增无减，贪官污吏，财尽民穷，种种弊端，皆由于此。恐怕积习日深，一时难以改正，有关方面只看成是官样文章，奉行不力，多亏皇上的亲自实践倡导，加急整顿，才有了这太平盛世的大业。

这绝非熊赐履的逢迎之言，在节俭方面康熙帝确是言行一致，为天下之典范。他说过：节俭固然是美德，人们都能挂到嘴上，而真正能够做到的很少。现在天下太平，国家富裕，朕躬行节俭，宫中费用，非常节约。计明朝一日之用，足供朕一月的需要。提倡节俭的目的很明确，他说，因为一切费用都是子民的血汗积累而成的，朕思作为人主的皇上唯有能够约束自己，那么贵者就更加可贵，《易经》上说是谦虚则光荣，如果只知道奢侈无度，则不觉得可贵了。我祖宗的传统就是如此，我要时刻警惕着。

康熙不尚空谈，注重实践。他对以皇帝个人享受荣华富贵为中心内容、劳民伤财的大兴土木举动不感兴趣。康熙八年，只有十六岁的康熙就有过出色的表现。当时，因乾清宫交泰殿的栋梁朽坏，孝庄太皇太后提出拆掉重建，以作为康熙听政之地。康熙是孝子贤孙，不敢违背祖母的意图，但却批示工部：不求华丽、高贵，只求朴实、坚固、耐用，他学习古人，如陶唐时代茅茨不剪，采椽不斫，夏禹时代宫室是卑，与民同乐，先化后乐，以做天下楷模。

康熙二十四年十月，康熙帝对掌膳食官员说：天下的物力有限，当为天下惜之。现在的酥油、乳酒等物品，供给有余，收取足用则已，不可过多。蒙古地方很贫穷，收取减少，则平民百姓日用所需，就可以满足。

康熙三十一年十月，他又说：停止进献新芽菜，凡是有类于此者，俱应停止。因为运送官员劳苦，烦扰地方，于地方百姓而言，省一件进贡，如同去掉一块病。

康熙三十四年十二月，户部报告说：吉林乌拉地区打捕貂鼠不足额，供应不上，管理此事的官员应该议罪。康熙帝说：数年以来经常捕打，所以貂少，只能维持原数而已。就因为不够数，讨论处分有关的人员，等于是给无辜者加罪，实在不公。如果得不到上等的貂皮，朕但愿少穿一件裘皮大衣，那有什么关系？而且貂价非常昂贵，又不是必需品，朕也没有必要非享用不可，命令有关部门转告乌拉将军酌情办理。

康熙三十七年三月，康熙对直隶巡抚于成龙说：朕经行水灾地方，见百姓以水藻为食，朕曾尝过，百姓的艰苦朕时刻牢记在心上，你们应和朕一样，把百姓的疾苦放在第一位，时时关心，才算尽职。

关于康熙个人的日常生活，比起他能支配的财富，比起其他帝王的豪华，那是极其简朴的。法国天主教传教士白晋于康熙二十一年到北京，曾为康熙讲授天文历法及医学、化学、药理学等西洋科学知识，经常出入宫廷，对康熙的日常生活了解得很细。他在向法王路易十四的报告中做了详细介绍：

从康熙皇帝可以任意支配的无数财宝来看，由于国家辽阔而富饶，他无疑是当时世界上最富有的君主。但是，康熙皇帝个人的生活用品绝不用奢侈豪华的，生活简单而朴素，这在帝王中是没有先例的。实际上，像康熙这样闻名天下的皇帝，吃的应该是山珍海味，用的应该是适应中国高贵传统的金银器皿，可是他却满足于最普通的食物，绝不追求特殊的美味，而且吃得很少，在饮食上，他从没有铺张浪费的情况。从日常的服饰和日用品方面也可以看出，康熙皇帝崇尚朴素的美德。冬天，他穿的是用两三张黑貂皮和普通貂皮缝制的皮袍，这种皮袍在宫廷中是极普通的。此外就是用非常普通的丝织品缝制的御衣，这种丝织品即便在中国民间也是一般的。在阴雨连绵的日子里，他常常穿一件羊毛呢绒外套，这种外套在中国也被认为是一般的服装。在夏季，有时看到他穿着用麻布做的上衣，麻布也是老百姓家中常用的。除了举行什么仪式的日子外，从他的装束上能够看到的唯一奢华的东西，就是夏天他的帽檐上镶着一颗大珍珠，这是满族人的风俗习惯，也是帝王的标志。在不适于骑马的季节，康熙皇帝在皇城内外乘坐一种用人抬的椅子（肩舆）。这种椅子实际上是一种木制的轿，粗糙的木材上面涂着些颜色，有些地方镶嵌着铜板，并装饰着两三处胶和金粉木雕。骑马外出时几乎也是同样的朴素，御用马具只不过是一副漂亮的镀金铁马镫和一根金黄色的线织绳，随从人员也有节制。

康熙的信条是：以一人治天下，不以天下奉一人，常思此言而不敢有过。奉行此言便是能行节俭，不搞特殊。

为说明勤俭的深刻意义，康熙帝曾作《勤俭论》一文，主要宣讲勤俭对治理国家、改善人民生活、移风易俗的作用和影响。

俭可养廉，廉必清政，政通人和乃民心所向。康熙帝从国家的前途、命运的高度来认识节俭，既要开源，又注重节流，实在是高人一筹。对于后来的领导者，康熙帝当是一个好榜样。

8
一个人、一句话可以影响整个国家

【原典】

此谓一言偾事①，一人定国。

【注释】

①偾（fèn）事：把事情搞坏。偾，败坏。

【译文】

这就叫做：一句话能败坏整个事情，一个人能安定整个国家。

一言可兴邦，也可丧邦

从政者、治国者的地位和责任是一体相连的。地位越高，责任也就越大，同时与之俱来的是责任大，权力大，地位也高。所以，人处在一定高度的职位上，更要注意自身的言行，因为一言可兴邦，也可丧邦。历史上许多正反事例，都能证明孔子关于"一言兴邦，一言丧邦"的见解富于深刻的哲理。作为一个有志于国家、有志于社会的人，尤其是身处高位的从政者、治国者，不可不察，不可不慎。

唐太宗的名论"创业难，守成也不易"就是一个正面的实例。

贞观十年，唐太宗对侍臣说："帝王的事业，开创和保持哪一样事艰难？"尚书左仆射房玄龄回答说："天下大乱的时候，各路英雄竞相起兵，被攻破的才能降服，被打败的才能制伏。从这方面说来，创业艰难。"魏

征回答说："帝王起兵，必然乘着世道衰败混乱的时候，消灭掉那些昏乱狂暴的人，百姓就乐于拥戴，天下人都来归附；上天授命，百姓奉予，故创业不算艰难。然而已经取得天下之后，志趣趋向骄奢淫逸；老百姓希望休养生息，但各种徭役却没有休止；百姓已经穷困疲敝，而奢侈的事务却一刻不停，国家的衰落破败，常常由这里产生。以此而论，保持已经建立的功业更艰难。"

太宗听完两人相互对立的意见后，说："玄龄过去跟随我平定天下，饱尝了艰难困苦，出入于万死之中，侥幸地得到一条生路，所以看到的是创业的艰难。魏征和我一起安定天下，担心出现骄奢淫逸的萌芽，重蹈危亡的境地，所以看到的是保持已建立的功业的艰难。这真是'创业难，守成也不易'。"接着唐太宗又说："不过，现在创业的艰难既然已经过去，保持已建立的功业这一难事，我应当与你们一起谨慎地对待它。"

表面上看起来，李世民在两种不同意见面前折中、和稀泥，其实不然。李世民这句话可以说是兴邦之言，其一，他能把创业、守业看成同等艰难的事，则会像当年马上打天下那样含辛茹苦，精心守成。其二，他还知道适时转换重点，看到艰辛创业已成历史。不能躺在过去的成绩上睡大觉，如今的重点是思虑怎样守成。悟出了创业与守成同等重要的道理，并有一种守成的责任感，所以能发出"创业难，守成也不易"的感叹。也正因为他从内心真正感到"创业难，守成也不易"，从而能焕发出一种励精图治的精神，保持从谏如流的态度。并且重农事，轻徭薄赋；恣其耕稼，保民而王举；节俭于身，恩加于人，终于换得一代"贞观之治"。

说到"一言丧邦"，也可以举很多例子。历史上楚汉之争时，当项羽打到咸阳的时候，有人对他说："关中险阻，山河四塞，土地肥饶，可都以霸。"劝他定都咸阳，天下就可大定。可是项羽对这个定都的建议不采用，他有一句答话很有趣，也是他的名言："富贵不归故乡，如衣锦夜行，谁知之者？"就凭这句话，他和汉高祖两人之间气度的差别，就完全表现出来了。项羽的胸襟，只在富贵以后，给江东故乡的人们看看他的威风，否则等于穿了漂亮的衣服在晚上走路没人看得见。他英勇有余，但思想却如此狭隘、幼稚，所以项羽注定要失败。

清代嘉道年间，有个与龚自珍齐名的文人王昙，写了四首悼项羽的名诗，其中有一首说道："秦人天下楚人弓，枉把头颅赠马童。天意何曾祖刘季，大王失计恋江东。早摧函谷称西帝，何必鸿门杀沛公？徒纵咸阳三月火，让他娄敬说关中。"这首诗可以说是"富贵不归故乡，如衣锦夜行，谁知之者"这句丧邦之言的最好注脚。

至于那些得志便猖狂骄奢，胡作非为，而又一意孤行，听不得别人批评意见的人，"一言丧邦"更是情理之中的事，隋炀帝就是一个典型例证。

隋文帝在位时，隋朝相当安定富裕，隋炀帝篡位后，其荒淫奢靡，挥霍无度，大兴宫苑，侍候他的乐师、舞妓有3万人，其率领12万人南游江都，挽船的壮丁多达8万人。开国元勋、当朝执政二十年的大功臣只是在私下里批评他太奢侈，就被他杀了。他对名士虞世南说："我生性不喜欢人家提意见，大官提意见，我不会饶他；卑贱的人提意见，我绝不让他有出头之日，你记着吧！"正因为这样，短短十四年时间，就把隋朝的锦绣江山葬送了，自己也被人缢死。

做国君是这样，做平民也是这样。知做人之不易，从而时时刻刻警示、激励自己，恭谦随和而又志在刻苦，这样的人终会有所成功。相反，任性使气，图一时快活，说话做事缺乏周全考虑，而又意志薄弱，不能奋发上进，这样的人则一辈子都难有什么可观之处。

一个人的言论往往体现着他的思想，而一个人的思想往往又决定着他的行为，因此，我们从一个人的话里，几乎可以看出他的人生前途、事业命运。尤其当一个人居于高位，他的言行就不仅仅只关系到他一个人，因此，说"一言兴邦，一言丧邦"并不为过。所以，无论我们身为平常人还是位高权重之人，都必须以正确的理论作为指导，把言行和地位、责任联系起来。只有如此，才不致让自己一事无成或一败涂地。

9

以仁治国，民而从之

【原典】

尧、舜率天下以仁①，而民从之；桀、纣②率天下以暴，而民从之；其所令③，反其所好，而民不从。

【注释】

①尧、舜：传说中父系氏族社会后期部落联盟的两位领袖。一位是陶唐氏，名放勋，史称唐尧。另一位舜，是尧的接班人，姚姓，有虞氏，名重华，史称虞舜。尧、舜是古代传说中圣明仁慈的领袖，历代被尊为圣君。率：同"帅"，率领，统帅。

②桀、纣：桀，夏代最后一个君主，名履癸，为人残酷暴虐，荒淫无度，后被商汤所败。纣，商代最后的君主，生性残暴，后为周武王所灭。桀、纣历来被认为是两个暴君。

③令：号令，命令，政令。

【译文】

尧、舜用仁政来统率天下，于是民众就跟着实行仁爱；桀、纣用暴政来统治天下，于是民众就跟着凶暴。号令民众实行仁爱而自己嗜好凶暴，民众是不会服从的。

以"仁厚"赢得人心

历史永远都像一把公正的利剑，将无道之人斩落于黑暗的角落。正所谓得民心的人，才能成功地夺得天下，否则，无论在什么年代，无道者的下场永远只会是纣王的翻版。中国几千年的历史证明，无论是封建帝王还是农民领袖，只有君明臣贤，心中装着百姓，带头励精图治，才能赢得民心，坐稳天下，造就一代盛世。

汤，姓子，原名履，又称武汤、成汤、唐、大乙。生卒年不详，商部落首领，灭夏而建商。

夏朝末年，商族逐渐强大，桀担心汤势力壮大而威胁自己，便将汤召入夏都，囚禁在夏台。商族送桀以重金，并贿赂桀的亲信，使汤获释归商。

当时夏桀在位，夏朝国势渐衰，矛盾异常尖锐，汤见夏君主桀暴虐残忍，喜好淫乐，已失去民心，决心灭夏。他加紧准备，采取了一系列强商弱夏的措施。他首先将居住地迁至亳，以便于今后的军事行动，因为从亳到夏朝的统治中心——伊洛河流域是一片平原旷地，同时他对内实行勤政薄敛、体恤民情的政策，使人民生活安定，物资积累日益增多。

汤以仁厚收揽人心，争取人民的支持。有一次，他外出游玩，看见一个人在树上挂起一张网，还喃喃自语地说："不论天上来的，还是地面来的，凡是从四面八方来的鸟，都飞进网里来。"汤对他说："你做事怎么可以这样绝呢！你撤掉三面，留下一面的网就可以了。"此人便依言照办。汤祷告道："鸟儿啊，你们愿意往左的就往左，愿意往右的就往右，只有不听我话的鸟儿，才飞进网里来。"汤网开三面、恩及禽兽的事传开后，人民都称赞他的宽厚仁慈，纷纷拥护他，汤的势力进一步壮大。

汤一方面用仁德感召诸侯，另一方面又用武力剪除夏王朝的羽翼。他先后攻灭了葛、韦、顾等夏的属国，又击败了昆吾国，并吞并这些国家的土地和财产。在进行了充分的准备后，灭夏的时机成熟了。汤在伊尹的辅佐下，率领由七十辆战车和五千名步卒组成的军队西进伐桀。桀调集了夏王朝的军队开出王都。双方在鸣条相遇，展开大决战。战前，汤举行誓师大会，历数桀的罪恶，说明自己是奉行上天的旨意对夏讨伐，极大地鼓舞了士气。而夏军士气低落，很多人都有怨心。两军交战之时，正值大雨狂作，商军英勇奋战，夏军败退不止。最后，汤在南巢俘获了桀，并把他放逐在此，汤军占领夏的都城，正式宣告了夏王朝的灭亡。汤在各路诸侯的拥护下作了天子，告祭于天，宣布了商王朝的建立，定都亳。

汤建立商朝后，鼓励生产，安抚民心，使商的势力扩展至黄河上游，成为又一个强大的奴隶制王朝。

商部落本是臣服于夏朝的一个小国，方圆只有七十里的地盘。然而，商部落的首领商汤奋发图强，终于以七十里而王天下，推翻了被民众所唾弃的夏桀的腐败政权，建立了民心所向的新兴政权——商朝。

商汤之所以取得天下，关键是民心所向。这一点《孟子·梁惠王》里的一段话说得再明白不过了。孟子对梁惠王说："臣闻七十里为政于天下者，汤是也……《书》曰：'汤一征，自葛始。'天下信之，东面而征，西夷怨；南面而征，北狄怨，曰'奚为后我？'民望之，若大旱之望云霓也。"

商汤是个十分注重品德修养的人。例如仲虺说汤"不迩声色，不殖货利""克宽克仁，彰信兆民"。伊尹也说汤"肇修人纪，从谏弗，先民时若；居上克明，为下克忠；与人不求备，检身若不及。以至于有万邦"（见《伪古文尚书·伊训》）。

正因为商汤注意个人品德修养，选贤任能，实行德政，民心悦服，所以能一举消灭夏朝，建立起东至大海、西至陕西、南至长江流域、北至辽东半岛这样一个庞大的奴隶制国家。商朝的疆域不仅大大超过了夏朝，而且也是当时世界上首屈一指的文明大国。商汤的这种精神永远值得后人学习、继承和弘扬。

孟子有云：得民心者得天下，得天子者为诸侯，得诸侯者为大夫。

"得民心者得天下"，说明王权的核心是民心所向。在古代战争战术中讲：攻城为下，攻心为上。得城池与得天下是一个道理，"得民心"与"得天下"可以说是因果必然关系。要想得天下，必须得其民心，否则即使现在得到所想之物，那也不会长久。"水能载舟，亦能覆舟。"如果想坐稳天下，那就要想百姓之所想，急百姓之所急，"先天下之忧而忧，后天下之乐而乐"。这样自然会得民心。上下一心的军队能够攻无不克，战无不胜，同样，民心所向的国家能够政局稳定，百姓安居乐业，国泰民安。因此唐朝会有贞观之治，开元盛世。同样的道理，汤能够以七十里而成一代霸主，得民心是最为重要的原因。

现代的领导都难免遇到下属冲撞自己、对自己有不敬的时候，这时可以学学商汤以德服人。对人网开一面，宽容一点，对别人的宽容也是对自己的自重，凡事不可做得太绝对，把人往绝路上逼，最后只能害己。宽容待人，既体现了领导的仁厚，更展现了领导的睿智——既不失领导的尊严，又保全了下属的面子，以后，上下相处也不会尴尬，你的部属更会为你倾力工作。

作为一个优秀的领导者，就要对下属员工有仁爱之心，如此才能与下属达成共识，才能使上下关系像兄弟姐妹一样融洽。

10

自己做到了再要求别人去做

【原典】

是故君子有诸己①而后求诸人，无诸己而后非诸人，所藏乎身不恕②，而能喻③诸人者，未之有也。故治国，在齐其家。

【注释】

①有诸己：为自己所具有的，这里指自己具有了美德。诸，兼词用法，是"之于"的合音，有"对于"之意。

②所藏乎身不恕：藏，积藏。恕，恕道。儒家认为，自己不愿意做的，也不要要求别人去做。这种推己及人的品德即恕道。如"其恕乎！己所不欲，勿施于人"（《论语》）。

③喻：使别人明白。

【译文】

有道德修养的君子，应该先要求自己，然后再要求别人。应该先去掉自身的恶习，而后才能去批评别人，使之改恶从善。如果本身藏有不合恕道的品性，却去开导别人明白善恶之道理，那是完全不可能办到的事情。所以说要治理好邦国，首先要治理好家族。

正人须先正己

据《论语》记载，鲁国的大夫季康子向孔子请教什么叫政事。孔子说："政者，正也，子帅以正，孰敢不正？"意思是说："政"这个字，就是端正、正直，你自己率先走正道，谁敢不走正道？

在《论语》中，孔子还多处提及这个观点。如：在《子路》一章中，孔子说："苟正其身矣，于从政乎何有？不能正其身，如正人何？"孔子还说："其身正，不令而行；其身不正，虽令不从。"这两句话的意思是，为官者如果能够端正自身，那么，对于施行自己的权力，开展自己的工作又有什么困难呢？如果不能端正自身，又如何去端正他人呢？自身端正，不必发号施令，政令也能实行；自身不端正，即使三令五申也无人听从。

显然在孔子看来，个人的道德修养与治国平天下是一致的，能正其身就能正其民。做官的应该以其自身的修养和道德的力量去感召百姓。

宋人李邦献说过："轻财足以聚人，律己足以服人，量宽足以得人，身先足以率人。"也就是说，不看重财富，就可以团结更多的人；严格规范自己的行为，就可以获得别人的信服；以宽阔的胸襟去接纳别人，就会得到人心；事事以身作则身先士卒，就可以率领众人去获得成功。领导只有首先搞好自身的道德修养和道德教化，才能达到"以德服人"的效果。德治也是一种"榜样的力量"。官员是民众的带头人、引路人，必须成为大众的道德榜样。当榜样就不能在道德修养、思想境界方面停留在与老百姓一样的水平上。官有官德，民有民德，"官德"应当高于"民德"。官应该比民有更高的道德要求，只有这样，才能在德治中发挥道德示范作用。

如果官员自己贪图安逸，却要民众艰苦奋斗；自己以权谋私，却要民众克己奉公，那么显然就不可能端正社会风气，从而形成良好的政治局面。

孔子的意思是说，无论是做人还是做官，首先在一个"正"字，而且要能够做到"正人先正己"。只要身居高位的人能够正己，那么他的手下的大臣和平民百姓，就都会归于正道。我们中华民族是一个崇尚道德伦理榜样的民族，"榜样的力量是无穷的"这句话可以说脍炙人口。从历史事实上看，伦理榜样在社会群体中确实起过重要的作用；从价值层面上看，树立榜样也确有必要，因为榜样的行为与精神是时代的精华、未来的方向。因此，"榜样的力量是无穷的"这句话无疑具有一定的真理性，所以要不断发现榜样，树立榜样。

"正人"是"使人正"的意思，"正"是说遵守规范，有正气、讲正义。但是，现实生活中，偏偏有人己不"正"而却要去"正"人。

古时的汉光武帝刘秀的奴仆因犯大错，被大臣公正严法处死。此时，刘秀气愤得想要杀了该大臣，但最后却封其为"刺奸将军"，让其公正严明地执法，使众人不敢逾规。皇帝的奴仆犯了错都不饶命，何况他人乎？于是人人皆惧，不敢朝非分的地方想。

有些人，自己知识浅薄，还笑别人愚昧无知；自己对父母不管、不问，还说别人大逆不道；自己利欲熏心，还嫌别人见利忘义；自己不注意社会公德，还怪别人没素质；捐款时，自己捐得不多，却嫌别人自私小气；劳动时，自己偷奸耍滑，还嫌别人好逸恶劳；见到不平事时，自己不去挺身而出，还说别人胆小怕事。这些人，总对别人身上的毛病万般挑剔、百般指责，对自己身上的缺点却毫无知觉、视而不见；对别人的品行大谈特谈，对自己的不良习惯却闭口免谈；对别人"高标准、严要求"，对自己却放任自流。总觉得别人身上劣迹斑斑，自己身上尽善尽美，大有一副"看见别人黑，看不到自己黑"的态势。他们身上缺少的就是"先己后人"的精神，即"正人先正己"。

欲正人先正己，首先应从严于律己、宽以待人做起。遇事能设身处地地为别人着想。自己不想承受的痛苦不要强加于人，而要以批评别人的态度批评自己，以原谅自己的态度宽待他人。

"正人先正己"就是要求别人品德高尚，自己先要品行端正。"责人易，律己难"，这是许多人的通病，因此看社会、看他人处处不顺眼。当对别人的不良言行深恶痛绝时，应先看一下自己是否有类似的缺点，以做到"有则改之，无则加勉"，一味要求别人不如先反思自己。如果人人都能先"正己"，从现在做起，从点滴做起，该是一件多么美好的事情呀。

11

兄弟和睦，可教化国民

【原典】

《诗》云："桃之夭夭，其叶蓁蓁，之子于归，宜其家人①。"宜其家人，而后可以教国人。《诗》云："宜兄宜弟②。"宜兄宜弟，而后可以教国人。《诗》云："其仪不忒，正是四国③。"其为父子兄弟足法，而后民法之也。此谓治国在齐其家。

【注释】

①《诗》云句：这四句诗引自《诗经·周南·桃夭》的最后一段。《桃夭》这首诗是庆贺女子出嫁时所唱的歌。夭夭，草木鲜嫩、美丽的样子。诗以桃树喻少女。蓁蓁（zhēn zhēn），树叶润泽、茂盛的样子。之，此。子，女子。这个女子，这里指被嫁少女。于归，女子出嫁。

②《诗》云句：这句诗引自《诗经·小雅·蓼萧》。《蓼萧》这首诗是谢恩祝福的诗歌。宜兄宜弟，意为使家族中兄弟之间互相友爱团结。

③《诗》云句：这两句诗引自《诗经·曹风·鸤鸠》。仪，指礼仪。忒，差错。正是，亦作"是正"，正大，引申为表率的意思。

【译文】

《诗经》写道："桃花妖娆如含笑，满枝叶儿碧又青，这个姑娘出嫁了，合家老小喜盈盈。"只有先使一家老小和和美美、快乐生活了，而后才能教化广大的国民百姓。《诗经》写道："使家族中兄弟之间互相友爱团结。"只有先使一个家族的兄弟和睦相处，互相友爱，而后才能教化广大的国民百姓。《诗经》写道："国君的礼仪没有差错，才能成为四方各国的表率。"国君要使自己家族中的人：做父亲的讲慈爱，做子女的讲孝顺，做兄长的讲友爱，做弟妹的讲恭敬，只有使他们的言行足以符合道德准则，然后整个国家四方百姓才会效法。这些都说明了国君要治理好邦国，首先要治理好家族的道理。

兄弟相处在于一个"和"字

兄弟之间应当和气，怎样和气？并不是你好我好的"和气"，而应当在坦诚、忍让上，在互相关怀帮助、互相砥砺的基础上的和气，尤其是能够真诚善良地指出对方的过错、不足。被指出错误的人则是闻过则喜，不吝改过，这样才能使大家不断完美，相互协调，家业兴旺。

有一次，曾国荃与曾国藩谈心，其中大有不平之气。曾国荃一下子给哥哥提了很多意见。最大的意见是说哥哥在兄弟骨肉之间，不能造成一种生动活泼的气氛，不能使他们心情舒畅。曾国藩虽然稍稍劝止，但还是让曾国荃把话说完了，曾国荃一直说到夜至二更。在此期间，他还给哥哥提了许多别的意见，这些意见大都切中事理，曾国藩在一边倾耳而听。

金无足赤，人无完人。既然是人，就会有缺点、有错误，曾国藩也不例外。曾国藩最大的毛病或许还不是曾国荃说的那一条，而是喜欢教训人，就是好为人师，这一点是曾国藩自己也承认的。

大家都知道，曾国藩是一个对自己要求十分严格的人，对兄弟子女也要求十分严格。要求严就难免提意见的时候多，表扬的时候少。曾国藩还是一个责任心和道德感十分强的人，凡是看不惯的，有违家法的，他都会直言不讳地给予批评，曾国荃给他提的意见实际上是说哥哥太严肃了。

曾国藩的可贵之处在于，他不理论，也不辩解，而是让弟弟把话说完。如果有人对你有意见，你就应该以谦虚的态度洗耳恭听，看看对方所说之处是否有理，有则改之，无则加勉，或再与其分析、讨论对错问题。

但如果你不听对方说出他的意见，则只能使对方的不平之气更添几分，于人于己都没有好处。

曾国藩的另一个可贵之处在于，虚心接受他人的批评，并不因为自己是兄长，是大官，就以势压人。只要他人说得入情入理，就没有不能接受之道理。曾国藩这样做，无损于他做兄长的尊严，反而使曾国荃产生一种亲切之感，在尊严和亲切之外，他更觉曾国藩有一种大度与大气。

正是因为曾国藩有这样的胸怀与气度，所以曾氏家族才能老有所尊，幼有所爱，兄弟和睦，邻里相亲。

平天下章：以人为本，仁德厚民

《大学》说："国治而后天下平。"也就是说，天下太平是以治理好国家为基础的。在这一章中，为了达到"平天下"的目的，《大学》把治国之道进一步具体化了。其治国平天下的理念，一言以蔽之，八个字：以人为本，仁德厚民。平天下，说难也难，说不难也不难，只要对当事者时时把"人"和"德"这两样放在心里，对自己严格要求，并且懂得运用合适、有效的方法。

1

敬老恤孤，垂范以德

【原典】

所谓平天下，在治其国者，上老老①而民兴孝；上长长②而民兴弟（tì）；上恤孤而民不倍③。是以君子有絜矩之道④也。

【注释】

①老老：尊敬老人。前一个"老"字为动词，尊敬。后一个"老"字为名词，老人，老者。

②长长：尊敬长者，敬重长辈。前一个"长"字作动词，意为将长辈当作长辈看。后一个"长"字为名词，指长者。

③恤：体恤，怜爱，周济。孤：幼年丧父称孤。不倍：不违背。倍，背，悖。

④絜（xié）矩之道：儒家伦理思想之一。指君子的一言一行要在道德上有示范作用。絜，量度，即测量。矩，制作方形物件的工具。

【译文】

所说的是要使天下太平，根本在于先要治理好国家。这是什么意思呢？是因为国君尊敬老人，便会使孝敬之风在全国百姓中兴起；国君尊敬长辈，便会使敬长之风在全国百姓中兴起；国君怜爱救济孤儿，全国的百姓便会照样去做，下面的民众就不会违理作恶。所以，国君应当做到推己及人，在道德上起到示范作用。

尊老敬老，不违礼数

考察一个人的品质与教养，也许从他是否能够尊老敬老、把老人放在心上这个角度入手，能够最容易地获得深刻的结论。西汉的张良、晋代的陶侃这两位既立功、又立德的人物，正是尊老敬老的典范。

张良，字子房，祖上是韩国人。祖父张开地，曾是韩昭侯、宣惠王、襄哀王的相国。父亲张平，为釐王、悼惠王相国，悼惠王二十三年（公元前250年），张平去世。20年后，秦灭韩。张良因年少，尚未在韩国任职，他决定用全部家财招求侠客谋刺秦王，替韩国报仇。

张良曾在淮阳学礼，又东行拜访沧海君，求得大力士，专制了120斤的铁锥。当时秦始皇向东巡游，行至博浪沙地方，张良与刺客伏击秦始皇，铁锥误中副车。秦始皇大怒，令大肆搜捕，又急又狠要抓刺客，张良于是更名换姓，逃匿到下邳。

一次，张良闲游到下邳一座桥上，有一老翁，穿粗麻短衣，走到张良身边，故意把鞋子掉到桥下，回头对张良说："小子，下去把鞋拾来！"张良开始很惊讶，对老翁的行为很生气，但因为老翁是长者，他便强忍性子，下桥取鞋，就势屈膝替他穿上。

老翁伸脚待张良替他把鞋穿上，笑着走了。张良心里很奇怪。老翁走了里许又回来，说："小子是可教之才。第五天天亮时，来此同我见面。"张良因此很纳闷，行礼答："好。"

第五天天亮，张良前去，老翁已先到等在那里，于是老翁生气地说："与老人约会为何来迟？回去，五天后早些来。"到第五天，张良鸡叫时前往，老人又先到，于是老翁还是生气地说："为何又来迟？五天后再早些来。"五天后，张良半夜前去，没多久老人也来了，高兴地说："应当如此。"于是拿出一部书送给张良说："读好了此书可做帝王之师，10年后天下大变。13年后，你会见到我，济北谷城山下的黄石即是我。"说完就离开不见了。

张良心中感到欣喜异常，常常研读老人所赠之书。其后，秦末农民战争风起云涌，张良选择了跟随刘邦，尽心尽力地辅佐他，终于夺取了天下，建立了汉室江山。张良被封为留侯，为著名的汉初三杰之一。

陶侃是大诗人陶渊明的祖父。他是晋代名将，以功高德劭名垂青史。

陶侃小的时候，家境非常贫寒。母亲湛氏靠纺纱织布供儿子读书。陶母不但能吃苦耐劳，而且很有志气，严于家教。从陶侃懂事起，她就教育儿子刻苦自励，做到"贫贱志不移"，希望儿子长大以后，能成为孟子所

说的那种"富贵不能淫，贫贱不能移，威武不能屈"的大丈夫式的人物。

陶侃长大后，没有辜负母亲的期望。他不但为官清廉正直，而且在诸多生活细节上非常孝敬母亲。在母亲去世之后，依然遵循着母亲的教诲，时时在心中感念着母亲。

陶侃有个奇特的癖好——搬砖，每天早晨，他把100块砖搬到院子里，傍晚又把100块砖搬回屋里，每次都累得满头大汗，谁去帮忙他都不肯。不论阴晴雨雪，也不论春夏秋冬，一年到头按时搬运，从不间断。有人问他："将军，你这是干什么？"他说："你们知道我们国家的北方已落入了异族手中，我立志要收复中原。母亲生前曾同我说过，生活过于安逸，不但会伤害身体而且容易消磨意志。我之所以每天搬砖，正是为了锻炼身体和磨炼意志，好实现我的远大理想。"

还有一件轶事，就是陶侃每次喝酒，都有一定的限度，常常喝到酒兴正浓时戛然而止，坚决推杯不喝，因为他给自己规定的限度已经到了。有一次，有一位好友劝他再喝点，他还是不喝，问他为什么这样，他沉默了好久，才道出了真情："年少有酒失，亡亲见约，故不敢逾。"这里的亡亲是指过世的母亲。这句话的意思是说，陶侃年轻时，曾因喝醉酒有过过失，他的母亲曾因此让他立过誓约，所以后来喝酒再也不敢超过约定的饮酒数量。陶侃说到做到，母亲去世以后，几十年来，他一直没有超过当时约定的数量。

张良对长者的尊敬，让黄石老人对他产生了信任，觉得孺子可教，于是传授了天书，这是尊老敬老的好处。而陶侃则从内心和行动上表现出了对于母亲的感恩和怀念。他们的成功应该不是偶然的。这二人相同之处在于，心怀敬老之心，知孝道，通大理，自有一番超乎常人的意志和见识。这种人，无论是在做人的智慧上，还是处世的策略上，都比一般人要来得实在、顺达。

尊老敬老，这是中华民族的传统美德，而孔子对这一美德的传承和发扬，有不可磨灭的贡献。本来他的身份在众人中是最高的，但他依然重视礼数，不敢逾越规矩走在老年人前面。

尊老敬老是一个人修养的重要表现。有尊敬老人之心，才会有赡养老人的行为，尔后才会有孝悌之德。而这种教养，对于一个人的为人处世、持家立业，都是有极大影响的。一个对老人没有敬爱之心的人，是不能对他寄予信任和希望的。

2

不要把自己厌恶的行为强加给别人

【原典】

所恶于上，毋以使下；所恶于下，毋以事上；所恶于前，毋以先后；所恶于后，毋以从前；所恶于右，毋以交于左；所恶于左，毋以交于右，此之谓絜矩之道。

【译文】

我厌恶上位的人无礼待我，我就不应以无礼对待我下边的人；我厌恶下面的人以不忠待我，我就不应以不忠来侍奉我上面的人；我厌恶前面的人以不善待我，我就不应把不善加在我后面的人身上；我厌恶后面的人以不仁待我，我就不应以不仁施于我前面的人；我厌恶右边的人以不义待我，我就不应以不义施于我左边的人；我厌恶左边的人对我不诚，我就不应以不诚对待我右边的人。这就是所讲的道德上的示范作用。

（1）切忌粗暴地对待下属

很多为上者在粗暴地对待下属的同时，却希望下属们忠心耿耿，在紧要关头能够助己一臂之力，这其实愚蠢至极。想要下属以"义"待己，那么首先自己就要做出表率。

西汉景帝时，袁盎在吴国做官。袁盎有个下属和袁盎的婢女私通，袁盎发觉后想把他们治罪。然而袁盎平静下来后，又觉得自己残忍：那个下属年轻，贪爱美色虽然错了，但也是人之常情，不能因为这件事误了他的前程。于是袁盎假装不知，一场风波被压了下去。

不久，那个下属知道事情败露了，马上逃跑了。袁盎亲自骑马追赶他，那个下属被追上后，袁盎对他说："那件事你是有错，可我并没有放在心上。我若有心计较，你逃也逃不掉的。我绝不会为难你，请你跟我回去吧。"

回来之后，袁盎亲自做媒，把那个婢女嫁给他，又送了他们许多礼物。

有人说袁盎傻气，指责他说："你能饶过那个下属，就是大仁大义了，如今再成全他们的好事，不是鼓励坏人作恶吗？如果人人效仿，天下岂不大乱了？"

袁盎说："那个下属平日并无过错，他喜爱婢女并不是不可饶恕的大罪。我为朝廷官员，最怕别人说我仗势欺人。今日我有恩于他，日后或许就多了一条退路，我不想与人结下太多的仇怨啊。"

后来，袁盎到朝廷做官。"七国之乱"时，袁盎奉命来到吴国，让吴王刘濞罢兵。刘濞派兵包围了袁盎的住地，准备杀死袁盎。

当年被袁盎饶恕的那个下属这时在吴国军中当个小官，他得知内情，决定冒死报恩。他把士卒灌醉，潜入袁盎的住处，让他赶快逃跑。袁盎不敢相信，那个下属说："你从前饶我大罪，又将婢女赐我为妻，我每时每刻都思念报答啊！一定要信我，若再迟疑，就来不及了。"

于是袁盎逃出住地，没有遇害。

袁盎能施恩于人，不计较他人的过错，在危难之时才得以活命。他不乱施淫威，别人对他也舍命相报。

一个人不管他身处什么样的地位，他的生存权利和人格都是不容被忽视的。贸然侵犯他人，便会种下仇恨，为自己树立对立面。

那些粗暴地对待下属的人，其实没有见识，目光短浅，这也决定了他们终将激起众怨，群起而攻之，最后一定会惨败。同时，这里也告诉人们，对人谦逊有礼是成功的要素，这是绝不可丢弃的。

（2）想让别人如何对待自己，就要首先如何对待别人

待人处事之"礼"，关键就在一个"诚"字。"诚"会让对方感到得到了尊重，从而感到身心愉快，乐意为你尽心尽力，就会以心换心；而不诚之"礼"，则会让人感到被戏弄，受了污辱，因此对方非但不会帮你的忙，反而会怀恨于心，伺机报复。所以说，想让别人如何对待自己，就要首先如何对待别人，道理就在这里。

陶朱公范蠡住在陶时，生了第三个小儿子。等到长大成人后，陶朱公的二子因杀人被楚国拘囚起来。陶朱公说："杀人偿命是应该的，但我听说有千金之家财，其子可以不被处死于市中。"于是备齐千金，准备让小儿子前去营救。但大儿子也坚持要去，并说："父亲不让大儿子去，而让小弟去，一定是父亲认为我是不孝之子。"说着竟要自杀。夫人见此，再三强劝陶朱公，陶朱公不得已，只得让大儿子去，并附信一封，叫他交给自己过去的好友庄生。并对大儿子说："到了以后，把礼金送上，然后一切客随主便，不要与他争辩。"

大儿子到后，便按照父亲的嘱咐去做了。见过庄生之后，庄生就对他说："你快走，不要再继续留在这里了。即使你弟弟被放出来，也不要问是什么原因。"大儿子走后，并没有按庄生吩咐回去，而是偷偷地住在楚贵人那里。庄生虽穷，却以廉洁耿直为标榜，楚王以下的大臣们都把他视

为老师，非常尊重他。陶朱公的儿子所送千金之礼，庄生并无意收下。原本想把事情办成后，再退还给范蠡，以为信守之据，然而陶朱公的长子并不理解他的这番良苦用心。

一天，庄生找了个理由觐见楚王，说天上有星相显示，有事不利于楚国，只能用做好事的方法才能消除。楚王一贯信任庄生，于是就准备大赦天下。楚贵人欣喜地将此喜讯告诉了陶朱公长子。不料陶朱公长子想，大赦时弟弟一定会出来，千金岂不白送庄生了。于是就又去见庄生，庄生吃惊地问："你怎么还没离开这里？"陶朱公长子说："弟弟今将大赦，故而特来告辞。"庄生明白他的意思，就把钱还给了他。

庄生受了陶公子的耍弄，感到是一种奇耻大辱，于是就又觐见楚王说："楚王大赦是为了修德去凶，可楚国的百姓都说，陶地的富翁陶朱公的儿子杀了人被囚在楚，他们家里就用金钱来贿赂楚王左右的人，所以说楚王大赦并非为楚国百姓，只是为陶朱公的儿子一人着想罢了。"楚王听后大怒，下令将陶朱公的儿子立即处斩，然后才下大赦令。

当陶朱公长子带着弟弟死亡的消息回到家后，母亲及乡亲都很悲伤，陶朱公说："我听说你的行动，就知道你一定会害死你的弟弟。这并非是你不爱他，只因为你从小与我一同创业，备尝生活的艰辛，所以很看重钱财。至于你小弟，本来就生长在富裕的环境里，出门乘车、骑马，不知钱财来得不易。我派他去只因为他能抛舍钱财，而你却不能，你弟弟被杀，我并不奇怪，我早就料想你会带丧报回来！"

陶朱公的长子救弟失败的原因是他吝啬钱财而索回已送出去的礼物，使原来所做的一切都变得虚伪，还不如当初不送。这种行为的本身就构成了对庄生的伤害，使他认为自己从人格、尊严以及做事能力上都受到了污辱。因此，他又不辞劳苦地再帮"倒忙"的行为也就不难理解了。可见，待人处事中的虚伪之礼，对人对己都没有好处，是要不得的。

3

爱民所爱，憎民所憎

【原典】

《诗》云："乐只君子，民之父母①。"民之所好好之，民之所恶恶之，此之谓民之父母。

【注释】

①《诗》云句：这两句诗引自《诗经·小雅·南山有台》。乐，用礼乐进行娱乐。只，语气助词，犹"哉"。

【译文】

《诗经》里说："快乐的国君，才称得上是天下平民百姓的父母。"国君应当喜爱平民百姓所喜爱的东西，应当憎恶平民百姓所憎恶的东西。这就叫做天下平民百姓的父母。

只要老百姓喜欢，有些陈规也是可以墨守的

有的人喜欢推陈出新，有的人善于墨守成规，前者往往显得激情四射、精明过人；后者则显得老气横秋、甚至看起来还有些"不负责任"。但事实告诉我们，在某些特定条件下，墨守成规却是最正确的选择。

《史记·曹相国世家》中记述了"萧规曹随"的故事，就是对这一问题的最好注解。

汉惠帝二年（公元前193年）7月，丞相萧何病死。吕后、惠帝遵汉

高祖遗嘱，召齐国国相曹参入朝，要他继萧何之职为丞相。曹参奉诏入朝，面谒吕后、惠帝，接了相印，入主丞相府。

当时朝臣们都私下里议论，说萧何、曹参二人与刘邦一起起兵，同是沛吏出身，原本十分友好，后曹参战功甚多，封赏反而不如萧何，两人遂生隔阂。现在曹参为丞相，必然会顾忌前嫌，会对人事做大的调动。为此，相府里的各级官员，都感前途未卜，人心惶惶。谁知曹参接印数日，依然如故，且贴出文告，一切政务、用人都依前丞相旧章办事。官吏们这才放下心来，守职理事。

数月之后，曹参已渐渐熟知属僚，对那些好名喜事、弄文舞墨的人员，一律革除。另在各郡国文吏中，选那些年高忠厚、口才迟钝者补上空缺。自此，曹参便将自己关在府中，日夜饮酒，不理政事。

有些和曹参关系密切的官员、宾客看到这种情况，都感奇怪，入见曹参，想问个明白。然而，只要见到曹参的，还没等到发问，便被曹参邀入席中饮酒，一杯未完，又是一杯，直到喝醉方止，所以没有人能够明白曹参的真正意思。俗话说，上行下效。曹参既喜饮，属吏们无不纷纷仿效。相府后面有个花园，经常有些下属聚在园旁，饮酒为乐。饮到半醉，或舞或歌，声音传到了很远的地方。曹参明知，却装聋作哑，不加理睬。有两个侍吏实在看不下去，以为曹参不知，便寻机找了个借口，请他游后园。曹参来到园中，赏景闻声，兴致渐高，遂命侍吏摆酒园中，自饮自歌，与园旁吏声相互唱和。这两个侍吏见此，感到莫名其妙，也不好再问。

曹参不但不去禁酒，就是属下办事稍有小误，也往往替为遮掩。属吏感德，但朝中大臣，对此感到不解，有的便把曹参的作为报告了惠帝。惠帝因母后吕雉专权，残酷地杀了戚姬，毒死了戚姬的儿子如意，心感愤怨和绝望，遂躲入宫中，不理朝政，借酒消愁，沉溺闺房，消遣时光。及闻曹参所为，心想："相国怎来学我，难道因我年幼，看不起我？"正在惠帝猜疑之时，恰逢中大夫曹窋入侍。曹窋乃曹参之子。于是惠帝便对曹窋说："你回家后，可替朕问问你父：高祖新弃群臣，皇帝年幼未冠，全依相国辅佐。现在，你的父亲为丞相，只知饮酒，无所事事，如何能治理天下？不过，你要记住，不要说是我让你问的。"曹窋辞别归家，把惠帝所说的话都告诉了他的父亲。曹参听后，竟勃然大怒，用竹板打了曹窋二百下，并且说："天下事你知多少？还不快快入宫侍驾！"曹窋挨打，既觉委屈，又不理解，入宫后，向惠帝直说了此事。惠帝听后，心中更感到疑惑，翌日朝后，便将曹参留下道："你为何责打你的儿子曹窋呢？他所说的话，都是我的意思。"曹参忙伏拜在地，顿首谢罪，问惠帝道："陛下自思，您的圣明英武，可比得上高祖？"惠帝道："朕怎敢与先帝相比！"曹参又问道："陛下察臣才，与故丞相萧何比，孰优孰劣？"惠帝答道："恐不及萧丞相。"曹参这才说道："陛下所言圣明，确实如此。从前高祖及萧丞相定天下，法令、制度都已完备，今陛下垂拱临朝，

曹参像

臣等能守职奉法，遵前制而不令有失，便算是能继承前人了，难道还想胜过一筹吗？"惠帝听了以后，才了解了曹参的真正意图，说："朕已知道你的意思了，请退下休息吧！"

曹参回去后，依然照旧行事。百姓经过大乱后，只求安宁，国无大事，徭役较轻，天下太平。所以曹参为政，竟得讴歌，歌云："萧何为相，较若画一，曹参成之，守而勿失。载其清净，民以宁一。"

曹参本人原来就善于黄老之学，主张无为而治。汉初的社会在经过了长期的战乱之后，也正需要休养生息。所以，曹参"萧规曹随"的政策与当时的社会需要是十分吻合的，与当时吕后专权、皇帝无能的朝廷状况也是十分吻合的。"墨守成规"也能成就大事，而且可能是成就大事的最佳选择，曹参给我们上了生动的一课。

4

小心谨慎，避免偏差

【原典】

《诗》云："节彼南山，维石岩岩。赫赫师尹，民具尔瞻①。"有国者不可以不慎，辟则为天下僇矣②。

【注释】

①《诗》云句：这四句诗引自《诗经·小雅·节南山》。《节南山》这首诗是讽刺周王执政太师尹氏的。师尹，太师尹氏，是指周宣王时做过太师的尹吉甫的后代。太师是周代的三公之一。节，雄伟的样子。维，发语词。岩岩，高峻的山崖。赫赫，显耀。具，通"俱"。瞻，注视。

②辟：偏差。僇（lù）：通"戮"，杀戮。

【译文】

《诗经》里说："雄伟巍峨的终南山，山崖险峻不可攀。权势显赫的尹太师，百姓目光都注视你。"掌握着国家大权的人不可以不慎重。如果出了偏差，那么就会被天下百姓所不容。

慎重行事，知错就改

古人说："知过能改，善莫大焉。"历史上有明君、昏君的说法，其实明君不是未卜先知的圣人，尽管做事已经很慎重，但一不小心也会犯错。他们之所以能成为明君，就在于他们能做到知错就改。

敢于承认错误，并且能够正视错误和改正错误的，在封建王朝中可能唐太宗李世民算做得最好的一个。

唐太宗非常喜欢魏征对他讲的"兼听则明，偏信则暗"这一句话。他对大臣们说："自古以来帝王怒起来就随便杀人，夏朝的关龙逄，商朝的比干，都因为敢谏而被杀，汉代的晁错也是无罪被杀。我总是提醒自己以此为戒。为了国家，请你们经常指出我的过错，我一定接受。诸位经常记着隋朝灭亡的教训，我常常想着关龙逄、晁错死得冤枉，咱们君臣互相保全不就很好吗？"

唐太宗不但这样说，在实际行动中也着实知错就改。

有一次，唐太宗出行至洛阳，嫌地方供应的东西不好而发火。魏征当即劝谏道："隋炀帝为追求享乐，到处巡游，供求无厌，弄得民不聊生，以至灭亡；今圣上得天下，正应当接受教训，躬行节约，怎能因天下供应不好就发脾气呢？如果上行下效，那将成什么样子！"于是唐太宗接受了他的批评。

有一年，陕西、河南发大水，不少地区遭了灾，唐太宗却要建飞龙宫。魏征上书反对说，隋炀帝大修行宫台榭，徭役无时，干戈不休，把人民逼上绝境，最后招致灭亡，皇上要引以为戒。如果重复隋炀帝的做法，那就是"以暴易暴"，还会重蹈隋亡的覆辙。最后说服唐太宗停建了这项工程，并把备用的木料都送到灾区救济灾民。

还有一次，唐太宗要修洛阳宫，河南陕县县丞皇甫德参上书反对说："修洛阳宫，是劳民之举；收取地租，是重敛于民；天下妇女时兴高髻，是从皇宫里传出来的。"唐太宗看了奏章勃然大怒，说："这家伙是想让国家不役使一个人，不收一斗租，宫里的女人都变成秃子，他才会满意！"魏征在旁，连忙解释说："人臣上书，言辞不激烈不足以引起圣上的重视，言辞激烈又近于诽谤，希望陛下能够理解。"唐太宗听了，转怒为喜，还派人赏赐了皇甫德参。

贞观二年，唐太宗访得隋朝旧官郑仁其有个小女儿生得天姿国色，又有才学，想纳入后宫为妃，册封的诏书已写好。魏征听说郑女早已许嫁陆氏，于是劝谏唐太宗："陛下为天下万民的父母，应爱抚百姓，忧其所忧，乐其所乐。自古有道行之君心里总是想着百姓。住在皇宫里，想着百姓是否有房子住；吃山珍海味，想着百姓是否受冻挨饿；妃嫔在前，要想着百姓是否有家庭的欢乐；郑氏之女已许嫁别人，陛下却想娶至后宫，这哪里是为民父母者应做的事情呢？"说得唐太宗无言以对，马上停止册封，让郑氏之女仍归陆氏，并作诏自责："听说郑氏之女已受人礼聘，朕下诏册封的时候没有详审。这是朕的过错！"

由于唐太宗能听良臣的劝谏，勇敢地认识并改正自己的过错，因此纠正了不少过失，带来了贞观盛世。当然，作为一个统治者，能够勇于改错，这不单对他个人有好处，也是国家社稷之幸。这对于我们眼下的为政者，无疑是一个很好的榜样。

儒家思想强调：在一个人修身、正己的过程中，要把能不能改正错误作为重要内容，并且明确指出"过则勿惮改"，不但问题抓得准，切中要害，而且也符合人们成长进步的过程。世界上没有不犯错误的人，差别是错误的大小和多少，更大的差别还在于对待错误的态度上。错误人人难免，有时不以人的意志为转移，但犯了错误不能改正错误，那就错上加错；犯了错误，但能正视错误，改正错误，不但对事情有所补救，而且也能从错误中吸取教训。从某种意义上讲，人就是在不断犯错误又不断改正错误中进步的。

5

得道得国，失道失国

【原典】

《诗》云："殷之未丧师，克配上帝。仪监于殷，峻命不易①。"道②得众，则得国，失众，则失国。

【注释】

①《诗》云句：这四句出自《诗经·大雅·文王》。丧师，丧失众人。克，能。配，符合。仪监于殷，意为应以失败的殷商为借鉴。仪监，原诗为"宜鉴"，宜以……为借鉴。峻命，指天命。峻，大。

②道：指"絜矩之道"。

【译文】

《诗经》里说："殷代尚未丧失民心的时候，还能够与上天的旨意相符合享有统治。应当以殷商的兴亡为鉴戒，认识到守住天命永保国家并非容易。"这些说的是：统治者能在道德上起示范作用，就会得到民众的拥护，也就会享受国家；否则，就会失去民众的拥护，也就会失去国家。

以德为政，四方皆敬

为政者个人的道德修养及其仁政方针如果能真正得以实施开来，则其产生的正面效果往往是非常巨大的。这在中国古代的"人治"社会里尤其明显。

金世宗完颜雍是金国第四代皇帝，是历史上著名的政治家。他在位期间（公元1161～1189年），对南宋采取"南北讲和"的和平外交路线，对内则实行"与民休息"的政策，整顿吏治，解放奴隶、发展生产，使金国的经济和文化得到迅速的发展，出现了空前的繁荣局面。

金世宗即位不久就采取了解放奴隶，发展生产的措施。辽时崇佛，寺院的领户称二税户，金初二税户多沦为寺院的奴隶，大定二年，金世宗下令赦免全国的二税户，使他们获得解放，成为国家的编户平民。对于当初随契丹搞叛乱的人，包括奴婢在内，只要是主动归顺朝廷的，一概赦免。同时又多次下令放归宫廷奴婢和内外官员家庭所属的私婢，使大批奴隶获得了平民身份，解放了生产力。

为了发展北方地区的农业生产，解决农民的土地问题，金世宗对豪强贵族兼并土地采取限制和抑制的政策。迁居中原的女真贵族利用他们的特权，无限制地兼并土地，使普通汉族农民无田可耕。针对这种局面，金世宗果断下令，权豪之家最多只准保留十顷私人土地，多余的皆收归国有，或租给无地的农民耕种，或直接分给农民。又召集流民复业，由政府拨给土地。对发生自然灾害的地区，实行赈救、免税的政策。并多次治理黄河，在全国各地兴建水利工程。这些措施的推行，使北方地区的农业生产迅速地得到恢复和发展。

金世宗施行"德政"的宗旨，就是想尽一切办法使社会得到安定，在安定中求得稳步发展，他主张对老百姓要宽慈，要"爱民"，他曾公开对大臣们说："朕常常担心因重敛使百姓们困苦不堪。"又说："县令之职最为亲民，应选贤才任之。"有一次，尚书省拟奏宗室完颜阿可为刺史，金世宗认为阿可年轻，不适宜任刺史之职，批评尚书省官员说："一郡之守关系到千里百姓的休戚，如果郡守任非其才，一郡的百姓怎么办呢？"金初，皇帝的护卫亲军年龄大了后都改任地方临民官，金世宗对此提出异议，说："护卫都是武人，有的连字都不会写，怎能治民呢？天子以黎民百姓为赤子，不能亲自过问每家的事，只能依靠各级官员。明知官员不称职而强授之，老百姓将会说朕什么呢？"命令护卫皆改任他职。

金世宗躬行节俭，很大程度上也是从爱民的角度出发。他曾说过："朕如果想使饮食丰盛，每天宰五十只羊也能办得到。但一想到浪费的都是百姓的血汗，就于心不忍。"元妃李氏死，金世宗到兴德宫举行葬礼。他见街市上十分冷落，就对随行的大臣们说："不应因元妃之丧而影响了百姓的生计，让他们照常营业。"还有一次，金世宗因事驾幸兴德宫，朝官们请他走前门，金世宗怕出行的队伍妨碍了市民的生意，改从别的路走。

大定二年四月，为了改变海陵王时期皇宫中奢靡的风气，金世宗下诏减御膳及宫中食物之半。大定六年，禁止宫中陈设涂金装饰，并禁止宫人服饰用金线。宫中小规模的兴修，从宫人的费用中支拨，从不搞大规模的土木工程。大定九年，尚书省就越王、隋王两皇子王府要建宫室并役民夫事上奏，金世宗当即批评说："朕宫中竹树枯死，想令人再植新竹，还怕动用了别人。两王府各有僚属仆人，为什么还要役使百姓呢？"驳回奏疏。大定十三年，太子詹事刘仲海请增东宫的侍从人员和陈设，金世宗不准，说："东宫所属人员有统一规定，陈设也已具备，为什么还要增加呢？太子生于富贵，容易养成奢侈的习惯，应引导他节俭。"

金世宗在饮食服用方面确实很注意节俭。据《金史》记载，他做了皇帝后，只在皇太子的生日、元宵节、中秋节饮酒，平日从来不饮酒。每餐只四五样菜，仅够食用，无浪费。有一次金世宗正在用膳，正巧公主来了，竟没有多余的饭菜给她吃。金世宗平日穿的衣服总是洗了又穿，穿了又洗，什么时候穿破了才换新的。有一次他在广仁殿同诸皇子一起吃饭，闲谈之中教导他们饮食服用之物要节省，不要铺张浪费，并撩起龙袍说："这件衣服朕已穿三年了，还完好无损，你们看看！"有的官员认为他身为天子，食用太俭，金世宗却说："天子也是人，浪费有什么好处，天子能自行节约，也不是什么坏事。"

由于金世宗始终把"德政"作为社稷的根基看待，身体力行，使得金国出现了一段繁荣局面。这使他自己在历史上也享有很高的声誉。《金史》赞颂他："久典外郡，明祸乱之故，知吏治之得失，即位五载，而南北讲好，与民休息，于是躬节俭、崇孝悌、信赏罚、重农桑、慎守令之选，严廉察之责……孜孜为治，夜以继日，可谓得为君之道矣。"南宋理学大师朱熹也说他在位期间专行"仁政"，能行"尧舜之道"。元代的阿鲁图在《进金史表》中说："非武元（指金太祖）之英略，不足以开九帝之业；非大定之仁政，不足以固百年之基。"这些虽难免有过分溢美之处，但金国在金世宗统治的年代里，社会安定、生产发展，经济和文化空前繁荣，却是历史事实。

金世宗的德行和仁政在当时社会经济衰退和民族矛盾尖锐的情况下，不但使国势为之而振，而且赢得了广大百姓的民心；不但本朝史官称赞，而且连后代及异邦异族（朱熹）也敬仰有加。可见，德行仁政不仅是一种人为的统治需要，同时也是符合社会秩序的内在规律的。

《大学》在这里强调的是为政者的个人修养问题。他将为政者的道德及其仁道政治，与政局的稳定和国家的强盛紧密联系在一起，说明了"德"与"仁"强大的感召力和凝聚力。

其实，无论是治国，还是做人做事，高尚的道德品质和非凡的人格魅力都会形成一种像磁场那样的向心力，提升你的"人气"。周围的人在不自觉中，都会把你当成"精神领袖"和衡量是非价值的标准。

6

有德之人什么都会有的

【原典】

是故君子先慎乎①德，有德此②有人，有人此有土，有土此有财，有财此有用③。

【注释】

①乎：于，在。

②此：这样，这么。

③用：指供国家享用的各项货物。

【译文】

国君首先要慎重地修养德行。有了美德，就会拥有民众；有了民众，就会拥有土地；有了土地，就会获得财富；有了财富，国家就有开支。

"德"是最有用的个人能力

有人说：美德当不了饭吃。在这个一切讲究实际的社会里，那种"迂腐"的道德品质反而会让自己吃亏。这其实是一种短视之见。真正有眼光、会办事之人，无论是发自内心还是有意为之，都会把道、德、仁、义、礼等美德作为自己的处世工具，用以弥补自己的先天不足。

《三国演义》中把刘备描写成一个大好人，与曹操完全相反。不过，若从个人能力上来观察，刘备有比较大的欠缺。曹操参战的获胜率为八成，而刘备只有两成，可以说是败多胜少。所以曹操顺利地扩充势力，而刘备却时沉时浮，举兵二十年后仍毫无建树。

既然如此，曹操为什么会将能力远不如自己的刘备视为最强的对手呢？根本原因在于刘备拥有一种足以弥补个人能力不足的秘密武器。这种武器不是别的，正是"德"。

譬如有名的"三顾茅庐"的故事，刘备为了聘请诸葛亮（孔明）为军师，不惜三次亲自到诸葛亮的茅屋去请他。当时两个人地位相差悬殊，刘备虽然在争霸的过程中不太顺利，但是也颇有名望。而且刘备当时已年近五十，而诸葛亮却是二十岁出头的无名小卒。刘备竟然会特地三次造访孔明，以崇敬的态度请求孔明做他的军师，及至在孔明应允之后，又马上将全部作战计划等大事都委任于他。这种谦虚的态度可以得到他人深切的信赖。

不仅对孔明一人如此，刘备对其他部下也是这样。

比如，当赵云从敌人重围中冒着性命危险救出太子阿斗之后，刘备不是像常人那样欣喜若狂，而是生气地将阿斗扔到地下，感叹地说："几乎因为你折损了一员大将。"这种举动，又怎能不使部下感动而誓死效忠呢？

与刘备相比，曹操在这方面则不但不仁义，反而大逆不道了。曹操在逃避董卓的追捕时，曾经到父亲的一个朋友家去避难，他把父亲的朋友家人为他杀猪接风误解为要把他捆缚交出去，于是他便一气之下将父亲朋友一家人一起杀死了。

由此可见，曹操是一个毫无德行、不讲信义的刚愎自用之人，他自己也说过"宁教我负天下人，也不让天下人负我"的话。曹操虽然能力过人，但是却不具有刘备那样的德行，这也正是他把刘备视为头号对手的原因所在。由此观之，我们确实应该向刘备学习以德感人的品行，以此弥补能力上的不足，身为领导者尤其应该如此。

刘备临终前，曾经留给后主刘禅一封遗书来训诫他，其中有"惟贤惟德，能服于人"两句话。"贤"是指聪明，"德"是指仁德，德可谓人之所以为人的魅力所在。如果在位者缺少贤德，便无法推动臣下。刘备又说："你的父亲是一个缺乏贤德的人，你千万不要像我一样。"刘备自谦地认为自己没有德，实际上正好相反。刘备晚年终于建立了自己的势力范围，这种成就与其说是刘备自己的才智所获得的，不如说是来自部下们的奋斗更恰当。像孔明、关羽、张飞、赵云等人甚至可以为了刘备赴汤蹈火而在所不辞，他们之所以这样忠心耿耿，完全是因为刘备所具有的德行，即道德、仁义以及对他人的信任。

7

美德是根，财富是梢

【原典】

德者，本也；财者，末也。

【译文】

美德是树的根本，财富是树的枝梢。

信誉第一，赚钱第二

信誉是经商之本，从某种意义上讲，信誉本身就是无形的资产。从古至今凡是真正会经商致富的人，都把信誉放在首位，重信誉、诚实无欺一直被视为商业道德的重要内容和标志。而有些人则不然。

春秋时期越国的漆商虞孚，与计然和范蠡同时代，他不甘于过贫苦的生活，看到朋友们经商致富，他也跃跃欲试。他首先找到计然，向他请教致富的方法，计然对虞孚说："现在漆的销路很好，你为什么不种些漆树，采漆卖漆呢。"虞孚听了十分高兴，就向计然请教种漆树的技术，计然则有问必答，耐心指教。虞孚回去之后，起早贪黑辛勤劳作，经过一段时间的艰苦工作，终于开垦出了一个规模相当可观的漆树园。

三年之后，漆树长成，可以割树得漆了，虞孚高兴得不得了，因为如果能割数百斛的漆，就可以赚很多的钱，他便将所割得的漆准备运到吴国去卖。正在此时，他的妻兄来看他，一看有这么多漆就对虞孚说："我常到吴国经商，知道在吴国怎样销售漆，搞好了，可以获得数倍的利钱呐！"虞孚急于发财，便一再询问怎么办才能获得更多的利，他的妻兄说："漆在吴国是畅销货，我看到不少卖漆的人都煮漆树叶，用煮出来的漆叶膏和漆混在一起卖，这样可以获得加倍的利润，而吴国的人也发现不了。"虞孚听了，来了劲头，连夜取漆叶煮成漆叶膏装成几百瓮和漆一起运往吴国。当时由于吴越两国关系十分紧张，互不通商，漆在吴国确实是十分的紧俏。吴国的漆贩子们听说虞孚来卖漆，都兴奋不已，跑到郊外迎接他，而且还为他安排好了食宿。在住地吴国的漆贩子一看他的漆，果然是上品好漆，便讲好价钱，贴好封条，约定次日交钱取货。

等到漆贩子们一离开，虞孚便开启封条，连夜将漆树叶煮的膏子和入上好的漆中，想以此来谋取高额利润。不想由于手忙脚乱之中，留下一些痕迹。次日漆贩子如约而来，发现漆瓮上的封条有启动过的痕迹，便产生了怀疑，找了个借口，当时并没有成交，说是过几天再来。可虞孚在旅馆里一连等了好几天，也不见吴国的漆贩子再露面。时间一长，掺了漆叶膏子的漆都变了质。结果一两漆都没有卖成，连上好的漆也赔了进去。吴国的漆贩子们听说以后，都批评他说："商人做买卖要诚实，商品质量是不能骗人的，今天你落到这个田地，谁又会可怜你呢？"虞孚没有钱回越国去，只好在吴国乞讨为生，还常常受到大家的讥笑，最后穷困潦倒而亡。

"人无信不立。"无论是对于商人还是普通人，信誉是"本"，是做人的底线，守不住这个底线，你就失去了立足之地。赚钱逐利固然重要，但不能因此而放弃了自己的"本"钱，不值。

8

轻德重财，本末颠倒

【原典】

外本内末①，争民施夺②。

【注释】

①外本内末：把根本当作外，把枝叶当作内，意为喧宾夺主，主次颠倒。在此"本"指德，"末"指财。"外"意为轻视，"内"意为重视。

②争民施夺：争民，使平民争斗。施夺，进行抢夺。

【译文】

如果国君在表面上讲道德，而实际内心重财富，那么民众就会相互争利，抢夺财富之事就会发生。

少思寡欲，故无尤

老子曾说过："见素抱朴，少思寡欲，绝学无忧。"这句话在很大程度上与儒家的思想是相通的。"少思寡欲"用现在的话来说就是减少自身的私心和欲望，不要太过于看重钱财之类的身外之物。

事实证明，人们的私心和欲望越多，在这些私心和欲望上花费的精力和时间就要相应的增多。凡事都应有一个限度，一旦这样或那样的私心、欲望过多，就会消耗掉我们众多的精力和时间，打破原本正常的生活秩序和心态，许多悲剧的发生也源于此处。

五代时，后唐的庄宗皇帝李存勖以救国救民号召百姓，招募将士，先后灭掉了后梁等国，势力达到了顶点。

天下略为安定后，李存勖开始贪图享乐，他对大臣们说："我军征战多年，今日有成，应该休息罢兵，享受太平生活。"

李存勖从此不理朝政，天天忙着看戏玩乐，一些忠直的大臣也被他疏远了。

皇后刘玉娘特别爱财，她把国库窃为己有，积攒了堆积如山的财宝。她任用自己的亲信做捞钱的肥差，四处暴敛，到处横征，百姓怨声载道。

忠心的大臣把刘玉娘的行为报告给了李存勖，说："当天下人的君主，应该关心天下人的生死，这样人们才能爱戴他，国家也会安定。现在皇后只顾自己捞钱，全不管百姓如何生活，这样下去是要出大事的，皇上一定要好好管教她。"

李存勖这时也失去了往日的爱民之心，他为皇后辩护说："筹钱粮，救民于水火，百姓一定会感激皇后的仁德，誓死保卫国家。"

刘玉娘把国库的东西视为自己的财产，需要用国库的银两赈济百姓时，她拒不交出用以赈灾，还生气地对宰相说："你是宰相，救济百姓是你的事，与我有什么关系？"

她只拿出两个银盆，让宰相卖了当军饷。宰相长叹一声，掉头就走，他对自己家人说："皇上、皇后只为自己享乐积财，这样怎能治理好国家呢？他们太自私了，国家一定会灭亡，我们也另做打算吧。"于是宰相也不管事了，朝廷陷于瘫痪。

时间不长，大将李嗣源就率兵反叛。李存勖领兵平乱，愤怒的士兵纷纷投向叛军，不愿再为李存勖卖命。

李存勖见事不好，急忙用重赏安稳军心，他对士兵们说："我带领你们打天下，绝不是为了我自己，是为了你们啊！这次如果平定了叛乱，你们每个人都有重赏，我说到做到，绝不食言！"

士兵们早不相信他了，这时见他还在说谎，不禁更加愤怒。他们发动了兵变，乱箭射死了李存勖。刘玉娘逃进了尼姑庵，也被士兵搜出，把她绞死。

李存勖、刘玉娘平时不知关爱将士百姓，只是自己享受捞钱，结果导致了国家灭亡，他们死不足惜。

轻德重财、一心为私的人是干不成大事的，他可以利用人于一时，一旦被人识破真面目，所有人都会离开他，反对他。为多数人谋取福利，首先要放弃个人的私利，这样才能处事公平，赢得世人的信任。

正所谓，无欲则刚强，无私才博大。有的人把个人的利益、名声、地位、权势看得高于一切，地位略有动摇，利益稍有损失，权势稍有削弱，就患得患失，结果生活得非常痛苦。只有解脱名利的羁绊和生死的束缚，只有从自我占有、自我为中心的心态中超脱出来，心灵世界才会像浩瀚的天空，任鸟儿自由飞翔。

人生在世，有成功、有自豪，也有失败和失落，如何去面对这些，不仅反映出一个人的觉悟、境界，同时也是一种现实考验。不论在什么情况下，对个人的名利、进退、荣辱都要看淡一些、超脱一些，像古人说的那样"去留无意，看庭前花开花落；宠辱不惊，望天上云卷云舒""无故加之而不怒，猝然临之而不惊"，事业成功了，不沾沾自喜、忘乎所以；个人进步了，不孤芳自赏、扬扬得意。要调整好心态，把握住自己，脚踏实地往前走，始终以高昂的精神状态和一流的工作标准谋事尽责，多作贡献。

9

财聚则民散，财散则民聚

【原典】

是故财聚则民散，财散则民聚。

【译文】

所以，财富聚集在君王，平民百姓就会离散。财富散落在民间，民众就会归附在君王的周围。

肯吃亏才能受人拥戴

"财聚则民散，财散则民聚"是一条永恒不变的治国良策。在现实生活中也是如此，没有人喜欢和极端自私的人共事，同样的道理，一个处事大方、照顾他人的人一定会处处受到欢迎。成大业需要众多的人扶持，成大业者首先要给别人带来利益，才能取得众人的拥戴。

春秋时期，郑国的名臣子产在小时候就有过人的器量。他和人玩耍，明明是自己赢了，却故意认输，结果人们都喜欢他。

长大做官之后，子产总把好处让人，吃亏的事也从不对人说。同僚都认为他好交往，很少有人反对他。

子产当了相国之后，还是喜欢把朝廷的赏赐分给众人，他的一位朋友就此说："你现在没有求助别人的地方，别人只会求你，你为什么还要讨好自己的下属呢？下属应该孝敬你才是啊。"

子产说："没有众人的拥护，我的相国之位就不能安稳，那么我哪里会得到朝廷的赏赐呢？若能让众人同心，我就要用行动来表示我的无私了。"

当时，朝廷有许多暴政扰民，老百姓对朝廷多有怨恨。子产建议废除暴政，他说："国家如果不为百姓设想，只会盘剥取利，那么百姓就视国家为仇人了，这样的国家是不会兴旺发达的。给百姓一些好处，好比放水养鱼一样，国家看似暂时无利，但实际上大利还在后边，并不会真正吃亏的。"

子产制定了许多惠民措施，又让百姓畅所欲言，不加禁止，郑国渐渐安定了。

郑国大族公孙氏在郑国很有影响，为了安抚他们，子产就格外照顾他们，一次竟把一座城邑作为对他们的奖赏。子产的下属太叔表示反对，说："让国家吃亏而讨公孙氏的欢心，天下人会认为你出卖国家，你愿意背上这样的罪名吗？"

子产说："每个人都有他的欲望，只要满足了他的欲望，就可以役使他了。公孙氏在郑国举足轻重，如果他们怀有二心，国家的损失会更大。

我这样做可促使他们为国效力，对国家并无损害。"

郑国在子产的治理下，日益走向强盛，达到了大治的局面。

子产深深地懂得"财聚则民散，财散则民聚"的道理，为了长远利益，他甘愿吃亏，这可以说是他成功的秘诀。他的这一为人处世的法宝使所有人都不战而降，发挥了巨大威力。

10

违背天理搜刮而来的财富终将会失去

【原典】

是故言悖①而出者，亦悖而入。货悖而入者，亦悖而出。

【注释】

①悖：逆，意为违背正理。

【译文】

当权者每一个违背正义准则的政令若随意公布出去，都会遭到平民的抵抗。财富不依据道理肆意搜刮而来，最终也会被别人用违背道理的手段掠夺而去。

风光一时，顷刻间就灰飞烟灭

历史上昏君多有一个共同的特征：置人间正义于不顾，压榨百姓，恣意享乐。当然，正如《大学》所言，人民不是任人宰割的羔羊，而昏君们一般都不会有什么好下场，一时的风光而已。

君主巡游可以体察民情，有时还带有特定的政治意图，原本无可非议。但杨广则把巡游当成纯粹的娱乐，讲排场、纵奢侈、好虚荣、爱炫耀，而且出动频繁。致使举国上下都围绕着圣驾供奉这一中心工作，破坏了国家机器的正常运转。"供献一盘珍，百姓半年粮"，沉重的负担更把百姓逼到了不堪其扰的绝境，动摇了隋王朝的统治基础。

当年，杨广为了夺得皇位曾经装出一副仁孝恭俭的假象，一朝天下在握，便原形毕露。猎奇斗艳的苑囿，富丽华贵的宫室，羽仪千里的巡游，轻歌妙舞的女乐，穷奢极欲的酒宴陪伴着他醉生梦死。

杨广生性好动，享乐游玩的兴趣经常变换。在他登基的第一年，也就是大业元年（公元605年）八月，就坐船去游江都，第二年四月才回到洛阳。大业三年又北巡榆林，至突厥启民可汗帐。大业四年，又到五原，出长城巡行到塞外。大业五年，西行到张掖，接见许多西域的使者。大业六年，再游江都。

大业十一年，又北巡长城，被突厥始毕可汗围困于雁门。解围回来的第二年，又三游江都。直至隋朝灭亡，杨广马不停蹄地到处巡游，在京城的时间，总计还不足一年。

杨广出巡如此频繁，而每次出巡的气派又大得惊人。第一次游江都，造大小船只几千艘。皇帝坐的叫龙舟，高45尺，宽50尺，长200尺。船有四层，上层有正殿和东西朝堂。中间两层有120间房，都是以金玉为饰，雕刻奇丽，最下层为内侍宦官所居。皇后乘的叫翔螭舟，比龙舟稍小而装饰是一样的。嫔妃乘的是浮景舟，共有9艘，上下三层。贵人、美人和十六院夫人所乘的是漾彩舟，共有36艘。还有随行船只数千艘。一路上舳舻相接200余里，骑兵沿运河两岸而行，说不尽的气派和豪华。

庞大的游玩队伍，一路上还得要吃要喝，为了满足他们的口福，两岸的百姓就遭了殃。杨广下令，沿途500里以内的百姓，都得为他献上珍贵的食品。那些州县的官员，就逼着百姓办好酒席送去。有些地方的官员，向杨广献上了精美的食品，有的地方献不上好吃好喝的，杨广"赏罚"分明，就把献食精美的官员升了职，把那些献食不合他意的官员降职处分，并调到献食精美的官员身边，要被降职者向对方学习。这样一来，郡县的官吏就争着向他供奉食品，又多又精，却把沿途的百姓们害苦了。一次献食，就会夺去很多百姓维持一年生计的口粮。有的州县，一送就是数百桌，不要说杨广吃不了，就连他的宫妃、太监、王公大臣们一起吃也吃不完。吃不完的，他可不兜走，就糟蹋浪费了。百姓们为了献食，很多人都倾家荡产，生活难以为继。

杨广在游玩北境时，又征发百姓100多万人修建长城，再加上连年规模巨大的到处巡游，给百姓带来了沉重的劳役和难以承受的赋税。

正因为上述种种暴行，才引发了后来大规模的农民起义运动。杨广那不可一世的隋王朝像流星一般很快地划过天空，顷刻间就灰飞烟灭了。

后来的当权者或者管理者们都应该记住这个教训：民以食为天，国以民为本。越是基层的百姓就越应该对他们关心和爱护，你对他们好，他们才会敬重你。否则，只知道一味地压榨、搜刮、享乐，到最后所有的一切都将会失去。

11

唯有"天命"最难于把握

【原典】

《康诰》曰："唯命不于常①。"道善则得之；不善则失之矣。

【注释】

①唯：只。命：天命。不于常：没有一定常规。常，始终如一。

【译文】

《康诰》里说："只有天命的去存是没有一定的常规的。"这就是说懂得徇"道"而行就能长久，而违背了"道"的准则就会失去。

世事无常，得意莫忘形

所谓"唯命不于常"，通俗地讲就是世事无常。正因如此，人在得意时一定要保持头脑清醒，这样才能尽可能地保持长久，而乐极往往容易生悲，所得到的一切也不过是昙花一现。应该努力待人谦虚，切忌骄横，否则一旦引起众怒，后果就不堪设想了。

临淄即古齐国的都城，齐人以能言善辩著称，主父偃亦然。他家庭贫困，想通过学习纵横家言，走张仪、苏秦那条显贵之路。书读了不少，功名富贵却一直与他无缘。

这时，距临淄不远的淄川人公孙弘以儒学显贵的消息从长安传来，主父偃怦然心动，于是他又改学儒家经书及百家之言，其中自然少不了公孙弘赖以发迹的那部《公羊春秋》。然而，这不但没能使他出人头地，而且还遭到儒生的排斥。齐人重功利，亲情被"功利"二字腐蚀殆尽，主父偃落魄，父母兄弟也瞧不起他。主父偃家里穷得揭不开锅，也没人肯借钱给他。在齐地实在混不下去了，他只好去燕、赵、中山寻找出路，结果也是徒劳。最后，他辗转到了长安。此时，卫青正得宠，贵极人臣，主父偃走别人的门路，得以晋见卫青。卫青觉得他是个人才，就向汉武帝举荐了他。谁知，汉武帝却不以为意。无奈之下，主父偃孤注一掷，赶到北阙下，上书汉武帝自荐。在上书中，他谈了九件事情，有八件事是关于律令的，另一件为谏阻讨伐匈奴。

当时上书自荐的还有徐乐和严安两人。

主父偃、徐乐、严安三人的那几札竹简很快就被呈送给汉武帝，汉武帝批阅，赞叹不已，虽然夕阳已经落山，但汉武帝挨不到明天，连夜召见他们三人，一见面，汉武帝就说道："你们以前都在哪儿？相见恨晚啊！"马上拜他们三人为郎中。

三人中，数主父偃见多识广，才气纵横，也最会见机行事，迎合汉武帝的心意。他把自己平生所见所闻，所思所得，写在竹简上，一次次呈给汉武帝，希冀博得这位年方二十三岁的皇帝的欢心。他的希望没有落空，汉武帝格外赏识主父偃，一年之中，给他连升四级。主父偃做梦都没想到，他会在一年之中从郎中升为中大夫。中大夫是汉武帝的心腹侍臣，为汉武帝出谋划策，决断军国大事，虽然品秩不高，权势却极为显赫。汉武帝的知遇之恩，令主父偃感激涕零。

大汉皇朝，从此又多了一位智谋之士，又出现了一个权臣，由此引发了一系列变革，引出了一连串故事。

当汉武帝从父皇手中接过大汉江山时，裂土为王者已达到二十四个。

他们有的是汉武帝的兄弟，有的与汉武帝的血缘关系已经很疏远。经过"吴楚七国之乱"以后，诸侯王老实了很多，不过，那些国大势强的诸侯王也不曾彻底泯灭问鼎的野心。有效地控制诸侯王的势力是汉武帝亟待解决的重大问题之一。

主父偃升任中大夫不久，就提出了一项解决诸侯王问题的措施：诸侯王的王位，由诸侯王的嫡长子继承；诸侯王的其他儿子，可以在王国内分封为列侯。汉制，无功不得封侯。汉武帝准许诸侯王的其他儿子可以封侯是一种恩典；诸侯王的嫡长子继承王位，其他儿子因血脉相连，可以封侯，诸侯王把他的恩泽施及全部子孙。故此，主父偃给他这项措施取了一个温情脉脉的名称叫"推恩令"。

这只是表面文章，"推恩令"的实质是分化、削弱诸侯王的势力。因为诸侯王分封其他儿子为侯，封地必须从王国割出；一旦成为侯国，按惯例就要从诸侯王国分离出来。这样，一块块地盘分割出去，诸侯王的势力也就逐渐削弱了。这项措施出台以后，诸侯王们一共分封了王子侯国一百五十四个。诸侯王的势力果然被大大地削弱了。

提出"推恩令"以后，主父偃又接着提出第二个建议：徙豪强。

豪强是指那些田连阡陌的大地主，他们趁着汉初奉行无为而治，大肆兼并农民的土地。到汉武帝君临天下时，已是富者田连阡陌，贫者无立锥之地。失去土地的农民，或卖身为奴，或沦为地主的佃户。当时，奴隶和佃户都不向国家纳税、服役。大批农民破产，国家就失去了剥削、奴役的对象，赋役就没人承担。豪强地主的势力膨胀以后，横行乡里，为害一方，严重扰乱了地方秩序。

为有效地解决这个问题，主父偃建议把那些大地主迁徙到茂陵邑中去。茂陵在今陕西兴平县。秦汉之制，帝陵附近要设一个陵邑，行政级别相当于县，陵邑中的人户负责看守陵墓等。茂陵邑的人户，主父偃建议由那些大地主来充当。汉武帝采纳了他的建议，把那些家产在三百万钱以上的大地主及商人强行迁徙到茂陵邑中。这些人离开了他们势力盘根错节的故乡，到了人生地不熟的茂陵邑，在天子脚下，言行自然不能像以前那么放纵了。凡是迁入茂陵邑者，每户赐钱二十万，田两顷，他们原先的土地收归国有。他们失去的土地远远超过他们得到的土地钱财。

主父偃还提出了第三项建议：置朔方。

这项建议是针对匈奴人的。匈奴乃游牧部族，战国时期崛起于北方大漠，秦始皇始派大将蒙恬将兵三十万把匈奴逐出了"河南地"（今内蒙古河套南部伊盟一带），又修建了万里长城，扼制住了匈奴人的南下。秦末战乱，匈奴乘机夺回了"河南地"。"河南地"距西汉京城长安的直线距离仅七百公里，匈奴驻牧于此，使汉家皇帝如芒刺在背。然而，由于汉初经济残破，无力反击匈奴，只得把公主许配给匈奴单于，还要奉上大量的金钱、布帛，美其名曰"和亲"。匈奴单于人、财、物照单全收，而侵略如故。

汉武帝决计攻取"河南地"，解除匈奴对长安的威胁。就在颁布"推恩令"和徙豪强这一年，大将卫青挥兵北上，一举攻占"河南地"。为巩固这一胜利果实，主父偃建议在"河南地"筑城置郡，加强防守。汉武帝诏准，征集十万大军修筑朔方城，设置朔方郡；从内地招募了十万人充实这一地区。朔方郡的设置，对屏藩长安起了重大作用。

主父偃在一年之内，建言三策。这三条建议，意义重大，切实可行，实行以后，进一步强化了君主专制中央集权，巩固了汉家江山。他因此得到汉武帝的青睐，权倾朝野。

主父偃受到汉武帝的信任，得意之情溢于言表，睥睨三公，傲视九卿。一些趋炎附势之徒纷纷献媚、讨好，不少人揣了黄金去贿赂这位当朝权贵，事后经查实，主父偃受贿金额高达一千斤黄金。正直之士愤恨主父偃的飞扬跋扈。有人当面指斥他骄横，主父偃说："我结发游行四十多年，抑郁不得志，父母兄弟瞧不起我，朋友邻里也厌弃我。我受的压抑太久、太多了。大丈夫活着不能享用五鼎，死也要用五鼎来烹！我的日子不多了，故倒行逆施！"

果如主父偃所说，他的末日很快就来临了。

汉武帝的母后王娡入宫前已嫁过人，生了一个女儿，后来汉武帝赐号

"修成君"。修成君有个女儿，王娡打算把她许配给诸侯王，那样，女儿和外孙女的前途就有保证了。宦官徐甲本是齐人，是个爱说大话的家伙，他告诉王娡，如果让他到齐国走一趟，齐王就会上书请求让太后的外孙女做他的王后。王娡大喜，就让徐甲去齐国游说。

主父偃得知这一消息后，便找到徐甲，让徐甲把他的女儿介绍给齐王做个妃子。徐甲满口答应。

齐王名叫刘次昌，他已有了一个王后，这位王后本是他的表妹，母后纪太后做主，将王后的凤冠戴到了她的头上。然而刘次昌不喜欢这个表妹，一直冷落她。这可急坏了纪太后，当初她为兄弟一家的富贵着想，强迫刘次昌接受了这桩婚姻，可刘次昌疏远王后，这使纪太后的兄弟一家人的富贵危如累卵。纪太后无奈，让大女儿进住王宫，监视其他嫔妃，不准她们接近刘次昌。

徐甲至齐，劝纪太后上书，纳王娡的外孙女和主父偃的女儿入宫。纪太后大怒，如果二女再入宫，她替兄弟一家设计的美好前程就更无望实现了，所以气得她破口大骂："主父偃算什么东西，他的女儿也配做王妃？"

徐甲回到长安，把经过一说，惹怒了主父偃。他从徐甲嘴里知道了刘次昌的恶行，奏告汉武帝，汉武帝拜主父偃为齐相，查办此事。

主父偃衣锦还乡，一副趾高气扬的样子，他拿出大量黄金，散发给兄弟朋友，然后，指着他们骂道："当年我穷困潦倒，兄弟不肯借点钱物给我，朋友不让我进门。如今，我出任齐相，你们一个个找上门来，有的不远千里去迎接我。我与你们从此一刀两断，再也不许你们进我的家门！"

接着主父偃查办刘次昌淫乱一事，刘次昌惧祸自杀。

这时，那些早就憎恨主父偃的公卿大臣纷纷上书，说主父偃胁迫刘次昌自杀；还说他收了诸侯王的金钱，替他们说话，致使他们的子弟大多分封为列侯。

汉武帝特别赏识主父偃的才干，有心宽恕他。公卿大臣纷纷上书，要求杀了主父偃以谢天下。御史大夫公孙弘也力争，说主父偃倒行逆施，骄横无法。且齐王自杀无后，主父偃是罪魁祸首，不杀他，难平民愤。汉武帝迫于压力，下令将主父偃家族满门抄斩。

主父偃显贵时，投靠在他门下的士人以千数，到他被满门抄斩时，众门客中没有一人来看他。

世道就是如此，得到和失去，甚至可以在瞬间完成。无奈叹息之余，我们所能做的就是，时刻提醒自己"徇道而行"，无论在什么时候都不妄为，小心谨慎，以诚待人，该低调的时候低调，该收敛的时候就及时收敛，这样一来，纵然不能风光一世，但最起码也可保一生平安。

12

做人做事，以善为宝

【原典】

《楚书》曰："楚国无以为宝，惟善以为宝①。"

【注释】

①《楚书》句：《楚书》，楚昭王时史书。楚昭王派王孙圉出使秦国。晋国赵简子问楚国珍宝美玉现在怎么样了。王孙圉答道：楚国从来没有把美玉当作珍宝，只是把善人，如观射父、左史倚相这样德才兼优的名臣看作珍宝。事见《国语·楚语下》。汉代刘向的《新序》中也有类似的记载。楚国，古代国名，西周时立国于荆山一带，后吞并了五十多个小国，疆土不断扩大，成为春秋五霸之一，后来为秦所灭。

【译文】

《楚书》里说："楚国没有什么可以当作宝贝的，只是把'善'当作宝贝。"

诸恶莫做，众善奉行

儒家提倡"以善为宝"，这与佛家所说的"诸恶莫做，众善奉行"有异曲同工之妙。三国时刘备在白帝城临终托孤时，仍不忘谆谆告诫刘禅：

"勿以善小而不为，勿以恶小而为之。"刘备一世枭雄，留下的名言不多，唯有这句话流传千古，而且给后人永久的启示，奉劝人们不要因为某个坏习惯不起眼就不重视，这句话看似浅显，但却蕴含着很深的哲理。它告诉我们要在日常生活中的细节上加强道德修养，以免因小失大。

白居易为官时曾去拜访鸟窠道林禅师，他看见禅师端坐在鹊巢边，于是说："禅师住在树上，太危险了！"

禅师回答说："太守，你的处境才非常危险！"

白居易听了不以为然地说："下官是当朝重要官员，有什么危险呢？"

禅师说："薪火相交，纵性不停，怎能说不危险呢？"意思是说官场浮沉，钩心斗角，危险就在眼前。

白居易似乎有些领悟，转个话题又问道："如何是佛法大意？"

白居易像

禅师回答道："诸恶莫做，众善奉行。"

白居易听了，以为禅师会开示自己深奥的道理，没想到只是如此平常的话，便失望地说："这是三岁孩儿也知道的道理呀！"

禅师说："三岁孩儿虽道得，八十老翁却行不得。"

白居易被禅师一语惊醒。

"勿以善小而不为，勿以恶小而为之。"谁都知道这个道理，但能够做到的人却很少。

佛说："愚昧之人，其实亦知善业与恶业之分别，但时时以为是小恶，作之无害，却不知时时作之，积久亦成大恶。犹水之一小滴，滴下瓶中，久之，瓶亦因此一滴一滴之水而满。故虽小恶，亦不可作之，作之，则有恶满之日。"

有个非常有名的故事，名叫"象牙筷子"，也非常有意思。商纣王刚登上王位时，请工匠用象牙为他制作筷子，他的叔父箕子十分担忧。因为他认为，一旦使用了稀有昂贵的象牙作筷子，与之相配套的杯盘碗盏就会换成用犀牛角、美玉石打磨出的精美器皿。餐具一旦换成了象牙筷子和玉石盘碗，纣王就该千方百计地享用牛、象、豹之类的胎儿等山珍美味了。在尽情享受美味佳肴之时，纣王也一定不会再去穿粗布缝制的衣裳，住在低矮潮湿的茅屋下了，而必然会换成一套又一套的绫罗绸缎，并且住进高堂广厦之中。

箕子害怕演变下去必定会带来一个悲惨的结局。所以，他从纣王一开始制作象牙筷子起，就感到莫名的恐惧。事情的发展果然不出箕子所料，仅仅只过了五年光景，纣王就穷奢极欲、荒淫无度地度日。他的王宫内，挂满了各种各样的兽肉，多得像一片肉林；后园内酿酒后剩下的酒糟堆积如山，而盛放美酒的酒池竟大得可以划船。纣王的腐败行径害苦了老百姓，更将一个国家搞得乌七八糟，最后终于被周武王所灭。

古人说"千里之堤，溃于蚁穴"，如果对小的贪欲不能及时自觉并且有效地修正，终将因为无底的私欲酿成灾难，小则身败名裂，大则招致亡国。我们要时常依照好的准则来检点自身的言行和思想，从善如流，否则等出现不良后果再深深痛悔都已太晚！

中国有个成语叫做"防微杜渐"，意思是在不良事物刚露头时就加以防止，杜绝其发展。这个成语的出处是有个典故的。东汉和帝即位后，窦太后专权，她的哥哥窦宪官居大将军，任用窦家兄弟为文武大臣，掌握着国家的军政大权。看到这种现象，许多大臣心里很着急，都为汉室江山捏了把汗。大臣丁鸿就是其中的一个。丁鸿很有学问，对经书极有研究，对窦太后的专权十分气愤，决心为国除掉这一祸根。几年后，天上发生日食，丁鸿就借这个当时认为不祥的征兆上书皇帝，指出窦家权势对于国家的危害，建议迅速改变这种现象。和帝本来早已有这种感觉和打算，于是迅速撤了窦宪的官，窦宪和他的兄弟们因此而自杀。

丁鸿在给和帝的上书中，说皇帝如果亲手整顿政治，应在事故开始萌芽时候就注意防止，这样才可以消除隐患，使得国家能够长治久安。

人之善恶不分轻重。一点善是善，只要做了，就能给人以温暖。一点恶是恶，只要做了，也能给人以损害。而最重要的是对自己的道德品质的影响。所以，生活中的我们须谨言慎行。从一点一滴之间要求自己，做到为善。只有这样，我们才不至于在人生的沟沟坎坎中马失前蹄，断送我们本该美好的前途。

13

流亡在外，以亲为宝

【原典】

舅犯曰："亡人无以为宝，仁亲为宝①。"

【注释】

①舅犯：狐偃，字子犯，为晋文公重耳的舅舅，故称舅犯。亡人：流亡在外的人，指重耳。晋文公重耳是春秋时晋国国君，晋献公的儿子，公元前636～前628年在位。因晋献公受骊姬的谗言，欲立幼子为嗣，逼迫太子申生自缢而死。公子重耳避难逃亡在外十九年，在狄国时，晋献公去世，秦穆公派人劝重耳回国掌政即位，重耳将此事告诉舅舅子犯，子犯以为不可，兴兵归国时，其舅子犯对他说的这句话。事见《礼记·檀弓下》。

【译文】

重耳的舅舅子犯对晋文公这样说："流亡在外的人没有什么可以值得去珍惜的东西，亲近身边的人是最为重要的。"

患难与共的人最值得去珍惜

"亡人无以为宝，仁亲为宝"，这句话出自重耳的舅舅之口，为了更好地理解，我们把重耳流亡的故事着重地讲一下。

春秋时期，晋国国君晋献公昏庸无道、是非不分。晋献公的宠妾骊姬为了立自己的亲生儿子奚齐为太子，就唆使晋献公逼死了其已故夫人齐姜所生的太子申生。紧接着，晋献公又听信骊姬的谗言，派寺人勃鞮到蒲城追杀自己的次子重耳。重耳认为寺人勃鞮是奉君父之命而来，自己作为国君的儿子和下臣，不能同他发生正面冲突，于是越墙而逃。寺人勃鞮在后面紧追不舍，一刀砍断了重耳衣服的下摆。重耳一路狂奔，幸而得以逃脱，赶紧躲到自己母亲的故国狄国避难去了，重耳在狄国一住就是十二年。因重耳一贯喜爱结交贤士，晋国一批有才干的名士，包括狐毛、狐偃兄弟，赵衰、先轸、介子推等人，都纷纷赶到狄国追随他。

公元前651年，晋献公去世，晋国发生动乱，直到晋献公的第三个儿子晋惠公夷吾即位后，局势才逐渐稳定下来。可晋惠公却认为兄长重耳的存在，是对自己国君地位的一个巨大威胁，于是又派寺人勃鞮到狄国去刺杀重耳。重耳闻讯后，赶紧逃离狄国。这时一直负责掌管重耳行李的管家头须，见成天跟着重耳东躲西藏一点盼头都没有，就携带着重耳交给他掌管的行李乘乱自行逃走了。害得重耳一行人两手空空，不得不四处乞讨为生。

公元前637年，晋惠公去世，晋怀公即位，晋国局势动荡，人心思变。晋国大夫栾枝等人暗中劝说这时正在秦国流亡的重耳回国争夺君位，他们愿做内应，于是秦穆公乘机派兵护送重耳回国。重耳一行人在秦国大军的护送下，来到秦晋交界的黄河边，看见河对岸阔别多年的故土，重耳流下了激动的泪水。过河的时候，看管重耳行李的仆人把过去落难时用的物品全都搬到了船上，重耳见了觉得非常晦气，就命人把这些东西统统扔到河里去。多年追随重耳在外流亡的狐偃一见，心里一下子凉了半截，赶忙跪下说："现在公子外有秦国大军护送，内有朝廷重臣接应，回国即位指日可待，我们放心了。公子即位自然是万象更新，我们这帮跟随公子多年的老臣使命已经完成，就不必回去给公子丢人现眼了。就像公子刚才下令扔掉的旧衣服、旧鞋子一样，还是让我们留在黄河这边吧！"重耳一听，恍然大悟，立刻让人把过去用过的旧物全都搬上船来，并当着众人的面发誓道："我重耳一定暖不忘寒、饱不忘饥，对过去与我患难与共的一帮旧臣永远没齿不忘。"见重耳说出这样一番肺腑之言，狐偃等人这才跟随他过了河。

第二年，护送重耳回国的秦军击败晋怀公派来抵抗的晋军，晋怀公弃城而逃，不久被人刺死。前后流亡在外达十九年之久，这时年已六十二岁的重耳，终于当上了晋国国君，这就是晋文公。

想想看，若不是身边那些忠心耿耿的老臣生死相随，重耳不太可能坚持到最后，历史上也就没有了晋文公。所以，重耳的舅舅才说"亡人"要

"以亲为宝"，亲的不是别人，正是对自己最为忠心的人。

　　这个故事的现实意义就在于，对于那些和自己一起患过难、吃过苦仍然不离不弃的人，是我们最值得去珍惜的人。这样的人值得交往，值得信任。

14

品德高尚，可堪以重用

【原典】

　　《秦誓》①曰："若有一个臣②，断断兮③，无他技，其心休休④焉，其为有容焉。人之有技，若己有之；人之彦圣⑤，其心好之，不啻⑥若自其口出。寔⑦能容之，以能保我子孙黎民，尚亦有利哉⑧。人之有技，媢⑨嫉以恶之。人之彦圣，而违之俾不通⑩，寔不能容，以不能保我子孙黎民，亦曰殆哉！"

【注释】

　　①《秦誓》：即《尚书·周书·秦誓》。为《尚书》中的篇名，是春秋时代秦穆公伐郑，在崤地被晋击败，归后告诫群臣所作的誓词，称作《秦誓》。通篇为悔过之词。这里引的话就是秦穆公总结出来的用人之经验。

　　②一个臣：《尚书》中作"一介臣"。

　　③断断兮：忠诚老实的样子。兮，《尚书》中作"猗"，语气助词。

　　④休休：善良宽厚的样子。

　　⑤彦圣：指德才兼美的人。彦，美。圣，聪明。

　　⑥不啻（chì）：不但，不仅，不只是。

　　⑦寔（shí）："实"的异体字。《尚书》中作"是"，可以通用。

　　⑧以能：因此。尚：《尚书》中作"职"，意为"差不多"。

　　⑨媢（mào）：嫉妒。《尚书》中作"冒"。

　　⑩违：阻止压抑别人。俾：使。不通：不达于君。"通"字，《尚书》中作"达"。

【译文】

《秦誓》里说："如果有这样的一位臣子，忠实诚恳而没有其他本领，但他品德高尚，心地宽厚，能够容纳他人。别人有本领，就好像他自己有本领一样；别人具有美德、本领高强，他不只是口中经常称赞，而且从内心确实很喜欢。这种心胸宽广的人如果加以重用的话，那是完全可以保全我的子孙后代和臣民之幸福的，也是完全可以为我的子孙后代和臣民谋利益的。反之，别人有本领，便嫉妒和厌恶别人；别人具有美德，便故意压抑阻止，使得别人的美德不能被国君所了解。这种心胸狭窄的人如果加以重用，那是不能够保全我子孙后代和臣民的幸福的，这种人对国家来说也实在是太危险了。"

德胜于才，始为可贵

德才兼备是所有用人者倾心追求的人才，但能达到这一标准的人毕竟太少了，只能两者相权取其德，康熙是赞同"德重于才"论的代表。他强调"德胜于才，始为可贵"。

作为一代封建帝王，康熙始终把德才兼备作为选人的唯一标准，并坚持如一。康熙七年（公元1668年），他对吏部说："国家政务必委任贤能……今在京各部院满汉官员俱论资俸升转，虽系见行之例，但才能出众者常以较量资俸超擢无期，此后遇有紧要员缺，着不论资俸将才能之员选择补用。"意思就是说，国家政事必须委托给德才兼备的人。现在京城各部院满汉官员的升迁都是论资排辈，虽然这些都是多年的惯例，但才能出众的人常常却因为资历太浅而升迁无望，此后如果有重要的职位空缺，应该不论资历，选拔有才能的人来担任。

康熙二十六年（公元1687年）四月，康熙帝对吏部说："国家用人凡才优者固足任事，然秉资诚厚者亦于佐理有裨。比部院中亦有一二才优之人，所以未即升擢者，因其有才又能循分，故久任之。朕听政有年，见人或自恃有才辄专恣行事者，思之可畏。朕意必德才兼优为佳，若止才优于德终无补于治理耳。"这段话的意思就是说，国家用人只要是有才能的就可以任用，但忠厚老实的人对治理国家也有帮助。每个部院中都有一两个有才能的人，他们之所以未能得到升迁，是因为他们有才能而又能安分守己，因此很长时间担任某个职务。有才能的人总是恃才自傲，一意孤行，想起来很可怕。我认为德才兼备是最好的，如果才优于德，对于治事国家是没有什么帮助的。在这里，康熙帝还是强调选拔人才要把德放在首要位置，才与德比较，德则更加重要。因此，必须坚持德才兼备的任人标准选用人才。

早在亲政的最初几年，康熙多次与担任讲官的大学士讨论用人之道。康熙十一年八月，十九岁的他曾让自己的侍讲官、大学士熊赐履谈论对用人方面的看法。熊赐履是这样说的：凡取人以品行为本，至于才气，各有不同，难以概律。随人才器使，但用其长，不求其备。天地无弃物。圣贤无弃人。

熊赐履的话大意也即是说，德行的标准是统一的，而才气则各有各的要求，难以一概而论。对人的使用要根据各自的特长，择其优势而用，不可求全。全人是没有的，天和地之间一切物体都能包容，圣贤看人也是各有各的用处。

康熙十分同意大学士熊赐履的这一观点。事过不久，他又对人谈起这个问题，又让熊赐履讲讲什么叫做"有治人无法治"。熊赐履说道：从来就没有无毛病的万能之法。得其人，变化其心，自足以治；不得其人，虽典章官礼，但亦难尽善。皇上唯留意用人，人才得，则政事理，是不易之道。

大意是说，什么法都不是尽善尽美的。找到了合适的人，让其按法而治，就可以达到目的；人找错了，规划订得再好，也难以完成。皇上只要留心，得到了合适的人，政治上的事是无须发愁的。事实就是如此。熊赐

履又说：人之能否，俱未可以外貌品定。意即看人能力的大小不可仅从其外貌上去判断。

康熙也开诚布公地谈了自己的看法，说自己衡量人才的标准是：先观人心术，其次再看其才学。一个人如果心术不正，即便有才学，又有何用？他认为虽然知人很难，用人也不易，但是致治之道，全在于此。如果不尽心，人才是不可得的。

熊赐履见皇上的观点与他基本一致，抓住了用人之道的关键，十分高兴地夸赞说：才有大小，学有深浅。朝廷因才器使，难拘一格。至立心制行，人之根本。圣贤衡品，帝王论才，必首严其辨。圣谕及此，诚知人之要道。

15

把奸佞小人驱逐到"四夷"

【原典】

唯仁人放流之①，迸诸四夷②，不与同中国③。

【注释】

①放流之：放流，流放，放逐。之，指不能容人的人。

②迸诸四夷：迸，通"屏"，逐退，驱除。四夷，四方之夷。古代泛指我国四方边境的少数民族。东夷、西戎、南蛮、北狄谓之四夷。夷是对古代东方部族的蔑称。

③中国：全国的中心地区。古代汉族多建都于黄河南北，故称其地为"中国"。与现在的"中国"一词含义不同，而与"中原""中土"等含义相同。

【译文】

有仁德的国君，会把那些奸佞小人驱逐到四夷居住的边远地方。不许他与贤能的人同住在中原大地。

奸佞不可用，用之天下不宁

奸佞小人的危害是不言而喻的，谁都明白这个道理。怕就怕昏君们和奸佞小人臭味相投。一旦出现这种情况，那就是天下之大不幸了。

北齐武成帝高湛是高欢的第九个儿子、高洋的胞弟。皇建元年（公元560年），高湛伙同高演发动宫闱政变后，按照事先的约定，封高湛为右丞相、领京畿大都督，并且许诺高湛为高演之后的皇位继承人。结果没几天，高演一反初衷，诏令自己的儿子高百年为皇太子，又封狄伏连为幽州刺史，斛律羡为领军，以此削弱高湛的兵权。对此，高湛看在眼里，记在心里，等待时机，以求篡位。高湛为了夺取皇位，便为虎作伥，协助高演将已被囚禁的废帝高殷押送晋阳处死，高演顺利登基称帝。因高湛有功，高演下诏改封高湛为皇位继承人。

皇建二年（公元561年）十一月，高演去世，高湛继承皇位，改皇建二年为大宁元年。

荒淫残暴、沉溺于声色犬马是北齐皇帝的通病。高湛当皇帝后，威逼兄嫂李氏（文宣帝高洋的妻子）和自己私通，因被高洋之子高绍德发现，高湛便当着其母李氏的面将其杀死，李氏见儿子被杀，恸哭不已，哀声震天，高湛不仅不予收敛，反而兽性大发，把李氏衣服全部扒光，用皮鞭狠狠抽打后，将其装入布袋扔进水池。大宁元年（公元562年）四月，娄太后病亡。高湛不但不素服守灵，停止乐舞，而且照样身着黄袍，舞女娉婷，笙歌曲曲，觥筹交错，欢乐不已。

重用奸佞，不理朝政，把军政大权全部委托给奸佞小人和士开，这是北齐其他皇帝都不曾有的。高湛当长广王的时候，和士开能弹一手好琵琶，从而赢得了高湛的信任。高湛当皇帝后马上委托和士开为侍中、开府仪同三司。事无大小，全由和士开裁决。高湛无论是上朝议政还是在宫廷里宴请宾客，每时每刻都由和士开伴随，有时干脆就同和士开一起吃睡。偶尔和士开离朝，还没走几分钟，高湛心中便怅然所失，有一种说不出来的孤独感，于是便立即命令卫队去追赶和士开，说皇帝十分想念，令他马上回宫。无比受宠的和士开趁机对高湛说："自古以来，帝王死后都要化为灰土，圣贤尧舜和暴虐桀纣，死后又有什么区别呢？世上的事都是虚的，陛下应该趁着青春壮年的时光纵情享受，无所顾忌。一日快乐可胜百年长寿，至于朝政，完全可以交给大臣去办理，您不必耗费精力。"高湛听后心中大喜，于是便不理朝政，委托和士开总管一切，赵彦深具体掌管官爵，元文遥掌管财政，唐邕掌管军政，冯子琮掌管东宫。高湛放心地沉湎于酒色，每三四天才去上朝一次，象征性地在奏折上画画圈，然后全权交给和士开去处理。

高湛重用奸臣，造成了北齐政纲紊乱，上下一片怨声载道，朝廷内外尤其对和士开、祖珽等奸臣恨之入骨。祖珽非常清楚，现在自己气焰嚣张、颐指气使是因为高湛还活着，一旦高湛去世，自己是死是活，很难预料。祖珽考虑很久，想出了一条妙计，对和士开说："自古以来，还没有哪个帝王会像当今陛下宠爱你一样宠爱大臣，可谓举世无双，但你想过没有，一旦陛下去世，你还能保住今天的地位吗？"和士开认为祖珽说得很有道理，便问祖珽怎么办好。祖珽便说："你应该这样劝皇上：文襄、文宣、孝昭的儿子都没能当成皇帝，高殷虽然当了几天，结果皇位还是保不住。陛下何不趁康健之年，早立太子为帝呢？这样太子的皇位就可以固若金汤，万无一失了。"他接着对和士开说："太子高纬当小皇帝后，他们父子都会感激我们的，即使是老皇帝去世，我们将来和现在一样，仍然可以过快活日子。"

和士开听了祖珽的话后非常高兴，碰巧有一天出现彗星，和士开便怂恿太史上奏说："彗星出现，是上帝要求天子除旧布新的征兆，天下应该更换天命，才能保住天祚不变。"祖珽接着说："陛下虽然是天子，但还没有达到人间最尊贵的地位——太上皇。陛下应该早令太子登上皇位，这样可以顺应天命，江山稳固。"和士开又把禅位后的各种益处一一陈列。高湛尤其害怕高殷的惨剧会再次降临在自己的儿子头上，所以最后也就同意禅位。

河清四年（公元565年）四月，高湛禅位给儿子高纬。河清四年改为天统元年，高湛成了北齐第一个太上皇，他荒淫残暴并且更加肆无忌惮。天统四年（公元568年）十二月，高湛病危，临终前，高湛握着和士开的手说："不要辜负我的期望，好好扶助幼主。"说罢驾崩，终年32岁。

和士开是一个奸佞小人，他在取得武成帝高湛的信任并把握朝中大权以后，为保全自己的权势和地位，对朝中忠直之士，与他同居高位者以及得到皇帝宠信将居高位的人，都心存忌恨，至于对反对他的人更是恨之入骨，横加排斥，置于死地而后快。

和士开千方百计邀宠于武成胡皇后，竟与胡皇后长期勾搭成奸。河南王高孝瑜劝谏武成帝不要让和士开常与胡皇后对坐握槊，说："皇后天下之母，不要与臣下接手。"武成帝接受了这一劝谏，而使和士开非常忌恨河南王，并经常向武成帝告他的阴状，说高孝瑜奢侈僭越，高孝瑜竟因此而被害死。祖珽精通琵琶技艺，颇得武成帝高湛宠爱，经常让他与和士开共同献技，珽弹琵琶，士开胡舞。和士开恐怕祖珽会夺去自己的宠爱地位，因而使尽心机，将祖珽"出为安德（今山东济阳）太守"。高元海、高乾和毕义云三朝臣对和士开擅权不满，准备弹劾他，此事被和士开觉察，抢先一步，奏称高元海等三人交结朋党，想企图专制朝政。高元海因此被罚打马鞭六十，高乾被疏斥，毕义云见势不妙，立即贿赂和士开，才被放过，改任兖州刺史。胡皇后的哥哥胡长仁，封陇东土，投附于他的"三佞"邹孝裕、陆仁惠和卢文亮力劝胡长仁夺掌朝权，和士开侦知后，深感自己的权势受到威胁，因而将邹孝裕等贬官放逐。邹孝裕等又劝胡长仁计杀和士开，又为和士开所侦知，再贬邹孝裕之官，胡长仁也被贬出京城，出任齐州刺史。胡长仁身为国舅，封王爵，任职右仆射及尚书令，竟被和士开随意处置，大为怨愤，遂派遣刺客暗杀和士开，和士开躲过了暗杀，竟怂恿后主高纬将胡长仁处死，除去了危及自己的一大隐患。

后主之弟高俨对于和士开专权朝政非常痛恨，和士开对他不断打击，将高俨的官职剥夺殆尽。高俨决心将和士开除掉，便与领军大将军狄伏连等周密策划，于武平二年（公元571年）七月的一天早晨，将和士开设伏杀。一时朝野上下，大快人心。

无论在什么时代，奸佞小人都是一大公害，无论出于什么样的目的，都不能把他们留在身边。一旦留在身边，那就是祸国殃民，甚至天下大乱。对于这些人，一定要像《大学》所说的那样，"进诸四夷"，让他们远远地离开我们的视线，永远没有作恶的机会。

16

能爱人、能恶人

【原典】

此谓"唯仁人为能爱人，能恶人"。

【译文】

只有具有仁德的人，才懂得该亲近什么样的人，该远离什么样的人。

（1）谨慎交友，亲益远损

"该亲近什么样的人，该远离什么样的人"，无论在什么时候，无论身处什么样的环境，这确实都是很重要的问题。孔子说过："益者三友，损者三友。友直，友谅，友多闻，益矣。友便辟，友善柔，友便佞，损矣。"意思是说：有益的朋友有三种，有害的朋友有三种。同正直的人交友，同诚实的人交友，同见识广博的人交友，是有益的。同表面老实而心术不正的人交友，同善于阿谀奉承的人交友，同善于花言巧语而胸无实学的人交友，是有害的。

友直、友谅、友多闻，这已成为交好朋友的准则，第一种"友直"是讲直话的朋友能说出并劝止你的错误，即所谓"诤友"；第二种"友谅"，是比较能原谅人，个性宽厚的朋友；第三种"友多闻"，是知识渊博的朋友。孔子将这三种人列为对个人有助益的朋友。另外，在朋友中，对自己有害处的三种定要戒之。第一，"友便辟"。就是有怪癖脾气的人，有特别的毛病。第二，"友善柔"。就是个性非常软弱，依赖性太重，甚至一味依循迎合于你。第三，"友便佞"。这种人更坏，可以说是专门逢迎的拍马屁能手，绝对是成事不足、败事有余的家伙，特别要当心。

东晋大将王敦因谋反被杀，他的侄子王应想去投奔江州刺史王彬；王应的父亲王含想去投奔荆州刺史王舒。王含问王应："大将军以前和王彬关系不怎么样，而你却想去归附他？"王应说："这正是应当去的原因。王彬在人家强盛时，能够提出不同意见，这不是常人能够做到的。到了看见人家有难时，就一定会产生怜悯之情。荆州刺史王舒是个安分守己的人，从来不敢做出格的事，我看投奔他没用。"王含不听从他的意见，于是两人就一起投奔王舒，王舒果然把王含父子沉入长江。

当初王彬听说王应要来，已秘密地准备了船只等待他们，但他们最终没能来，王彬深深引为憾事。

蔺相如曾是赵国宦官缪贤的一名舍人，缪贤曾因犯法获罪，打算逃往燕国躲避。相如问他："您为什么选择燕国呢？"缪贤说："我曾跟随大王在边境与燕王相会，燕王曾私下里握着我的手，表示愿意和我结为朋友。所以我想燕王一定会接纳我的。"相如劝阻说："我看未必啊。赵国比燕国强大，您当时又是赵王的红人，所以燕王才愿意和您结交。如今您在赵国获罪，逃往燕国是为了躲避处罚。燕国惧怕赵国，势必不敢收留，他甚至会把您抓起来送回赵国的。您不如向赵王负荆请罪，也许有幸能获免。"缪贤觉得有理，就照相如所说的办，向赵王请罪，果然得到了赵王的赦免。

缪贤以为燕王是真的想和自己交朋友，他显然没有考虑背后的一些隐性因素，比如自己当时的地位、对燕王的有用性，等等。可是现在他成了赵国的罪人，地位已经变了，对燕王来说交朋友的价值也就失去了，他贸然到燕国去，当然很危险。蔺相如看问题可谓是一针见血。

再看这样一个故事：晋国大夫中行文子流亡在外，经过一个县城。随从说："此县有一个啬夫，是你过去的朋友，何不在他的舍下休息片刻，顺便等待后面的车辆呢？"文子说："我曾喜欢音乐，此人给我送来鸣琴；我爱好佩玉，此人给我送来玉环。他这样迎合我的爱好，是为了得到我对他的好感。我恐怕他也会出卖我以求得别人的好感。"于是他没有停留，匆匆离去。结果，那个人果然扣留了文子后面的两辆车马，把它献给了自己的国君。

以上这几个故事颇能给我们启示——什么样的朋友才能靠得住？也许人心隔肚皮，难以臆测，但如果能尽量依照孔子的这种亲益远损的原则去结交朋友，也许能够最大限度地得到真正的朋友，从而远离奸诈小人的伤害。

人的一生不可无友，但交友不可不慎重选择。我们看到许多人由于朋友的帮助克服了困难，或事业上取得了成就，也看到许多人，特别是年轻人，由于交友不慎而误入歧途。交友应该"友直、友谅、友多闻"，这样的朋友可以使你长善救失，开拓心胸，德业学问日进于高明。反之，如果交上坏朋友，不但不能长进，反而可能使自己走上犯罪的道路。由于朋友的熏陶濡染，不知不觉就被同化了，这有时比父母和老师的教导更有影响。所以，交朋友千万要慎重再三，广交益友，远离损友呀。

（2）谨慎用人，亲贤远愚

对于领导者而言，"能爱人，能恶人"，同样是很重要的修养和能力。如果做不好这一点，该亲近的人反而疏远了，该疏远的人反而亲近了，这都会招来大祸的，有时甚至是灭国之灾。

公元前270年，秦昭襄王拜魏国人范雎为客卿，采用了范雎提出的"远交近攻"的对外政策。在这一政策的指导下，秦国与远离本国的齐国等国家交好，对紧邻本国的韩国等国进行交战。这样，秦国每夺得一寸土地就真正增加了一寸土地，秦国也就日益壮大起来。因此可以说，"远交近攻"的对外政策奠定了秦国统一六国的外交基础。

一次，秦国的土地被赵国抢走，秦王十分气愤，于是立即命王龁围攻上党。赵国的冯亭势单力薄，不足以抵抗，在死守四十多天后只有带着百姓一起逃往赵国，在长平关遇到了赵国的救兵。

赵王昏庸糊涂，只知庆贺新得土地，不知秦兵进攻迫在眉睫。过了些日子才想起发兵救助，于是派廉颇为大将带二十万军队前往，但这时上党地区已经丢了。廉颇见不易取胜，就森严壁垒，加深壕沟，坚守不战，廉颇的用意很明确，一是想使秦军浮躁疲乏；二是想使秦国乏粮；三是可乘秦国退却再行追击。

王龁是个十分有经验的老将，他深知久战不下的厉害，多次发动猛烈进攻，无奈廉颇守御有方，又兼矢志坚守，绝不出战，致使王龁既苦攻不下，又无法把赵军引出壁垒消灭。

王龁最后只得向秦王报告说：前线遇到了困难。秦国丞相范雎对秦王说："在敌国碰到廉颇这样的老将，确实难以对付。据我看来，廉颇拖住秦军是战胜秦军的唯一方法，要想战胜赵军，就必须使赵国改变这一作战策略，要想让他改变这一策略，就要把赵军的主帅换成一个急躁无知的人。我看这个人选只有赵奢的儿子赵括最合适。"

于是，范雎收买赵国官员，用各种方式制造假象，散布流言。没过几天，赵国朝野议论纷纷，说是廉颇年纪已大，失去了年轻时的锐气，不敢同秦军作战，如果换上年少有力的赵括，那秦军不久就会垮下去。赵王本就不明事理，老觉得廉颇拖泥带水、坚守不战实在太窝囊，这回听了议论，更是添气，于是立即派人找赵括做赵国统帅，代替廉颇。

赵括是赵国的名将赵奢的儿子，赵奢是一个老成持重、具有丰富经验和真才实学的将军，但他的儿子赵括却是一位空谈家。赵括自幼聪明肯学，又热情好辩，跟父亲读了不少兵书，父子俩也经常辩论行军作战事宜。辩论时赵括口才便捷，又常常引经据典，赵奢往往不是他的对手。赵括虽无实际经验，却因学了些理论知识，就十分狂妄自大，经常自我吹嘘，简直认为自己就是举世无敌的将军，但赵括的父亲和母亲都十分清楚，赵括只会夸夸其谈而已，并无真实本领。

此时赵括的父亲赵奢已死，赵括的母亲一听赵王任命赵括为主帅，惊慌万分，立刻去见赵王。她哭着对赵王说："赵奢临死的时候曾嘱咐我，千万不可让大王重用赵括，因为行军打仗是十分凶险的事，需要万分谨慎，可赵括每当谈起军事却显得十分轻率随意。如果让他带兵打仗，非失败不可。再说，赵括也不会得到士兵的拥戴，他的父亲每当受了大王的恩赐，从不拿回家去，总是全部转分给将士，一旦接受命令，就全心全意地为国工作，从不过问家事。而赵括正相反，他做了将军，就盛气凌人，对大王的赏赐，他全都拿回家置办了房屋田产，对部下毫不关心。难道这样的人能做大将带兵打仗吗？还是请大王收回成命吧！"丞相蔺相如等人也极力反对，但赵王一意孤行，不肯收回成命。赵括的母亲见不可挽回，就对赵王说："如果您一定要让赵括做主帅，将来他出了差错，请您不要怪罪我们全家全族，希望您能给我一张文书做证据，以免我们全家被杀。"赵王答应了她的要求，给她立了字据，保证无论赵括成功与否，均不会连累家人。赵括的母亲回到家里，知道赵括必败无疑，就分散了家财，遣散了众人。赵括挂上帅印，来到长平，代替了廉颇，更换了一些主守的将领，统率了赵军，拆除了廉颇等人筑建的防御工事，作好部署，准备大举进攻秦军。

秦国听到赵军果然中计——派赵括代替了廉颇，十分高兴，也立刻调整了部署，派白起为大将，代替王龁，改王龁为副将，并增派了大批援军。

白起是身经百战的宿将，深知用兵之道，他决定先给赵括点甜头，以诱其出兵。白起派出几支小股部队前去挑战，接连几次被打得大败，赵括十分得意，第二天就亲率大军追出城来。王龁反而被迫防守，赵军就把王龁围住，连攻了几天。

赵括正在得意的时候，忽听军士报道："后路已被秦国的大军堵死。"接着又有一位将军来报："西面已满布秦军，无法通行，只有东面尚未发现秦军。"这时，赵括已三面环敌，只有东面还是空隙，他只得率领赵军往东面的长平关撤退。刚跑了五里多地，斜刺里冲出一支秦军，带队的大将蒙骜高喊："赵括小儿，你已中了武安君的计了！"赵括一听武安君白起的名字，立刻吓得晕头转向，没有了主意，于是就在半路上就地扎寨。冯亭等老将劝说道："现虽四面被围，但我军势力尚大，如能拼死突围，可望回到大营。如果就地扎寨，被秦军四面围住，那就一个也跑不掉了！"赵括不听，执意在中途扎寨。

白起一见赵括扎寨，立即抓住时机，四面围住，赵括即刻成了孤军。赵括守了四十六天，外无救兵，内无粮草，军士杀人相食，已无法支撑下去，赵括只得选派军士冲击，但每次均被秦军的强弓硬弩射回，死伤惨重。赵括眼见无计，只得自率五千精兵硬冲。他自己骑一匹快马，正撞上了秦军大将王翦和蒙骜，吓得拨马旁逃，却掉入陷坑之中，当即被秦军乱箭射死。赵军见主帅已死，失去了斗志，混战了一阵，也就全部缴械投降了。

赵王昏庸，对老将廉颇的不信任是第一个弱点，赵括缺乏经验又自以为是是第二个弱点，秦国将相正是抓住了这两大弱点，给了赵军致命的一击。可见选人用人之时，要谨慎小心，亲贤远愚。

17

遇贤才要及时重用

【原典】

见贤而不能举，举而不能先，命也①。

【注释】

①举：推举，任用。先：尽早地使用。命：郑玄说"命"应当作"慢"。慢即轻慢、怠慢的意思。

【译文】

遇有贤能之人，却不能及时举荐，或者虽然举荐了却不能尽早重用他，这是以怠慢的态度对待贤才。

（1）任用贤才，最忌怠慢

秦王朝被推翻后，在各支反秦的队伍中，原楚国贵族项羽的实力最强大，有五十多万人马，其他队伍的将领不得不听他的节制。项羽自称西楚霸王，主持分封诸侯王之事。他封了十八个原六国旧贵族和反秦的将领为诸侯王。

在秦王朝灭亡前夕，各支反秦队伍约定，谁最先攻入秦国的重地关中，谁就是关中王。结果，刘邦率军最先攻占关中，应封关中王。但在十八个诸侯王中，项羽最不放心的就是刘邦，他岂肯把易守难攻、富甲天下的关中如约封给刘邦？他封刘邦为汉王，封地在偏远的巴蜀和汉中，而把关中地区封给秦朝的降将章邯等人，让他们拦住刘邦，阻止他向关中发展。刘邦势弱力小，只好忍气吞声地带着队伍去汉中的南郑（在今陕西汉中）。

汉王刘邦到南郑后，拜萧何为丞相，任曹参、樊哙、周勃等为将。养精蓄锐，等待时机，准备争霸天下。他的许多部下却认为刘邦难以重振雄风，跟着他再无出头之日，纷纷开小差逃跑，急得刘邦整天吃不下、睡不好。

有一天，忽然有人向刘邦报告说："萧何丞相昨夜逃走了！"刘邦听了脸色惨变，连声长叹："断了我的臂膀，断了我的臂膀。"

到第三天早晨，侍者又说萧丞相回来了，要求见汉王。于是刘邦立即出来迎见，看见萧何，刘邦喜怒交加，先哈哈大笑，然后又指着萧何厉声问："你怎么也逃走了?!"萧何说："大王，我怎会逃呢？我是去追逃走的人呀。"刘邦不以为然地哼了一声，说："这几天根本没什么起眼的人逃走，你去追什么？"萧何说："我追的是个极重要的人。"刘邦问："谁？""韩信。"萧何说。

萧何说的韩信是淮阴人，他先投奔项梁、项羽叔侄的楚军，可是，出身贵族的项氏叔侄根本不重视他这出身贫寒的人，只让他任低级军官。刘邦率军开赴南郑的时候，韩信就投靠了刘邦。韩信来到汉军中也不得志，同样是个低级军官，有一次犯了法，还差点被砍了头。韩信以为汉王以后不会重用他了，就趁着将士纷纷开溜的时候，也离开了汉军。

萧何是刘邦的肱股重臣，一心辅助刘邦打天下。他平时就留心寻求人才，曾与韩信交谈过，认定韩信是个不可多得的大将之才。他几次向刘邦推荐韩信，刘邦都哼哈一阵，未予重视。这天晚上，萧何得知韩信逃跑了，急得直跺脚，连向刘邦报告都来不及，立即骑马追赶，赶上韩信后，用一番动听的说辞，把韩信追了回来。这就是古今传为佳话的"萧何月下追韩信"。

刘邦听说萧何追的是韩信，颇不以为然，骂萧何："你这个丞相越做越糊涂了，逃走了十几个将军，我急得团团转，你都若无其事，一个不追，却偏去追小军官韩信，你到底想干什么？"

萧何说："大王，有句话说：千军易得，一将难求。臣以为，一般的将军多的是，走了一二十个不算什么，而像韩信这样的将才却是举世无双，绝不能让他离开大王。"

刘邦以为萧何在为自己冒冒失失地去追韩信之事找理由，就爱听不听地哼了一声。萧何正色问刘邦："大王是准备在汉中纳福养老，还是准备打天下？"刘邦素知萧何为人持重，议论军国大事多切实中肯，从不夸夸其谈。他一见萧何如此认真，自己也就严肃起来了。他说："萧丞相当然知道，本王岂肯坐困汉中？我一定要挥师东进，争夺天下！"

萧何说："好！大王既要争天下，就非用韩信不可。"刘邦见萧何如此重视韩信，就将信将疑地说："丞相既然极力举荐，想来韩信多少有点名堂，就任他为偏将军吧。"萧何说："大王要么不用韩信，要用，就要重用他，否则，留不住心，他早晚还是要走的。"刘邦说："好吧，我就破格让他做个将军。这下总可以了吧？"

萧何摇摇头说："不行，大王任他为将军，还是留不住他。"刘邦有些吃惊，说："难道要让他做大将？"

萧何一本正经地说："正是如此，大王。"

刘邦看萧何这么认真地举荐韩信，不禁沉思了一下。他把自己手下的诸将领在心目中掂量了一番，确实无一人能承担未来争夺天下大战时汉军大将的重任。他想起了萧何以前三番五次地劝他重用韩信，并向他介绍过韩信种种精谋略、善将兵的大将素质。他对自己说："看来，萧丞相是对的，汉军大将非韩信莫属。"一旦想通了，刘邦立即下决心，爽快地说："就任他为大将！"萧何听了，十分高兴，用敬佩的口吻说："大王真是英明，片刻之间就为汉军找到一个统帅英才！"

刘邦说做就做，让萧何马上去叫韩信，当天就要拜他为大将。

萧何不同意，说："大王平时洒脱豪迈，不太讲究礼节，因而深得出身草莽的将士们的拥戴。但拜大将是个大事，不能当做儿戏，若过于随便，大将就没有威信，没有威信的大将又怎能指挥好军队呢？大王既然决心拜韩信为大将，就要挑选个吉利的好日子，隆重地举行拜将仪式。"刘邦说："丞相说得对，就这样办。"

汉王要拜大将的消息传出后，几个追随刘邦多年的将军个个都高兴得睡不着觉，个个都认为大将非自己莫属。谁知到了拜大将的时候，刘邦竟宣布拜诸将都从未放在眼里的韩信为大将，大家几乎全愣住了。刘邦举行过隆重的拜大将仪式后，接见韩信，虚心地向他请教争夺天下的军事方略。韩信十分感激刘邦对自己的信任和重用，把自己多年思考的心得倾囊贡献了出来，他详尽地分析了刘邦与项羽双方的条件，认为刘邦一定能够战胜项羽夺取天下。刘邦听了，嘴里连声称赞韩信，心里却在称赞自己的知人善任。

韩信确实有大将之才，在后来的楚汉相争的战争中，他是个常胜将军，他的部队一直是汉军的主力，为刘邦打天下立下了汗马功劳。

刘邦是在萧何极力推荐后才重用韩信的。可以说萧何有识别人才的卓识，有胸怀全局的远见，是个出色的丞相。不过，刘邦能重用张良、萧何、韩信，尤其是破格提拔韩信，即说明刘邦确有知人善任的卓越才能。刘邦自己也颇以善于用人而自诩。

刘邦建立汉朝，当上皇帝后，在洛阳举行庆功宴会。酒酣耳热之际，他问大臣们："我是怎样得到天下的？项羽又是怎样失去天下的?"大臣王陵说："皇上有功必赏，所以众将士愿为皇帝效劳；项羽猜忌心太重，吝啬赏赐，所以众叛亲离。"

刘邦笑着说："你们只知其一，不知其二。要知道成功失败全在用人。比如说，张良、萧何、韩信这三个人都是当代的大豪杰，我能敞开心胸重用他们，所以我得到了天下。项羽连一个范增都无法信用，当然要灭亡。"

刘邦的成功完全得益于他身边的人，这从他最后的那段话中就可见一斑。问题是，为什么会有那么多的将帅之才心甘情愿地跟随他，给他打天下呢？原因很简单，刘邦知道或者能做到不怠慢人才，知道放低自己，厚待别人。

（2）重用人才切忌太过苛求

人无完人，各有所长，不应因别人有这样或那样的缺陷而苛求。对人要容人之短，看人之长，尤其对身处领导层的人来说，善用人者无废人，善用物者无弃物，苛求人才就用不好人才，这正是《大学》所说的"举而不能先"。

《史记·孙子吴起列传第五》中魏文侯不求全责备重用吴起的做法就很值得借鉴。

吴起是卫国人，家中极为富裕，但却不是贵族。这实在糟糕至极，因为那个时候，非贵族不能入仕。吴起虽有雄心壮志，想要报效国家，却苦于入仕无门。

他不惜花费重金，但仍未求得一官半职。他想要报效国家，不仅无人支持，反而遭到冷嘲热讽，受尽白眼闲气。累万家产消耗殆尽，却未得到一官半职。一些人更加嘲笑他，笑他的穷困潦倒，甚至还有人欺负他。吴起一怒之下杀了欺负他的人，逃到外地。

吴起一口气逃到鲁国，拜见孔子的学生曾参为师，学习儒家义理。吴起学习刻苦用心，也曾得曾参喜爱。未曾想母亲在家一病不起，转而去世。按儒家礼教之规，父母丧须回家守孝三年，且这三年中任何事情也不能做。吴起虽悲痛万分，却未遵守儒家的规矩，因而被曾参一气之下除名。吴起离开曾参后，开始弃儒学兵，这期间也一直待在鲁国，学成后也就在鲁国做事。

公元前410年，齐鲁之战爆发。鲁国的国君听说吴起很有才能，便召见他，想任用他为大将。但吴起的运气实在不佳，偏偏他的妻子是齐国人，两国交战，容不得半点疏忽。鲁君细想之后，便没有起用吴起。后来，有人上报鲁君，说吴起的妻子死了，鲁君这才放心，任命吴起为大将，派他率军出征。吴起所率的军队，大败齐军，得胜而回。很多人传说，吴起为了当将军，取得鲁君的信任，把自己的妻子杀了。但毕竟无人亲见，此事真伪难辨。无论如何，吴起这次是率领兵少将弱的鲁军打败了强大的齐军，显示了自己的军事才能，至此，报国之志才有所抒发。然而鲁国国君软弱无能，胸无大志，听信了小人的谗言，不肯重用吴起，这使吴起的壮志再度受挫。吴起心知在鲁国难以施展自己的雄伟抱负，四处打听之后，得知魏文侯求贤若渴，广募贤才，便离开鲁国，来到魏国。

吴起来到魏国之后，也是人地两生，正苦于无策之时，遇到了魏国将领翟璜。翟璜也是个惜才之人，他知道吴起是个有才能的人，便先把他迎到自己府中，供他吃住，等到适当的时机，再把他推荐给朝廷。

正巧这一日，魏文侯想派人去守西河。商议之时，翟璜向魏文侯推荐吴起，说他是个有才能的人，能当此重任。

魏文侯思考之后说："孤听说吴起虽有才能，品德却不怎么样。他母亲死了，他都不回去守丧；为了当将军，又把自己的妻子杀了，这样的人……"

"大王，您想要成就大业，而吴起又有真才实学，您选拔人才，也不可能做到十全十美，有点小毛病也是在所难免的。再说，儒家的礼教我们也不是一定非遵守不可。吴起杀妻只是传闻，就算他真的杀了妻子，也是因为他急于建功立业，报效国家呀。咱们不正应该利用像他这样有进取心的人吗？大王，您认为如何？还请您三思。"

魏文侯考虑了很久，又对吴起进行了仔细的考核，才相信吴起确实是一个有真才实学之人。于是，任命吴起为大将军，派他去做西河守。

吴起到西河后，整治边防，加固城墙，训练军队。带领百姓改良土壤，耕种梯田，又经常微服私访，体恤民情，深得百姓爱戴。不几年的工夫，把整个西河治理得进可攻、退可守。

公元前 409 年，吴起带领军队渡过黄河，攻克了秦国的临晋、洛阳、合阳等重要城镇，最后打得秦军大败而逃。吴起率领军队一直追过渭水，把秦国西河一带的要塞全部夺了过来。

如果当初魏文侯只注意吴起的一些缺点，而忽视了他的军事才能，那魏国的损失将会多大呀。

完美无缺的人是根本不存在的。特别是一个有某方面特长的人，可能在另一方面存在着缺点和不足。人各有其长，也各有其短。大才者常不拘小节，异才者常有怪癖，恃才自傲往往是人们的通病。人才常常优点越突出，缺点也就越明显。用人不易，容才更难。一位哲人说："垃圾只是放错了地方的宝贝。"尺有所短，寸有所长，在选才的时候，只要你知人善任，那么有缺点的人也一样能有发挥才干的地方。

18

遇奸邪小人要及时清退

【原典】

见不善而不能退①，退而不能远，过也。

【注释】

①退：离去，引申为摈斥、罢退。

【译文】

发现了不贤的人却不能罢退他，或者即使罢退了但不能把他放逐到边远的地方去，这是政治上的过错。

（1）奸邪之人，近之即祸

自古昏君多是碌碌无为之愚蠢之辈，忠奸不分，庸贤不辨，凡能讨自己欢心，奉送美色者就重用之，除此之外一切都不重要。这样的人江山难保，事业也不会长久。

明武宗朱厚照是明孝宗的长子，生性荒淫好色。在位期间，他曾让宦官依照京师店铺在宫中设店，让太监扮作老板、百姓，武宗则扮作富商，在其中取乐，碰到争议就叫宦官充当市正调解。在酒店中又有所谓当垆妇，供武宗淫乐。他还在西华门侧修建享乐用的豹房，日夜居于其中，命教坊乐工陪侍左右，纵情享乐。此后，武宗连宫殿也不去了，那些教坊乐工因此得到皇帝的宠幸，不可一世。

明武宗十分信任武将江彬，开始是由于江彬作战英勇。在一次平定反叛的战斗中，江彬中了三箭，有一箭是从耳朵后面穿出，但江彬拔出箭来，继续战斗。而江彬为了进一步得到皇帝的喜欢，就刻意让武宗微服出访。当然这样做的目的不是要让皇帝了解民间疾苦，而是引他到教坊寻欢作乐。

武宗从小长在深宫，宫里规矩太多，一直觉得没有意思。现在到了民间，武宗感到民间真是风情万种，就沉迷其中，哪里还顾得上朝政？

江彬对皇帝说："宣府乐工中，有很多美女。不如到那里走走，既可以了解边境的情况，还可以寻寻开心，何必闷在深宫中。"

皇帝听了很高兴。他们就微服远行经昌平，到居庸关，传令开关。巡关御史张钦拒不奉命，持宝剑坐在关门下，说："敢言开关者斩。"

武宗不得已，只好返回昌平。几天后，张钦出巡白羊口，武宗急忙下令，让谷大用代替张钦，乘机出关，九月间到达宣府。

他们如同鱼入大海，每天出入教坊，和女人们混在一起。江彬在宣府为武宗营建镇国府第，将豹房所储珍宝和巡游途中收取的妇女纳入府中。武宗每次夜行，看见高屋大房，就驰入索取宴饮，或搜取美女，武宗日夜在府第淫乐，称为"家里"。

延绥总兵马昂被罢了官，听说皇帝来了，就把一个妹妹献给了武宗。这个妹妹不光长得漂亮，还会唱歌，骑马射箭也样样精通，武宗十分高兴。有个叫毕春的官员，其妻子很美，而且怀了身孕，但还是被马昂带着江彬夺了来，皇帝一见便着迷了，于是马上封马昂为右都督。

渐渐的武宗变得越来越荒淫了。一天，他到马昂的家中，要马昂把妾献给他，马昂没有答应，武宗就大怒而起。马昂害怕了，就巴结太监张忠进，请他斡旋，把自己的妾杜氏献了出来，又献上美女四人，皇帝这才转怒为喜，升了马昂的官。

太原晋府乐工杨腾的妻子是乐师刘良的女儿，姣美善歌，武宗见了，十分喜欢，就把她带回了宫中，称"美人"，饮食起居一定和她在一起。左右有的触怒了皇上的，都来托刘女，常常是刘女一笑，所托之事便迎刃而解，连江彬这样的亲信大臣，也称她为"刘娘娘"。

皇太后死的时候，武宗前去拜祭，江彬一路上抢了不少女人，竟然装了几十车，跟随皇帝，供他淫乐。

靠着和皇帝的这层关系，江彬在朝中气焰熏天，没有人能动得了他。

后来由于这个昏庸的皇帝贪婪成性，社会矛盾激化，激起民众大规模的反抗，爆发了刘六、刘七农民起义；统治集团内部，朱宸濠起兵反叛，加速了明王朝的衰落。

武宗在位十六年，只活了三十一岁。

若不是因为江彬这样的宠臣兼"知己"，明武宗的结局就可能不会这么糟糕。但历史不会重演，忠奸不辨之人永远不会有好的收场。所谓"江山易改本性难移"，又所谓"近朱者赤近墨者黑"，对那些奸邪之辈永远不要抱有任何幻想，及时发现，及时清退，稍一犹豫，就足以悔恨终生。

（2）任用忠臣一定要坚定不移

亲谗远忠带来的后果是不堪设想的，这样的教训也是举不胜举。可很多当权者和领导者仍然会犯类似的错误，多少小人仍然逍遥自在，多少有能力又忠心耿耿的仁人义士却蒙冤而终，这样的领导者是不会有善终的。

忠臣往往被谗言所害，比如大家熟知的岳飞毁于秦桧之手，这是最高领导者的愚昧，也是其无法挽回的损失。在这里，我们不想说秦桧是多么无耻，因为已经说得太多了。我们只想告诫领导者们，多学习那些英明的当权者，在任用贤良之人时，一定要坚定不移，不要被谗言左右，不要再让悲剧重演。

战国时期，魏国国君魏文侯准备发兵攻打中山国。有人向魏王推荐一位名叫乐羊的人，说他文武双全，领兵有方。可是也有人说乐羊的儿子乐舒正在中山国做大官，恐乐羊不肯下手。后来，魏文侯了解到乐羊曾拒绝儿子奉中山国君之命发出的邀请，并劝儿子"弃暗投明"。于是，魏文侯决定起用乐羊，让他带兵征伐中山国。乐羊率兵攻击中山国的都城，而后围而不攻。

几个月过去了，魏国的大臣们议论纷纷，可魏文侯充耳不闻，只是不断派人去慰问乐羊。又过了一个月，乐羊见时机成熟了，便下令攻城，一举成功。乐羊带兵凯旋，魏王亲自为他接风洗尘。宴会之后，魏王送给乐羊一只箱子，让其带回家再打开。乐羊回家后打开箱子，见里面全是在攻打中山国期间一些大臣诽谤乐羊的奏章。乐羊十分感动，从此君臣之间更加相互信任了。

可以说，魏文侯决定起用并授予乐羊兵权之后，在乐羊久围中山国都城而不攻、许多大臣煽风点火的情况下也曾经起过疑心。但是他却能够分析利害，用谨慎的思维判断并打消了心中的顾虑、一如既往地支持乐羊。因此带来了积极的结果——不仅收获了中山国，更重要的是收获了乐羊这么一位有才能之人的心。

当然，现代历史上也不乏这样的人，美国前总统尼克松就是其中一个。

尼克松没有当上总统之前曾经与洛克菲勒两次竞争共和党总统候选人，在提名的角逐中，基辛格都是全力支持洛克菲勒而公开反对尼克松的。但是当尼克松当选总统后，不计前嫌、任人唯贤，提名基辛格担任国家安全顾问这一要职，基辛格成为其得力的助手。为打开中美关系的大门，基辛格做出了不可磨灭的贡献，也使尼克松这个名字，永远地留在了中美外交的历史记忆之中。

19

切不可做违背人性的事

【原典】

好人之所恶，恶人之所好，是谓拂人之性，菑必逮夫身①。

【注释】

①拂：违背。菑（zāi）："灾"的异体字，灾祸。逮（dài）：及，到。夫：助词，此。

【译文】

喜爱人们所憎恶的东西，憎恶人们所喜爱的事情，这就是说违背了人的本性，灾祸就一定会降落到自己的身上。

好淫成性遗臭万年

淫乱之事，最为人所不齿，它能动摇人的性情，最易败坏名声。贪恋淫乱之欲的人置世间纲常伦理于不顾，恣意妄为，天理难容。

完颜亮是一个有着多重性格的怪才，野蛮与才智在他身上奇妙地结合着：他勇猛、果敢、能画、工诗，是擅立威福的独裁帝王，也是荒淫好色之徒。

他打破了祖宗们迈向文明的戒律，变"同姓不可为婚"为同姓可以婚配，选美纳妃，供他淫乐的有封号的妃子就有十二名：昭妃至充媛九位，婕妤、美人、才人三位。他羡慕汉家皇帝占尽天下美女的特权，因此在他的后宫，美女如云，不限名额。此外，他还规定官吏在正妻之外，可娶次室二人，庶民百姓也可纳妾。

完颜亮的结发妻子徒单氏，是太师徒单斜也的女儿。他当宰相时，徒单氏被封为岐国妃，他登基后，又封其妻为惠妃，惠妃生子光英后，被立为皇后。完颜亮搜奇猎艳，自迁都中都，沉湎于后宫美女之中，伴随皇后的只有寂寞、忧愁和惶恐。

完颜亮还是熙宗朝的臣子时，就常与完颜乌带的妻子唐括定哥私通。当上皇帝之后，仍对定哥的旧情难断。为了除掉对手乌带，得到定哥，他对定哥的侍婢说："自古帝王都有两个皇后，去问她是否愿意杀死丈夫与朕同享富贵？"定哥听后，惶恐地令侍婢回禀："年轻时的事已成过去，而今子女都已成人，岂能再干那些不该干的事？"完颜亮再次捎口信给她说："你不忍心杀死丈夫，朕就找借口杀你全家。"定哥推说儿子不离父亲左右，不便动手。情火中烧的皇帝随即赐她儿子一个官职，诏令立即赴任。天德四年七月初十夜，乌带醉入梦乡，定哥乘机与心腹家奴一起将他勒死在卧榻上。朝廷得到奏报：崇义节度使暴病而死。完颜亮装出痛失爱臣而无限惋惜的样子，以隆重的礼节安葬了乌带。不久，皇帝就将定哥纳入后宫，呼为娘子，迁都中都之后，又封贵妃。他对贵妃特别宠爱，每入情意绵绵的温柔之乡，便再三许诺将来要立她为皇后。定哥意欲专宠，便特别忌讳皇帝宠幸其他妃子，后来，她竟以与人通奸来发泄不满。完颜亮一怒之下抛尽旧情，一刀杀死了曾令他销魂的情妇定哥。

定哥有个妹妹名石哥，也是绝色佳人，嫁给秘书监完颜文为妻。定哥入宫后，石哥常去看望姐姐，皇帝即利用方便占有了她，并表示要娶她为妃。不久，皇帝传旨，石哥被选入后宫，完颜文等待皇上另赐新妻。完颜文对石哥情意深厚，实在不忍心离开爱妻，但为了避免杀身之祸，夫妻俩只好抱头痛哭一场，然后分手。石哥被召入后宫，不久便被封为丽妃。

完颜亮的御剑、佩刀和"圣旨"，曾经使宗室无数兄弟子侄无辜被杀身亡，有的至死仍不明白为何招来杀身之祸。而对这些死者的妻、女、姐、妹，皇上却大发善心，刀下留情。事后，他还授意心腹大臣上奏，请求皇上将被杀的宗室大臣、封王们的遗孀、孤女、姐妹选拔入宫，以示"抚慰"。经萧裕等大臣"奏请"，秉德的弟妻、宗本的儿媳以及宗固的两个儿媳都召入后宫。此外，完颜亮还全然不顾天理人伦，不仅将没有出"五服"的同姓姊妹纳入后宫，以泄淫欲，还把自己母亲表兄的两个妻子召入宫中，占为己有。完颜亮任意玩弄她们，并分别赐给她们妃子位号。

后来，完颜亮在瓜洲被部将完颜元宣与其子王详所杀，死的时候还不到四十岁，盛年而亡，正是罪有应得。他那些丑恶行径将永遭后人的唾骂。人固有七情六欲，若不克制自己，纵欲过度，乃至因搜奇猎艳而不择手段，为享尽风流而不惜败坏人伦，就会失去节操，臭名远扬。

20

得之于忠信，失之于骄泰

【原典】

是故君子有大道，必忠信以得之，骄泰①以失之。

【注释】

①骄泰：骄恣放纵。

【译文】

君子之风的养成自有其既定的轨道，但修养的过程并不是一朝一夕可以完成的，必须以忠诚仁义的态度去获得它，反之，如果态度骄恣放纵，那就会失掉它。

君子的形象尽在傲气中失去

君子本身就是一种儒雅的形象。所谓"谦谦君子"，关键在于一个"谦"字，这是一个最基本的素质，倘若骄傲自大，君子的形象就会毁于一旦。

子贡是孔子门中的恃才自傲者。他学识渊博，反应敏捷，口才出众，自以为是个全才，也非常希望像宓子贱那样，让孔子肯定为君子。孔子知道子贡有辩才又能尊师，认为子贡以后必成大器。但是他又看到子贡善辩而骄、多智少恕，只能称得上是瑚琏。瑚琏是宗庙的一种用来盛粮食的贵重华美的祭器。孔子借此比喻子贡还没有达到高级别的"器"，还需要继续加强修养。

恃才自傲者通常表现为妄自尊大、自命不凡、肆无忌惮、目中无人。只要有机会标榜自己，就会大吹大擂、口出狂言，常会给人一种趾高气扬、傲慢无礼的感觉，仿佛周围人都是一些鼠目寸光、酒囊饭袋之辈，全不放在眼下。这也是人们常说的"狂妄"。

狂妄与骄傲不同。骄傲通常是对自己的长处自吹自擂，自高自大，尽管骄傲也有夸大的虚假成分，即夸大自己的长处，把自己说得如何如何好，但绝不会夸大到肆无忌惮、恣意妄为的程度，也绝不会达到口出狂言、放肆无礼的程度；而狂妄则是骄傲的极端，完全是目中无人，得意时忘形，不得意时照样忘形。

祢衡是东汉末年的一位名士，很有才华，但他也很狂妄。当时，曹操为了扩大自己的实力，急欲招募一些有才能的人为自己效力，求贤若渴的曹操听说祢衡有才，就想将他招为自己的属下，可祢衡却看不起曹操，不仅不肯来，还说了许多不敬的话。曹操知道后虽然十分生气，但因爱惜他的才华，就没有杀他，曹操听说祢衡会击鼓，便强令他到自己的帐下做一名鼓吏。

有一天，曹操大宴宾客，就让祢衡击鼓，并特意为他准备了一套青衣小帽。当祢衡穿着一身布衣来到席间时，从官大声呵斥："你既是鼓吏，为什么不换衣服？"祢衡马上就明白了这是曹操在整自己，于是不慌不忙地脱了外衣，又脱下内衣，最后就当着满堂宾客，一丝不挂地裸身而立，然后才慢慢地换上曹操为他准备的鼓吏装束，击了一通《渔阳三弄》。曹操再三容忍，始终没有发作。

曹操并没有死心，又一次备下盛宴，要召见祢衡，并准备好好款待他。可狂傲的祢衡并不领情，还手执木杖，站在营门外大骂。看到这样的情况，曹操的从官都要求曹操杀了他，曹操这一次也很生气，但为了自己的名声，只得说："我要杀祢衡，就像踩死一只蚂蚁那么容易，只是因为这个人有点虚名，我如果杀了他，天下之人定会以为我不能容他，不如把他送给刘表，看刘表怎么处置他吧！"

刘表当时是荆州的太守，他很明白曹操的意图，就是想借他的手除掉祢衡。他也不愿落个杀才士的恶名，不得已，只好将祢衡送给了江夏太守黄祖。

黄祖可不像曹操、刘表那样有心计，他的脾气很暴躁，也不图那种爱才的美名，碰到像祢衡这样的狂妄之人，自然是水火不容。

一次，黄祖在一艘大船上宴请宾客，祢衡出言不逊，黄祖呵斥他，祢衡竟然盯着黄祖的脸说："你整天绷着一张老脸，就像一具行尸走肉，你为什么不让我说话呢？"

黄祖可没曹操那样的雅量，一气之下，便将他斩首了。这就是祢衡狂妄的最终下场。

如祢衡一般狂妄的人，在历史上有很多。三国时期的杨修，是有名的聪明人，但最终落得让曹操"喝刀斧手推出斩之，将首级号令于辕门外"的悲惨结局，究其原因，乃是"为人恃才放旷，数犯曹操之忌"，可以说是"聪明反被聪明误"，空负聪明而无智慧；韩信是一个军事天才，也是一

曹操像

个不折不扣的聪明人，但他对为臣之道很不精通，缺少政治智慧，恃才放旷，最后落得功成身死。

在现实生活中，就不乏"狂妄"者：这种"狂妄"之人对工作和学习都不怎么踏实，因此工作和学习的成绩当然也就比不过那些努力踏实的人。但他们就是不肯承认自己的错误和缺点，总认为别人花在工作和学习上的时间多，所以成绩比自己好，对别人取得好成绩非但不服气，反而硬要"狂妄"地认为自己就是比别人强。这种"狂妄"是完全不正视自己的

缺点和错误的"狂妄",是完全不理智也不现实的"狂妄",其实质就是"极端盲目地自高自大"。这种"狂妄"对我们的工作和学习都不会有任何的好处。在现实生活中,这种"狂妄"者还确实不少,它不但给"狂妄"者自身造成巨大危害,同时也给"狂妄"者周围的人群和团体乃至社会造成巨大危害。这种"狂妄"之危害如此严重,肯定是要不得的,在我们的灵魂深处不应该有它的位置。

《尚书》中有"满招损,谦受益",意思是说不自满、不张狂的人,才会有所受益。做人只有谦虚谨慎,才能博采众长来充实自己,自觉地改过从善,从而提高自己的修养。只有这样,才能得到他人的认可和尊重。

世界上那些自以为是、自高自大的人,他们的目光短浅,就像井底之蛙一样。有一点才华就不可一世,就像祢衡、杨修那样,实在自惹祸患。因此,王明阳认为,猖狂、傲慢的反面就是谦逊,谦逊是对症之药,虚以处己,礼以待人,不自是,不居功,择善从之,控狂制傲,这样的人才是无愧于"君子"的。

21

生财有大道

【原典】

生财有大道,生之者众,食之者寡,为之者疾①,用之者舒②,则财恒足矣!

【注释】

①疾:迅速。

②舒:舒缓,适当。

【译文】

创造财富有条重要的原理,这就是要使生产劳动创造财富的人众多,消耗财富的人数减少。创造、管理财富的人勤快，动用财富的人节俭，这么做才能使国家财富经常保持充足。

（1）欲富国强民必先使"生之者众"

对于一个国家来说，要想达到富国强民的目的，"生之者众"是关键所在，一方面要增加劳动者的数量；另一方面则要尽可能地提高他们的积极性。事实证明，做到这些并不容易，首先要有一系列先进而科学的制度或法令作为保证。历史上著名的"商鞅变法"便由此而来。

商鞅变法是一场深刻的社会变革，具有划时代的历史意义，他废井田、开阡陌，推行一家一户的个体经济，从而在经济领域实现了封建制取代奴隶制的根本变革，有力地促进了秦国封建经济的长足发展，使秦国很快成为富强的封建国家。

农民的土地问题，是历朝历代统治者所面临的头等大事。解决得好，则国泰民安；解决不好，则有可能激起民变。商鞅采用授田制，使作为生产者的农民私人占有国家重新分配的土地，这使农民对国家更加忠诚，也使农民从自身的经济利益出发，为国家创造出更多的财富。封建社会的生产关系也逐步建立起来。

秦国在商鞅变法前，井田制已经开始瓦解，公元前408年，秦简公实行"初税禾"，即根据土地面积征收租税。献公即位后，又进行一系列改革，加速了秦国封建化进程。

商鞅为了强国利民，在上述改革的基础上，在秦国进行了比较彻底的封建制的改革。他以法令的形式，宣布"为田开阡陌封疆而赋税平"，彻底废除井田制，具体做法是：把原来井田制下大田和份地间的田界，即阡陌封疆统统破除，土地收归国有，国家政府再按一夫百亩的标准将土地授予农民；授定之后，重新设置田界，不许私自移动。当然，一夫百亩是国家制定征税数量的标准亩积，由于不同地区的土地质量差别很大，为了使财力均平，政府在分配土地时，对恶田者则加倍或再倍授予，由土地数量调节土地质量所导致的产量差别。

商鞅的"开阡陌封疆",宣布旧的田界一概作废无效,从根本上剥夺了奴隶主的土地所有权。土地收归国有,由国家根据新的办法来重新分配土地,授予农民。其意义不仅在于铲除了井田制的旧形式,本质问题是它标志着旧的经济基础和与之相应的生产关系的全面崩溃,封建制度的经济基础和与之相应的新的生产关系在法律上的正式确认。在授田制下,土地所有权属于国家,受田者只有占有权、使用权,而无所有权。但是由于授田基本上是一次性的,各家受田后不再定期重新分配而且国家只授不还,耕者对土地有终身的世袭的占有权,要以父子相传,这实际上是土地私人长期占有。就土地制度的发展规律来看,土地一旦为私人长期占有,其结果必然导致土地私有。因此,商鞅的授田制的最终发展趋势是土地私有化。秦始皇统一全国后,"令黔首自实田",宣告了商鞅制定的授田制的结束。

同时,商鞅"制土分民",实行授田制,将土地一份一份地分给受田农民,这样,原来的国人、野人的政治、经济差别已不复存在,他们统统成为编户齐民,成为依附于国家的受田农民;他们原本为奴隶主提供的力役或实物,现在转而提供给封建国家了。因此,从这个意义上说,商鞅"坏井田",实行授田制,促使了农民阶级的形成。

商鞅像

商鞅的"开阡陌封疆"适应了当时生产力发展的要求。井田制是以宽一步、长百步为亩,使用耒耜耕作。但到商鞅时代,牛耕或人力拉犁的做法日渐推广,而且用铁犁耕地不像耒耜那样向后退着挖地,而是向前翻地,且又快又省力,这样,原来的百步为亩就不能适应当时的生产发展了。商鞅变法,破除原来的百步为亩的旧阡陌,重新开拓为160步的大亩,建立新的田界系统、新的阡陌,这无疑十分便于犁耕，便于生产。

商鞅的"为田开阡陌封疆"是与"赋税平"相应的。国家授田时，以官方亩产量为基数，定出税收额，不管年景好坏、耕与不耕、收与不收，都要以百亩计如数交纳。据《秦律·田律》可知，农民于交纳粮食作为主要的地税的同时，还要交当藁之税，还要征收口赋。按照授田数量（一顷，即100亩），收刍三石（1石约为60公斤）、藁二石。《秦律》虽写于商鞅之后，但与商鞅之法有历史的继承性，土地国有制下的授田制及其地租形态基本上是沿袭商鞅时期的。这种税收有调动劳动者的生产积极性、督促农民耕作、不使其荒废土地的积极意义。

（2）动用财富要以节俭为本

春秋时期鲁国大夫御孙说："俭，德之共也。"俭朴的生活，可以使人精神愉快，可以培养人的高尚品质。生活俭朴的人具有顽强的意志，能经受得住艰苦的磨炼，胸怀开阔。无心于考虑物质生活，更不会受钱财的诱惑。物质生活条件的好坏对他们来说没有丝毫的影响。因此，这种人即使住在竹篱盖的茅屋，也有清新的生活情趣。

晏婴是春秋末期齐国的宰相，有一次晏婴正在家中吃饭，突然景公派人到晏婴家来了，他得知这位大臣还没吃饭，便将自己的饭分出一半请客人吃，结果客人和他都没吃饱。使臣回府后，便把这件事告诉了齐景公。景公听后，十分感叹地说："晏婴家里这样穷，我却一点都不知道，这是我的过错啊！"他便派人送了一大笔钱给晏婴，让他作为招待宾客的费用。可是晏婴坚决不收。景公见他既不要封地，也不要钱，心中实在过意不去，就命令手下人一定要想办法说服晏婴，让他把钱收下。他一次又一次地向来者陈说：自己的地位高，更应注意生活俭朴，这样才能给朝中的官员做出榜样，使朝政更加清廉。来者见他不肯收，就说这是景公的命令，不然要受到景公的怪罪。为此，晏婴亲自找到景公，对景公拜谢说："大王，我家并不穷，因为您的恩赐，我的亲族、朋友都得到不少好处，我们很是感激，千万不要再给我钱财了，您不如用这些钱财去拯救百姓吧……"

后来，景公要给他造新的住宅，换上漂亮车子和好马，却都被他退了回去。晏婴一生过着俭朴的生活，为齐国在厉行廉洁、反对奢侈浪费方面做出了榜样。

唐太宗在位期间，不但注意节制自己的奢欲，对皇亲国戚、达官贵族的奢侈之风也能注意有所限制。

公元 627 年，他曾下令，限制王公以下贵族住房过于奢华，并对贵族生活用车马、衣着服饰的具体标准等做了规定。贵族婚丧费用是国家一项不小的开支，有些贵族，为了显示身份，大摆排场，有的当事人也想趁机大捞一笔。因此，唐太宗对各级贵族婚嫁丧葬的费用也做了一些规定，并强调：不符合规定的奢侈之举，一律禁止。严重者，要依刑法处罚。

唐太宗节制奢华，还表现在对子女的教育方面。他见到桌子上有山珍海味，就对他们说："你们知道耕种的艰难吗？"当听到他们满意的回答后，就一再嘱咐他们："要懂得节制奢华，懂得百姓的艰难。"

在他临死的前一年，还多次告诫太子说："要是为君的不注意节俭，骄奢淫乱，不要说政权保不住，恐怕连自己的性命也保不住了。"

司马光是北宋的宰相，历史学家，名重一时，可是他却从来不摆阔。他给儿子司马康的信中说："许多人都以奢侈浪费为荣，我却认为节俭朴素才算美。尽管别人笑我顽固，我却不认为这是我的缺点。孔子说：'奢侈豪华容易骄傲，节俭朴素容易固陋。与其骄傲，宁可固陋。'他又说：'一个人因为俭约犯过失的事是很少见的。读书人有志于追求真理，却又以吃粗粮穿破衣为耻辱，这种人是不值得和他讲学问的。'可见，古人是以俭约为美德的。现在的人却讥笑、指责朴素节约的人，这真是奇怪的事！"

司马光在信中批评了当时奢侈淫靡之风，并引述了几位以俭朴著称的人的故事。

宋仁宗时，宰相张知白上任之后，其生活水平仍然像当年布衣时一样。有人说他："你收入不少，生活却这样俭朴，外面人说你是'公孙布被'呢！"公孙指汉武帝的宰相公孙弘，当时汲黯批评他："位在三公，俸禄甚多，然为布被，此诈也。"张知白听了这位好心人的话后说："以我的收入，全家锦衣玉食都可以做到，但是由俭入奢易，由奢入俭难。像我今天这样的收入，不可能永远维持，一旦收入不如今天了，家人又已过惯了奢侈生活，那怎么得了呢？无论我在不在职，生前死后，我们都保持这个标准，不受影响，不是很好吗？"

张知白确实是深谋远虑的，他看到了别人平时想不到、看不到的地方。

鲁国的大夫季孙行父曾经在鲁宣公、鲁成公、鲁襄公在位时连续执政。然而，他的妻妾没有穿过绸缎衣服，他家里的马没有用粮食喂过。别人知道后，都说他是忠心的。

晋武帝时的太尉何曾，生活十分奢侈豪华，每天吃饭就要用一万钱。他的子孙也极其奢侈，结果都一个个破了家。到了晋怀帝的时候，"何氏灭亡无遗焉"。

司马光说，这样的事例是举不胜举的。他希望司马康不但自己记住这些事例和道理，身体力行，而且还要向子孙后代进行这样的教育。

是俭是奢，这不仅是一个人的自我修养或品德问题，更是一种对生活的态度问题，真正的智者总能宁俭不奢，不仅一生平安快乐，也留下令人景仰的清誉。纵观古今，那种追求奢华、生活糜烂的人，到头来总落得身败名裂，走向肉体和灵魂的双重深渊。

22

以财发身，还是以身发财？

【原典】

仁者以财发身①，不仁者以身发财。

【注释】

①发身：提高自身的品德修养。发，发起，发达，引申为提高。

【译文】

具有仁德的人士使用财富来完善自身的品性，没有仁德的人们却用生命去聚敛财富。

（1）用仁德的态度去对待财富

有些人认为财富会给人带来祸端，其实不然。财富本身并无过错，关键在于用什么样的方式去获得财富，以及拥有财富的人用什么样的心态去对待它，用什么样的方式去利用它。《大学》告诉我们，具有仁德的人用财富来完善自身的品性，反过来说，知道用财富完善我们自身的品性，那么，大家就都可以成为具有仁德的人了。

范蠡辅佐越王勾践二十多年，终于打败了吴国，报了会稽之仇。他因为功绩卓著，被封为"上将军"。范蠡受封之后，想到越王勾践的为人，可以共患难，不可以同安乐，自己盛名之下是难以久安的，不如辞官回乡，于是他便携妻带子辞官而去了。范蠡曾对别人说："计然的策略有七项，越国只用了五项就成了强国，过去我用他的计策强国，现在我要用他的计策治家。"

计然是春秋战国时期晋国的一位公子，姓辛名研，字文子。他游学来到越国，结识了范蠡。范蠡向他请教治国大计，两人愈谈愈投机，于是成了亲密的朋友。那时越国已沦为吴国的附属国，越王勾践刚刚被吴王释放回国，为复仇雪耻，他也向计然请教复国之策。计然便为越国出了七计。他说："吴越之战后，越国已元气大伤，要想重新富强起来，只有艰苦奋斗，上下同心，同时还要有一定的计划。贵国的情况是十二个年头里有六个丰年，六个灾年。掌握了丰歉循环的规律，丰年时多储备粮食，以备歉年之需，就不会盲目乐观，任意浪费，歉年也不会饿死人了。"他一口气讲了七条计策，越国执行了五条。十年之后，越国变得国富民强，所以范蠡很佩服计然。他弃官从商之后，运用计然的理论经营，不久也成了巨富。

范蠡辞官之后，首先来到了齐国，隐姓埋名，自称是鸱夷子皮，意思是"酒囊"，开始自己的创业历程。齐国是东方的大国，农业和工商业都很发达，范蠡父子在海边以耕种为生，辛勤劳作，由于同心协力，功夫不负有心人，没有多久，他就积聚了数十万财产。由于他的能力和才干，在齐国很快成了名人。齐人听说范蠡很勤劳、很贤能，便请他出来做卿相，并且送来了相印，范蠡感叹道："在家能够艰苦奋斗聚集千金，做官则能位至卿相，这是一个布衣平民最得意的事情了，但是长久享受尊名却是不祥的事情。"于是他奉还相印，把家产分给了朋友及邻里，自己一家只带了金银珠宝秘密地离去了。

他来到定陶（今山东省淄博），认为这里是四通八达的商业枢纽，居于天下之中，在这里谋生治产是完全可以致富的，于是就住了下来，自称朱公，人们都称他为陶朱公。他面对新的形势，对自己的治产又做了新的调整。范蠡带领儿子们亲自耕种和畜牧，战胜了各种困难，才获得了庄稼的丰收和六畜的兴旺。他又不失时机地从事商业活动，积累资金，大胆地买进卖出，只谋取十分取一的利润，买卖做得十分红火。没过多久，他又积累了数百万的财富，天下人都知道定陶有个陶朱公富甲天下。

有位叫猗顿的人来向范蠡请教致富的办法，范蠡告诉他，要想尽快致富，必须辛勤劳动，而且要不怕艰苦，同时多养六畜。又有人问他："你十几年中，三次聚财至千金，家资巨万，有什么诀窍吗？"范蠡就把自己经商理财的十八个准则说出来："第一，要勤快，切勿懒惰，否则什么事也干不成；第二，价格要标明；第三，生活要节俭，切勿奢华，奢华则钱财竭；第四是切勿滥出；第五是货物需面验，切勿滥入；第六是出入要谨慎；第七是用人要方正，切勿歪斜；第八，优劣分明；第九，货物要修整，切勿散漫；第十，期限要限定；第十一，买卖要快捷，切勿拖延；第十二，钱财要明慎，切勿糊涂；第十三，账目要稽查，切勿懈怠；第十四，是切勿暴躁，和气生财；第十五，切勿妄动，妄动则误事；第十六，临事要尽责；第十七，工作要精细，切勿粗糙；第十八，切勿浮躁，浮躁失事多。"这些经验之中，几乎没有一条离开了勤劳致富、艰苦创业这个根本，所以范蠡才能在十几年之中三致千金。

范蠡又把财产分出许多以接济贫困的朋友和同乡，真所谓"富而好行其德者也"。他自己则闭门不出，最后在定陶寿终正寝。

范蠡致富的诸多成功经验，如"旱则资舟，水则资车"（洪水期准备天旱的商品，天旱时筹划做船的生意）被司马迁写进《史记·货殖列传》作为例子。《史记》和《汉书》中的许多地方都把"陶朱"当做巨富的代名词。

富有不是罪过，但富而不仁有时却会招致灾祸。人们如果能够除去矜夸之态，去其鄙吝之心，消除心中之怒，禁绝淫欲之心，则能保享五福。为富本来就容易招人嫉妒。为富不仁，恃富凌人，是给人伤害自己的借口。牢记"仁者以财发身"，这是"大学"教给人们的为人处世的秘诀。

（2）获取财富要遵循正道

钱虽不是万能的，但没有钱却是万万不能的。我们说"功名利禄"是身外之物，并不是说要彻底地跟它们断绝一切关系。只要来自正道、不受之有愧，只要是干干净净的、用自己的汗水劳动换来的，我们完全可以心安理得地用这些钱来改善自己的生活。

宣曲有个大富豪，他发家致富的秘密竟是囤积粮食致富的，他姓任，他的名字后人已经记不住了。所以，到史学家司马迁为他写列传时，只能叫他宣曲任氏。

任氏本来是个看管粮食的小官吏。大概在本行中他懂得了粮食的重要性，因此在他手里进进出出的粮食实在太多了。陈胜、吴广揭竿起义，天下大乱。为避灾荒，那些豪族们都争先恐后地收藏金玉，以为靠这些硬通货要度过灾荒大概万无一失了。可是，任氏却只收藏粮食，他把自己的粮仓修好，收藏了许多粮食。

从陈胜、吴广直到刘邦、项羽，冬去春来，年复一年，战争好像打不完似的。秦朝被推翻后，刘邦、项羽又打了四年。这么多年中，老百姓无法安心耕种，市场上粮食奇缺。每石米卖到一万钱，还不一定买得到。

这时，任氏收藏的大量粮食发挥了大作用。不仅他自己一家子度过饥荒不成问题，而且他还趁此机会把粮食卖出去。当年那些豪族所收藏的金玉，如今都到了任氏的手中。这样一来，任氏成为了远近闻名的大富豪。

别人富贵了总不免奢侈起来，而任氏的粮食是一升升、一石石地积累起来的，他懂得粮食来之不易，也看到战争中缺粮的惨状。所以用粮食赚来的钱，对

项羽像

任氏来说无比宝贵。任氏发誓要节俭一辈子，即使家财万贯也仍然自己耕种。

战争过去了，和平到来了。别的商贾都争先恐后地去做买卖，大搞贱买贵卖来从中渔利。任氏仍不改初衷，不论货物贵贱，他都经营。只要东西好，不愁卖不出价钱。他家几代人都遵循这个指导思想，所以任氏家族的富贵延续了好几代人。至少从秦末到西汉武帝时，任家的家道始终

不衰。

家里富了，却不能忘本。为此，任氏订立了严格的家规，不是田里生长的东西不吃、不穿，不干完公事不得饮酒、吃肉。勤于稼穑和提倡节俭的家风为家乡父老所称赞，成为远近的楷模。虽然富商在汉初政治地位不高，但任氏家族却甚为皇上所推崇。

君子也是凡人，君子当然也可以爱财，但这一定要有一个大前提——"取之有道"。要赚就赚那些干干净净的钱，要用自己辛勤的付出去换取自己应得的回报，要对得起自己，对得起所有的人，只有这样才能心安理得、踏踏实实地过一辈子。

23

上好仁，下必好义

【原典】

未有上好仁，而下不好义者也。

【译文】

没有听说过为上者好仁乐义，而下面的臣民不用仁义之心回报的道理。

（1）为上者好仁乐义，为下者自会加倍回报

知恩图报是人的天性使然，你以一颗真诚的心厚待别人，别人自会加倍地回报你。

在战国时期，收养门客（食客）成了一种社会风气，各种有才能或是有一技之长的人往往投奔一个权贵，寄食于他的门下。这些收养门客的人

就借此提高自己的声望和地位，巩固自己的势力，在有急难的时候，这些门客也往往会助他们的"收养"者一臂之力。

在战国时期，养士最为有名的是所谓的"战国四公子"，即齐国的孟尝君、魏国的信陵君、楚国的春申君和赵国的平原君。他们所养"食客"之多，有时竟达三千之众，所以孟尝君曾号称自己门下有"食客三千"。他的门下有各色人等，三教九流之徒无所不备。他对待门客也是视为兄弟，开诚布公，因此，门客们对他十分忠诚。

孟尝君当了齐国的相国后，门客也越来越多，实在养不起了，就不得不分为三等。一等门客吃饭有鱼肉，出门有车马；二等门客吃饭有鱼肉，但出门无车马；三等门客只吃粗茶淡饭而已。在三等客中，有一个叫冯谖的人，似乎有点不按套路出牌，刚来几天，就敲着剑鞘唱道："我的长剑啊，回去吧，咱们吃饭没有鱼肉哇！"孟尝君知道了，就升他做二等门客。没过几天，他又敲着长剑唱了起来："长剑啊，咱们回去吧，出门没有车马哇！"孟尝君知道了，又把他升做一等门客。孟尝君认为他这回总可以不再唱了吧，谁知道没过几天，总管又向孟尝君报告说："冯谖又唱了，说是家中老母无人养活。"孟尝君就派人把他的老母安顿好，从这以后，冯谖就不再敲剑唱歌了。

有一次，孟尝君要找人去薛地收债，就想起了冯谖。他把冯谖叫来说："先生会些什么呢？"冯谖知他要收债，就回答说："只会算算账。"孟尝君有点不高兴，就淡淡地说："那先生就替我去薛地收一下账吧。"冯谖问道："收账回来买些什么呢？"孟尝君说："先生看看我家里缺什么就买点什么吧！"孟尝君的三千食客都是靠薛地的租税来养活的，所以薛地百姓的负担很重。冯谖到了那里，欠债的百姓都不敢出来，于是冯谖就买了大量酒肉，真诚招待，把债户们都找了来。他把债券收集上来，查问清楚后，把能够偿还和不能偿还的债券分成两堆，然后对大家说："孟尝君爱民如子，哪里是想借高利贷给你们，无非是想借此来帮助你们罢了。他这次派我来，就是专门看望大家的。有能力还债的，就慢慢地还；无力偿还的，现在就把债券烧了，永远不用再还了。"说着，就把收来的那些债券烧掉了。薛地的百姓感动得流泪不已，从此一心一意地拥戴孟尝君。

　　孟尝君看到冯谖两手空空地回来了，就好奇地问他："先生替我买来了什么呢？"冯谖不慌不忙地回答说："您让我看看家里缺什么就买什么，我看您家里什么都不缺，只缺少'义'，我就替您把'义'买回来了。"接着向孟尝君报告了"市义"的经过，并解释说："那些能还债的自然会还，那些不能还债的逼死他们也还不了，只会把他们逼跑，那又何必呢？"孟尝君哼了一声，没有说话。

　　其后孟尝君的名声越来越大，齐王十分气恼。这时，冯谖就派人到处散布谣言说："天下只知有孟尝君，不知有齐王，孟尝君不久就要当国君了。"他还利用楚怀王死的事件和楚国联络，造谣说孟尝君一旦即位必先攻打楚国，于是楚国也到处说孟尝君的坏话。齐王很昏庸，听了这些谣言就起了疑心，解除了孟尝君的相国职务。

　　孟尝君得势时，真是门庭若市，现在倒霉，那就门可罗雀了。只有冯谖还和他形影不离，替他赶车到薛地去，百姓一听孟尝君来了，都提着食物，带着菜肴、酒水夹道欢迎。孟尝君感动地说："这都是先生买来的义呀！我总算有一个安身的地方了！"

　　冯谖则回答道："这算不了什么，俗话说得好，'狡兔三窟'，您现在才有一个安身的地方，还远远不够。请您给我一辆马车，我去秦国走一趟，让秦王重用您，到了那时，您的封地薛城、齐国的都城临淄、秦国的都城咸阳都会是您安身的地方。"

　　冯谖来到咸阳，对秦王说："如今天下有才能的人，不是投奔齐国就是投奔秦国，哪个国家得到的人才多，哪个国家就强大。可见，现在的天下将来不是齐国得到，就是秦国得到。齐国所以能有今天的样子，还不是全仗着孟尝君礼贤下士，治国有方吗？如今齐王听信了谣言，嫉贤妒能，气量狭小，竟然免了孟尝君的相国之职。您若能趁他怨恨齐王的时候，把他请到秦国来，好好地以礼相待，他若肯为秦国效力，还怕齐国不归附吗？您如果犹豫不决，齐王一旦反悔，重新起用孟尝君，您也就悔之晚矣。"

　　秦王正在到处寻找人才，听冯谖这么一说，就愿意去请孟尝君来。这时樗里疾已死，无人反对任用孟尝君，于是，秦王就派遣使者带了十辆车马，一百斤黄金，用迎接丞相的仪式去迎接他。

冯谖一看计谋奏效，立即返回齐国，来不及报告孟尝君，就直奔临淄求见齐王，他对齐王说："人才是齐、秦两国争霸的关键，谁得到了人才，谁就可以称雄天下、号令诸侯。我在来临淄的路上听说秦王已秘密派人带十辆车马、百斤黄金来迎孟尝君去秦国当丞相，如果真的是这样，齐国岂不是很危险了吗？"齐王一听十分着急，忙问冯谖该怎么办，冯谖说："大王如能恢复孟尝君的相国职位，再多赏田地财物，孟尝君一定会感激您，就不愿再去秦国了。即使秦国想来接，总不能硬抢人家的相国吧？大王如果迟疑不决，就怕来不及了。"齐王还有些不太相信，就派人前去打听。恰巧秦国的车马迎面而来，那被派去的人连夜赶回临淄，向齐王报告。齐王一听是真的，可着了慌，立刻下令恢复孟尝君的相国职务，又多赏了一千户的土地，并马上接他来都城居住。秦王的车马使者到了薛城，恰好齐王的命令也到了，他们不好硬抢，只怪自己来晚了一步！至此，孟尝君的政治"三窟"已营造完毕，可以高枕无忧了。

"世间自有公道，付出总有回报。"这是老百姓的处世箴言，为上者处理与下属的关系时也要牢记这一点。

（2）善待身边的每一个人

在这个世界上，每个人都有自己的位置，都有不可替代的作用，无论他身居何职，也不管他富贵与否。就算是"小人物"又怎样？小人物也有小人物的作用和优势。为上者，一定要一视同"仁"，不要小看任何人，善待下属，用仁义之心对待每个人，终有一天会有意外的收获。

刘邦年轻时行为放荡，却在放荡中透出一种豪侠仗义的英雄之气，令人钦佩。所以，许多人都主动亲近他，把他视为最可信赖的知己。他以此更加广泛地推广自己的交友之道，不轻易与人制造矛盾。

萧何也是沛县人，与刘邦是同乡。此人精明能干，勤于职守，办事公道，又忠厚老实，有很高的品德修养。在县府中，他起初是县丞手下的一名小吏，由于他通晓律法，审讯囚犯时从无冤枉陷害，办案精明而公平，是县丞得力的助手，在县府的小吏之中享有盛誉。萧何的政绩被沛县县令发现后，便提拔他为沛县的"主吏掾"。主吏即功曹，汉代的郡守、县令之下皆设有功曹，主管总务、人事，参与政务，有相当的实权。掾，是附属官员的通称。

在萧何的心目中，刘邦却是一个超凡脱俗、出类拔萃的人物。他暗暗把刘邦当做自己的首领。刘邦平时不拘小节，常常惹出些违法犯禁的麻烦，萧何总能施展出神通，把大事化小，小事化了，使刘邦不至于吃官司。以后，萧何又极力推荐，让刘邦当上了泗水亭的亭长。《史记·萧相国世家》上对这一段历史的记叙是："高祖（刘邦）为布衣时，（萧）何数以吏事护高祖。高祖为亭长，常左右之。"

从一件小事上，可以看出萧何在刘邦身上的良苦用心。那年，刘邦要去千里之外的京城咸阳当差，按沛县地方上的惯例，如果谁要出门远行，同僚们须得送行，称为"赆仪"。一般人按常规是给刘邦送三百个钱，唯独萧何送了五百个钱。后来，刘邦当了皇帝，想起此事，还专门多给萧何封了两千户的食邑，算是对当年知遇之恩的投桃报李。

就是这次咸阳之行，使刘邦眼界大开。京城里那巍峨的楼阁、繁荣的街市，尤其是刘邦有幸目睹了秦始皇出巡时那前呼后拥的宏伟场面，使这个来自偏远小县的亭长发出了"嗟呼，大丈夫当如此也"的感叹。后世都把刘邦这句话看做其雄图大志的表露。

更为难能可贵的是，萧何为了能够经常和刘邦在一起，主动放弃了进京高升的机会。

秦始皇为了巩固秦朝的政权，对各级官员的政绩要求十分严格。他定期派出特使，到各郡县巡行，考察地方官吏，以决定其升贬。去沛县考察的是一位御史，这位御史看萧何精明能干，极力推荐萧何到京城做官。萧何却不愿同刘邦分开，婉言谢绝了御史的盛情，继续留在沛县当他的"主吏掾"。以后刘邦在沛县能够起义成功，萧何确实在其中起了十分重要的作用。

刘邦在沛县的另一名好友曹参，也是沛县本地人，在县府中担任"狱掾"，是主管监狱的一名小吏。曹参为人豪爽，有勇有谋，临事善于决断，在沛县属吏中，曹参是一位颇有威信、名望较高的小吏。在刘邦起兵后，他屡立战功，后来继萧何为汉朝的第二任相国。

另外，管理马车的夏侯婴以及泗水亭的亭卒周苛等，这些人都是刘邦的生死至交，尽管他们的身份各异，地位不同，但他们都乐意唯刘邦之命是从。刘邦一旦遇到什么危险，他们会不顾自己的一切，鼎力相助，即使赴汤蹈火，也在所不惜。夏侯婴的案子，就是一个很好的例证。

夏侯婴的职衔是"厩司御"。这是一种较低的官职。他除了管理县里的车马外，还要经常赶车出城给县令办事。每次办完公事，夏侯婴都要绕到泗水亭去找刘邦，或是喝喝酒，或是说说知心话，而且一坐就是大半天。这种亲昵关系引起了别人的嫉妒。

过了一段时间，夏侯婴听到消息，他将被提升为"试补县吏"。"试补县吏"属于县里的高级职员。夏侯婴乐得一蹦三尺高，连家也顾不上回，一口气赶到了泗水亭，把这个喜讯告诉给刘邦。

刘邦也为自己老朋友的荣升而万分高兴，亲手做了几个小菜，打开一坛存放多年的陈酒。两人相对而坐，你一盏，我一盏，欢欢喜喜地畅饮起来。真是人逢喜事精神爽，一坛老酒很快见了底，两人都有了几分醉意，但是，话却越说越投机，精神越来越亢奋，以至于乐得忘掉了一切，两人好像一下子又回到了孩童时期，他们你推我一把，我捅你一拳，拉拉扯扯，滚打在一起，忽然刘邦猛一用力，只听夏侯婴"哎哟"一声，胳膊脱了臼。

这件事被刘邦的一个政敌知道了，到沛令那里告了刘邦一状，说刘邦是"吏伤人"。按秦朝的法律，做官吏的人犯了法，要从严惩处。刘邦身为泗水亭长，负责维护地方上的治安，结果自己打伤了人，这事一旦落实，刘邦轻则免官，重则要作为刑徒发配到边疆去修长城。

沛令本来看刘邦很不顺眼，如今得了这个机会，更是打定主意要重重地惩治刘邦。于是他迅速传齐各方，公堂会审。

大堂上，刘邦矢口否认。夏侯婴更是极力辩白，说是自己不小心摔伤了手臂，与刘邦没有关系。萧何、曹参也尽量帮着刘邦说话。刘邦的那位政敌只为耳闻，并未眼见，结果以"诬告"的罪名，挨了一顿板子。

原告变成了被告。那位政敌觉得窝火，又多方探听了解到责任确实在刘邦身上，就想翻案。沛令也不死心，于是便以升官发财为诱饵，让夏侯婴如实招认。夏侯婴自然绝不出卖朋友。第二次升堂，又没有问出什么结果。只好给夏侯婴加个"责任心不强"的罪名，打了几百板子，蹲了一年多大狱。"试补县吏"的职位也泡了汤，但"终以是脱高祖"。他用自己的身体和前程，保护了刘邦。

在社会底层的普通民众中，刘邦也结交了一大批热血朋友，如周勃、樊哙、周緤等。他们尽管出身贫寒，可个个侠肝义胆，身手不凡。都在刘邦建立功业中立下了不朽之功。

为人"木强敦厚"的周勃，在沛县以编织苇箔为业。为了养家糊口，别人办丧事，他还去充当吹鼓手——在那个时候这种职业是最为下贱的。但是，刘邦却不以职业取人。沛县起义，周勃被任命为"中涓"（本来指主管帝王宫廷清扫工作的官，以后也指最亲近的侍臣）。此后，无论是推翻暴秦的作战，还是抗击匈奴的入侵，乃至平息诸侯王的叛乱，周勃总是冲锋在前。刘邦临死时还一再嘱咐，要给周勃委以重任。刘邦死后，周勃果然不负重托，勇夺北军，粉碎了诸吕的叛乱，保住了汉朝的江山。

樊哙是个杀狗卖肉的屠户，目不识丁，可为人豪爽，极讲义气。刘邦不但和樊哙交好，还与他结成连襟。鸿门宴上，樊哙头发上指，"目眦（眼眶）尽裂"，慑服了不可一世的诸侯上将军项羽，使刘邦死里逃生；两军阵前，他总是身先士卒，舍生忘死，斩将夺旗。特别是在关键时刻，对刘邦直言相谏，成为一位难得的股肱之臣。

刘邦像

周緤对刘邦的关心和爱护更是体贴入微，始终如一。周緤当初以舍人（战国、秦汉时对王公、贵官左右亲近等随行官员的称呼）身份跟刘邦在沛县起义。刘邦西入蜀汉、平定三秦，周緤一直充当"参乘"（与刘邦同乘一辆车，当贴身警卫）。楚汉战争的关键时刻，周緤主动要求去最危险的地方，领兵切断项羽的粮道。无论局势多么艰难，周緤对刘邦的大业从未动摇。《周緤传》称颂他："战有利不利，终亡（无）离上（刘邦）心。"刘邦当了皇帝，为了褒奖周缫的忠心，特赠以"信武侯"美称。公元前197年（高祖十年），深受刘邦宠信的宛句（今山东菏泽县）人陈豨在代（今河北省代县）造反，刘邦怒气冲天，要亲自领兵平叛。周缫担心身为至尊的刘邦的安全，拦住马头，痛哭流涕地劝谏。刘邦被他说得鼻子发酸，情不自禁地感叹："还是当年在沛县结交的那批朋友可靠。"

刘邦善待身边的"小人物"朋友，自然得到了丰厚的回报。尽管刘邦结交这些朋友的时候并不一定能预见到以后要举兵反秦，更没有想到以后要当皇帝，用这些人出将为相。但有一点可以肯定：朋友多了路好走。有些人常为无朋友而伤透脑筋，关键在于不知道从平时做起，用仁义之心对待人与人之间的矛盾和冲突。

24

未有好义，其事不终

【原典】

未有好义，其事不终①者也。

【注释】

①终：完成。

【译文】

没有听说过下面的臣民尊崇仁义，而不能帮助君王完成其事业的道理。

（1）尊崇仁义成就大业

尽管仁义之心常常意味着吃亏，意味着被人误解，但尊崇仁义的精神还是被我们的祖先一代代地传承了下来，特别是那些尊崇仁义的贤臣名将，更是名垂青史，被后人们敬仰。

北宋初年，大将曹彬率军攻打南唐不妄杀一人，体现了仁者爱人的儒帅风范，被传为美谈。

当时曹彬围攻南京半年多，连秦淮河、白露洲、西门水寨都占领了。到最后，只要一仗就可以轻而易举地攻进金陵（南京）城了。在这紧要关头，统帅曹彬突然生病了。生的什么病呢？大家都着急，副将潘美，先锋曹翰等都去探问，大家纷纷主张招募某医生。曹彬说："不必了，我患的是心病，医生治不好的，只有你们各位能治好我这心病。"

究竟做些什么能治好统帅的心病呢？曹彬说："只有一个办法，那就是打进南京的时候，任何人不得滥杀无辜，也不许奸淫掳掠。大家能不能做到？"一班将领们回答："只管统帅吩咐！"曹彬说："嘴上这么说说可不行，大家必须要发誓遵从命令才行。"于是将士们就发誓绝不在金陵城内随意杀掠。

随后，曹彬下了攻击令！

曹彬为什么一定要大家发誓后才开始攻城呢？因为他知道潘美和曹翰好杀，都不好控制。在授命打江南的时候，赵匡胤曾要求曹彬尽可能少杀人，对南唐皇帝李煜一家，务必要保全。曹彬当下既不抗拒命令，也没有明确的答复，只是问："副将是谁？"赵匡胤马上懂了他的意思，立刻召见了潘美、曹翰等人，当着大伙的面，把自己随身用的一把宝剑交给曹彬，告诉他说："你拿着这把剑，就等于我本人在场一样，凡是手下不听命令的，只管军法处置。先斩后奏，一切由你全权做主。"他一边对曹彬说，一边把眼角瞥向潘美、曹翰。吓得这些人汗流浃背，赶紧说："末将听命！"

曹彬、潘美等破城以后，李煜无可奈何，穿着白纱衫帽，亲自向曹彬投递降书。

曹彬知道有些人是靠不住的。等李煜走后，他表示自己要暂时离开三天，把统率部队的责任交给副将潘美，并特别交代不许杀人抢掠。然后，曹彬带二百名亲信，在南唐的宫殿四周布防保卫，自己亲守大门，不许任何人闯进去，防止有人滥杀无辜。第三天，李煜及其家眷三百多人上了船后，曹彬才进宫查封财物，逐次登记呈报给朝廷。

曹彬常常告诫他的儿子：领兵打仗，关键靠纪律，不可屠城、焚烧民房、掠夺民财、奸淫妇女。见别人的父母逃亡，应想想如果自己的父母逃亡，我要做什么？见别人的妻女流离失所，应想想如果自己的妻女流离失所，我要做什么？免除苍生劫难是当权者应该肩负的责任。

"积善之家必有余庆，积不善之家必有余殃。"曹彬的后代都很好，儿子有出息，享受高官厚爵，孙女做了宋仁宗的皇后，曾垂帘听政，被誉为圣太后。传说中的八仙过海的曹国舅，就是曹彬的孙子。

曹彬的故事，后来深深感动了忽必烈，他在攻打大理城的时候效法曹彬，尽可能地减少战争对普通老百姓的侵扰，为元朝争得了民心。

曹彬以一颗仁义之心，不仅为自己赢得了好名声，更为赵氏家族开创大宋王朝立下了汗马功劳。"未有好义，其事不终者也"，曹彬的事迹，当是对这句话最好的解读。

（2）义字当头，虽败犹荣

在儒家思想体系中，"义"字占有很重要的地位。受此影响，人们对那些一言九鼎、义无反顾的"义士"们都有一种格外的好感。他们同样也是《大学》所言的"好义者"，尽管他们做事情有时也会失败，但因为一个义字，他们虽败犹荣。

荆轲刺秦王的侠义故事在中国历史上家喻户晓，其影响非常大。荆轲是卫国人，后来迁居燕国，燕人都叫他荆卿。荆轲好读书、击剑，曾经上书卫君谈论治国之术，也曾经游历过许多国家，并经常与人论剑、斗剑，但一直未遇知己。荆轲来到燕国，与一位叫高渐离的人结为知己。高渐离是一位杀狗之徒，善于敲击一种叫筑的乐器。两个人经常在市肆之中饮酒，饮酒之时，高渐离击筑，荆轲高歌，歌罢又相对而哭，旁若无人。荆轲虽然游于酒徒市肆之中，但他深沉好书，所结交者都是贤能豪迈之辈。当时的人对他们都不理解，等他到了燕国，燕国的处士田光是个极有眼光的人，他待荆轲非常好，因为田光知道荆轲是一位胸有远大抱负的人。

不久，燕太子丹从秦国逃回燕国。原来，秦王嬴政（即以后的秦始皇）生于赵国，与燕太子丹十分友好，后来嬴政回到秦国，太子丹便到秦国去做人质，以表示秦、赵两国交好。但嬴政被立为秦王后，却对太子丹很不好，太子丹十分气愤，伺机逃回了燕国。接着，秦国又攻下了燕国西部邻国的许多城池，直接威胁到燕国。太子丹想报仇，但国小势弱，无能为力。这时，秦国的大将樊於期在秦国获罪，逃到了燕国，秦王嬴政就杀了他一家老小，并发了悬赏文书，追捕樊於期。太子丹收留并善待樊於期，太傅鞠武认为太子丹这样做很危险，因为秦国早就想攻打燕国而找不到借口，一旦得知樊於期在燕国，就会立刻加兵于燕国。于是，鞠武建议把樊於期送到匈奴去，但太子丹认为樊於期困窘来投，绝不能让他毙命，坚持把他留在燕国，使得樊於期十分感动。鞠武见太子丹不肯赶走樊於期，就对太子丹说："燕国有一位处士，叫做田光，十分深沉多智，何不让他想想办法呢?"于是太子丹就要鞠武把田光介绍给他。太子丹以晚辈和学生的礼节接待了田光。田光听完太子丹介绍的情况，说："您只听说了我壮年时候的声名，却不知我现在已经老迈无用了。不过，我还是可以想想办法，把您的事托付给荆卿。"太子丹在送田光出门时小声说："我告诉您的事，您给我谈的话，都是国家机密，还望先生不要泄露。"田光听了笑一笑，俯身答道："好吧!"田光回去后，见了荆轲，对他说了太子丹的事，并希望他能去拜望太子丹。然后又对荆轲说："我听说，长者做事，不应使人怀疑，现在太子丹说'还望先生不要泄露'，那是怀疑我了。做事使人怀疑，非节侠也。"说完，他想以自杀来激励荆轲，说："希望你能马上去拜访太子丹，说我已经死了，好让他知道我不会泄露秘密了。"说完便自刎而死。

荆轲马上晋见太子丹，说了田光死的情形，太子丹大哭。而后，太子丹便和荆轲开始商议起来。两人商议来商议去，觉得燕国根本不可能阻挡秦国的进攻，而现在秦国的大将王翦正在邻国攻城略地，当今之计，似乎唯有刺杀秦王方可保住燕国，于是，荆轲答应了太子丹，愿往刺杀秦王。

太子丹给荆轲以优厚的待遇。太子丹每天都到荆轲那里拜望，并不断送以金钱、美女给他，但过了一段时间还不见荆轲有动身的意思，就问荆轲说："现在秦将王翦马上就要渡过易水了，那时就是我想长期侍奉您，也做不到了。"荆轲说："就是您不说，我也正想找您呢。我这样空手而去，秦王必不相信，如果能带着樊於期的人头和燕国最肥沃的督亢之地的地图献给秦王，他必定相信，我就可以趁机刺杀秦王了。"太子丹认为杀樊於期不义，不愿照办。

荆轲就私自来见樊於期说："秦王杀了您的全家，并悬以千金和万户侯的赏格悬赏您的头颅。我有一计，可为您报仇，就是借您的人头一用，骗取秦王的信任，然后趁机刺杀他。"樊於期听后，就自刎而死。

太子丹闻讯，驰往大哭，但樊於期已死，也只好把他的头颅用匣子封好，又准备好了督亢之地的地图，交给荆轲。

在这之前，荆轲就让太子丹访求天下最为锋利的匕首，最后用百金买到了赵人徐夫人的匕首，让工匠在匕首上涂上毒药，用之弑人，只要见血，人就立刻倒毙。荆轲又让秦舞阳当副手，秦舞阳是燕国的勇士，十三岁就杀过人，燕人都不敢正视他。这样，一切准备齐全就出发了。

荆轲想等一个人一起赴秦，但那人住得很远，一时未能赶到，故误了行期。太子丹以为荆轲变了主意，就对他说："日子不多了，荆卿还有意入秦吗？请让我先把秦舞阳派去吧！"荆轲大怒道："你催什么！往而不返者，竖子也，且提一匕首入不测之强秦，我所以停留几天的缘故，是想等一个人一同赴秦。今太子以为我走得太迟了，那马上就辞别吧！"于是便出发。

太子丹以及宾客凡是知道此事的人，都穿上白衣服，来到易水边送行。祭祀送行完毕，取道上路，高渐离击筑，荆轲和而歌，为高亢悲壮之音，送行的士人尽皆流泪。荆轲又上前高歌道："风萧萧兮易水寒，壮士一去兮不复还！"歌罢，高渐离击筑又为羽声，声调慷慨。

于是，荆轲上路，不再回头。以后的故事大家耳熟能详，荆轲行刺失败并被杀。

荆轲刺杀秦王这件事本身很难说义或不义，但他受人之托忠人之事的作为，又怎能说与义无关呢？

即使在清平之世，人们对大侠精神的渴望也是无处不在的，只是时隐时现罢了。据说李白学过剑术杀过人，龚自珍也有"一箫一剑平生意，负尽狂名十五年"的诗句，他们追求的也都是一种侠义的精神境界。今天，在安乐、祥和的生活、工作当中，义仍然是不可缺少的一种精神。忠肝义胆、不负所托、义无反顾，一个人一旦具备了这样的精神，无论身处什么位置，都会有所成就。

25

财富放在国库里并非就是君王的

【原典】

未有府库①财，非其财②者也。

【注释】

①府库：古代国家收藏财物或文书的地方。

②非其财：不是君王的财富。意为由于君王过分看重财富而不顾天下的黎民苍生，财富最终不为他所有了。

【译文】

没有听说过国家府库里存有财富，就一定是君王的财富。

必要时要学会仗义疏财顾大局

在这里，《大学》强调了一个当权者对待财富的心态：别以为放在国库里的财富就是自己的。一个有仁义之心的人都要有舍小利顾大局的魄力，不要把财富看得太重，在必要的时候要会仗义疏财。

《史记·平原君虞卿列传第十六》中，在邯郸城破在即的紧要关头，平原君赵胜便显示了舍小家、安国家的胸襟与魄力。

战国赵孝成王六年，只会纸上谈兵的赵军统帅赵括率领的四十万赵军在长平被秦将白起率领的秦军全部歼灭。赵国元气大伤，秦军则乘胜进军，包围了赵国首都邯郸。

　　赵国的相国平原君赵胜立即到楚国求救，在他的门客毛遂的帮助下，楚考烈王熊完与平原君歃血为盟，派春申君黄歇率八万楚军，驰援赵国。这时，平原君的内弟、魏国的信陵君魏无忌也矫称魏王的命令，夺了魏国援赵军队的指挥权，兼程赴援邯郸。

平原君墓

　　平原君回到赵国后，发现在秦军长期围困和猛烈的攻击之下，首都邯郸的形势十分危急，很难坚守到楚魏两国援军到达之时。城内人心不稳，有些人甚至打算向秦国投降。平原君十分着急，可一时又想不出什么好办法。

　　这时，邯郸一位小官吏的儿子李谈求见平原君。他对平原君说："赵国就要亡国了，相国难道不担心吗？"

　　平原君听了，觉得又气又好笑，说："你这是什么话？赵国若灭亡，我就成了亡国奴，怎么不担心呢？"

　　李谈说："邯郸被围已有一年多了，老百姓衣不蔽体，吃糠咽菜，甚至忍痛互相交换孩子，然后把他们宰杀煮食，以求苟延残喘。而相国的府邸里仍有数以百计锦衣玉食的美女，连她们的婢女都身穿绮罗绸缎，吃惯了精米和猪肉。长期的战争消耗了大量的物资，老百姓家的资财已荡然无存，军队被迫用木材制作矛和箭等武器，但相国府中钟鼎鼓磬一应俱全。这样看来，相国并没有把赵国的存亡真正放在心上。"

平原君听了，惊得一身冷汗，心想："如果人们都这样想，人心必然涣散，城防必然不堪一击，赵国灭亡就迫在眉睫了！"他恭恭敬敬地向李谈行了一礼说："请先生不吝指教我这个愚昧之人。"

李谈说："相国当然明白，您个人的荣辱与国家的安危连在一起，如果秦军攻破了邯郸，您的一切将化为乌有；如果赵国不亡，您还不是应有尽有吗？我建议相国：您夫人以下的全部家人、奴婢分配到各个岗位上，投入守城阵列中去；您家中钱财、食物全部拿出来犒劳守城的将士。您这样做，是雪中送炭，人们会因此而感恩戴德，拼死守住邯郸。"

平原君立即采纳了李谈的建议，破家纾国难。平原君的行动鼓舞了邯郸民众的士气，城中迅速组织了一支三千人的敢死队，出城向秦军展开猛烈的反击，迫使秦军撤围，后退三十里，缓解了邯郸陷落的危机。李谈也加入了敢死队并英勇战死。

不久，信陵君率领的八万魏军赶到，与邯郸城中的赵军内外夹攻秦军，秦军损失惨重，两万余名秦军投降，残部狼狈地逃了回去。

平原君能够在国家生死存亡的关键时刻仗义疏财，与人民同甘共苦，用有限的资财激发了人们无限的爱国热忱，挽救了自己的国家。如果平原君过于吝啬，把财富看得太重，不能把资财用来卫国，一旦国家灭亡，他个人的利益也无从谈起。

只要是有远大目标的人，就不会去计较眼前的一点小利而失去更大的利益。但人们往往容易看到小利，忽视小利背后的一切，所谓一叶障目，不见泰山。面对捉摸不定的变数或特别危机的情况时，要想获得长远的利益，就要牺牲眼前的小利，这是常理，也是舍小取大最重要的内涵。

26

治理国家不要以利为利

【原典】

孟献子①曰："畜马乘②，不察于鸡豚③；伐冰之家④，不畜牛羊；百乘之家⑤，不畜聚敛⑥之臣，与其有聚敛之臣，宁有盗臣⑦。"此谓国不以利为利，以义为利也。

【注释】

①孟献子：鲁国的大夫，姬姓，孟子小氏（亦称仲孙氏），名蔑。

②畜马乘（shèng）：指初做大夫官的人。畜，养。乘，古时一车四马为一乘，指用四匹马拉的车。

③不察于鸡豚：意为做了大官的人，不应该计较养鸡养猪的小财利。察，细看，关注，引申为计较。豚，小猪，这里泛指猪。

④伐冰之家：古代丧祭时能用凿冰进行保存遗体的家族，指卿大夫。伐，凿。

⑤百乘之家：拥有一百辆车乘的家族。《孟子·梁惠王上》："千乘之国，弑其君者，必百乘之家。"赵岐注："百乘之家，谓大国之卿。"家，据《周礼·大司马》郑玄注："有谓采地者之臣民。"古时执政大夫皆有一定的封邑，或称采地，拥有这种封邑的大夫叫家。

⑥聚敛：聚，聚集。敛，征收。

⑦盗臣：盗窃府库钱财的家臣。

【译文】

孟献子说："拥有四匹马拉车的大夫，就不应该再去计较那些养鸡、养猪之类的琐事；能够享用凿冰丧祭的卿大夫，就不应该再饲养牛羊；达到拥有百辆兵车的卿大夫，就不应该收养那只顾聚敛民财的家臣，与其有这种聚敛民财的家臣，还不如有那种盗窃府库财物的臣子。"这就是说治理国家不能以捞取财富为目的，而应该倡导仁义，这才是长久之计。

无休止地聚敛民财必不得善终

人的自私本性决定了人的行为，大多数人所作所为都必然是从自己的利益出发。但一部分人因权势或际遇而觉得自己可以无所顾忌地去追逐私利、聚敛民财，进而走向骄奢，以致最终因私心无度而引火烧身；但有一些堪称君子的人，无论何时都能自律有度，他们不仅一生平安顺达，而且还能够创建功业，留下美名。

齐襄公二十八年，齐国的权臣庆封到吴国，聚集他的家族居住下来，聚敛财物比原来更富有。当时的子服惠伯对叔孙穆子说："上天大概是让淫邪的人发财，这回庆封是又富了。"穆子说："善人发财叫做赏，淫邪的人发财叫做祸患，上天将要使他遭殃。"昭公四年，庆封被楚国人杀了。以前他的父亲庆克曾诬陷鲍庄，当时庆封谋划攻打子雅、子尾，事情被发现，子尾刺杀了庆封的儿子舍，庆封逃到吴国。这里说的子雅、子尾是齐国的公子。同一年，齐国崔姓叛乱，子雅等公子们都失散了，等到庆氏灭亡后，齐王又召回了这些公子们，他们都各自回到他们的领地。乱事结束后，齐王赏给晏子邶殿的六十个乡邑，他不接受。

子尾说："富有是人人都想得到的，你为什么偏偏不要呢？"晏子回答说："庆氏的城市多得能够满足他的欲望，而他还贪而不忍，所以灭亡了；我的城池不足以满足自己过分的欲望。不要邶殿并不是拒绝富有，而是怕失去富贵。而且富贵就像布帛有边幅，应该有所控制，使它不致落失人手。"这是说富人不能随意增加财富，否则将自取灭亡。

人富了，就容易产生骄横之心，富而不骄的人，天下很少有，富者要忍富，不能因比别人富，去欺压别人。

对于贫寒清苦的生活，有些人以为苦，而不少名士、隐士则有他们独到的见解，从中也可以看到他们把忍受清贫的生活当成一种修身养性，战胜人性中贪欲的一种方法。他们不以此为苦，反以此为乐。

而与之相反，让自己人性中最阴暗的一面不加抑制地放纵的人，结果往往都像庆封一样，最终身败名裂。但偏偏这样的人代代都层出不穷。

东汉外戚梁冀，官至大将军，掌权二十年。他强占无数民田，洛阳近郊，到处都有他的花园和别墅。后来被抄家时，家财达三十多亿，相当于那时全国一年租税收入的一半。另一个大宦官侯览，前后霸占民宅三百八十所。他的住宅，"高楼池苑，堂阁相望"，雕梁画栋，类似皇宫。西晋大臣石崇和国舅王恺斗富。王恺用麦糖洗锅，石崇就用白蜡当柴烧。王恺用紫色丝绸做成长四十里的步障，石崇就用织锦花缎做出更华丽的步障五十里。结果，梁冀、石崇、侯览都在"八王之乱"中被处死了。

四川人安重霸在简州做刺史，贪得无厌，不知满足。州里有个姓邓的油客，家中富有，爱好下棋。安重霸想贪他的财物，就把姓邓的传来下棋。只许他站着下，每次落一子，就要他退到窗口边，等安重霸思考好了，再让他过来，这样一天也没下几十个子。这样，姓邓的站立得又饿又累，疲倦不堪。第二天再传他去下棋。有人对他说："太守本意不是下棋，你为何不送东西给他？"于是姓邓的送上三个金锭以后，再不叫他去下棋了。这种人的行为看起来让人觉得好笑，不可思议，但他们的结果往往都"不好笑"，也往往在人们的意料之中。安重霸最后身首异处，他所聚敛的家财一分也没跟他走。这种放纵私欲、聚敛财富、恃权骄奢的人最终于人于己，皆为不利，并且没有任何积极的意义。

"人是自私的动物"，这句话没错。任何人都必须承认自己和他人的自私性，也必须承认为自己谋求利益的合理、合法性。但这些都必须是有限度的，在古代，"度"是人性容忍的底线，在今天就是法律的底线。否则，一旦人的私欲决堤泛滥，以致侵害到别人，甚至严重触犯法度，那么，必然会遭到怨恨和惩处。古往今来因私欲太盛而招致祸患的例子，不胜枚举。这种教训是值得人们在现实中引以为戒的。

27

任用小人于国不利

【原典】

长①国家而务②财用者，必自小人矣。彼③为善之，小人之使为国家，灾害并至，虽有善者，亦无如之何④矣。此谓国不以利为利，以义为利也。

【注释】

①长：成为国家之长，即君王。

②务：专心。

③彼：指统治国家的君王。

④无如之何：无法对付。

【译文】

君王以为小人是心存善良的人，如果国君任用重用这些人处理国家事务，那么天灾人祸就一定会同时到来。到那时，虽然有善人贤才出来收拾残局，也是无可奈何，挽救不了的。这说明治理国家不应只盯着短期利益，而应以崇尚仁义为利益。治理国家的君王专门致力于财富的聚敛，这一定是出自小人的主意。

（1）任用小人必会惹来大祸

考察人之优劣历来是个难题，不是人人生来都有一双慧眼的。如果察不清楚，身边就会出现奸佞之徒。误交小人，会自取其害；误用小人，则全局受损。

齐桓公是春秋五霸之一，他名叫姜小白，是前任国君齐襄公的弟弟。他任用管仲为卿，推行政治、军事、经济上的改革，首先提出要"尊王攘夷"，逐渐使地濒东海的齐国成为泱泱大国。齐桓公曾北伐山戎以救燕，平定狄乱以存邢、卫，解王室之祸而定周襄王之位。特别是公元前656年，齐桓公率鲁、宋等八国军队，征伐南方之"楚蛮"，在召陵（今河南郾城东北）迫楚签订盟约，阻止了楚国的向北扩张，奠定了霸主的地位。

管仲生了重病，齐桓公去看他，他对齐桓公说："大王，我命在旦夕，有句话要和大王说。我死后，大王一定要疏远易牙、竖刁、常之巫和卫公子启方。"

齐桓公大惑不解："为什么要这样？"管仲说："这几个人都是奸佞，我担心我死后，他们会对大王不利。"齐桓公说："不会吧？易牙为了我，把他的儿子都烹了，让我尝尝人肉的滋味，他总该算得上忠心吧？"管仲说："人没有不爱自己的孩子的，这是人之常情。易牙连自己的儿子都不爱，又怎么会爱大王？"

齐桓公又说："那么竖刁自己阉了自己，来侍奉我，这还用怀疑吗？"管仲说："人没有不爱自己身体的，这是人之常情。竖刁连自己的身体都不爱，又怎么会爱大王？"

齐桓公接着说："那么常之巫能卜生死，祛病灾，这总不是坏事吧？"管仲说："生死由命，灾病无常，大王不去固守常道，却听信常之巫，那么他会因此而骄纵，无所不为。"

齐桓公最后说："卫公子启方跟随我十五年，他父亲死了，他都不去奔丧，这总该可以吧？"管仲说："人没有不爱自己父亲的，这是人之常情。他连自己的父亲都不爱，怎么会爱大王？"齐桓公一向对管仲信任有加，言听计从。听他这样说，就叹了口气："好吧。寡人听相国的。"

管仲死后，齐桓公开始时还记着管仲的劝告，将这些人赶出了宫外，可是他非常不习惯没有这些人的日子，又将他们接了回来。齐桓公将管仲的劝告置之脑后，重用易牙、竖刁等人，这些人投其所好，阿谀谄媚。齐桓公在他们的奉承下，上进心尽失，政治渐渐腐败，他自己还觉得没有不妥，说："仲父的话是言过其实了。"齐桓公生病的时候，这几个人一同叛乱。他们在齐桓公寝室四周筑起一道围墙，禁止任何人入内。这时，齐桓公忍饥挨饿，连杯热水也没有，感慨道："唉！还是圣人的眼光比我们远大呀！若是死者地下有知，我还有什么脸面去见仲父呢？"说罢，自己扬起衣袖捂住脸部，气绝身亡，死在寿宫。他的尸首无人理睬，以致腐烂发臭，蛆虫爬出门外。他的儿子们忙于争夺王位，三个月都没人给他安葬。从此，齐国的霸业骤然衰落。

齐桓公英明一世，但到了晚年却落到了如此凄凉的下场，这都是因为他不能明察的缘故。

考察一个人，真的那么难吗？其实说难也难、说容易也容易。最为简单和适用的办法就是从常情入手。一个人的作为，如果违反了常情，就肯定是另有图谋，情矫则必假，管仲就明白地指出了这一点。这道理并不难懂，可是，一个人有了权势地位，就很容易失去警觉，别人对自己恭维和逢迎，都认为是理所当然的，今天有人说你是天上的太阳，照耀万物，你也许会不太自然，但时间一长就习惯了，结果难免不在阴沟里面翻船。

（2）知人不易，用人更难

知人、识人是用人的前提，但毕竟，用人既要根据人才的特点，又要结合事情的难易。用人艺术需要更加深邃的洞察眼光和协调手段，而且用人是以"成败"这个硬指标来检验效果的。

康熙深知知人之不易，更知用人之难。惟其如此，他在这两方面都细心体察、慎之又慎。如三藩之乱中，郑经曾与耿精忠合谋进攻广东，耿藩降清后，郑经仍旧纠合旧部骚扰沿海一带，烧杀抢掠，一派海盗行径。康熙知道姚启圣了解东南沿海情况，且能担大任，便起用姚启圣征讨郑经，率兵收复台湾。姚启圣上任后，与地方官员和各路军队通力合作，大败郑军主力。同时采取招抚政策，瓦解郑军内部，先后大约有十三万郑氏官兵归顺清廷，从而使台湾郑氏集团处于风雨飘摇之中。姚启圣也因此功而被康熙授予兵部尚书之职。

　　姚启圣的个人成就正是康熙的知人之明造就的。在元朝时期，元世祖忽必烈的重要谋士许衡就向他提出了"知人不易，用人更难"的观点。

　　许衡曾多次上疏，建议元世祖在用人问题上要保持清醒的头脑，因为用人是一个高深的学问，知人不易，用人更难。许衡认为官居高位的统治者很难了解下面的人。因为人性有易和险的区别，平易的人容易了解，城府深险的人则不易了解。再则，统治者面对的是一大批人而不是几个人，"寡则易知，众则难知，故在上者难于知下，而在下者易于知上，其势然也。处难知之地，御难知之人，欲其不见欺也难矣"。他还举例说：宋代名臣包拯算是明察之臣了，但他曾受过一个小吏的欺骗。一般官吏，受骗上当后仅仅办错一两件小事，影响较小；君主掌握着予夺、升黜、赏罚乃至生杀之权。如果用人有误，上当受骗，造成的危险则无法估量。况且，君主亦有好恶，看人与用人，难免把自己的感情掺杂其中，这样就使得在下的小人有可乘之机。"甚至本无喜也，诳之使喜；本无怒也，激之使怒；本不足爱也，而诳誉之使爱；本无可憎也，而强短之使憎。若是，则进者未必为君子，退者未必为小人。"这样，小人便会"挟其诈术，千蹊万径，以蛊君心"。这样的欺骗，即使是尧舜那样的圣明也是防范不及的。

　　许衡还指出，任用了贤能，使其能充分发挥其才能也是不容易的。除了贤才难于了解之外，贤才被授予官职也不等于发挥了作用。"人君知之，然君之命之，泛如厮养，贤者有不屑也。"对待任用的人才，随意指使，像对待蓄养的奴隶一样，呼来使去，这样，贤者是不会为你效力的。因此，除了识人之外，用人对贤才既要识之、任之，还要待之以礼，宠之以位，信用其言，才能使人真正发挥作用。

　　许衡从"知人不易，用人更难"的角度，说明如何知人与用人的道理，是很有见地的，不仅对元世祖用人产生过一定影响，后世亦颇值得借鉴。

参考文献

［1］吴樵子. 曾国藩谋略［M］. 北京：京华出版社，2003.

［2］吴樵子. 曾国藩九九方略［M］. 北京：京华出版社，2002.

［3］华业. 李叔同的凡世禅心［M］. 北京：石油工业出版社，2008.

［4］迟双明. 读史有学问全集［M］. 北京：中国电影出版社，2007.

［5］何佳. 立世绝学［M］. 北京：台海出版社，2004.

［6］傅昭. 冠中［M］. 海口：南方出版社，2005.

［7］迟双明. 二十四史管人智慧［M］. 北京：地震出版社，2006.

［8］迟双明. 二十四史用人智慧［M］. 北京：地震出版社，2006.

［9］迟双明. 读二十四史学领导智慧［M］. 北京：中国长安出版
社，2005.